국제법기본판례50

杉原 高嶺 & 酒井 啓亘 편
박덕영 & 오미영 역

박영사

이 번역서는 2013년도 정부(교육과학기술부)의 재원으로 한국연구재단의 지원을 받아 수행된 기초연구사업임 (NRF-2013S1A3A2054969)

역자서문

본서의 필자들도 밝히고 있다시피, 국제법을 공부함에 있어서는 학문적 목적이든, 각종 시험 준비 목적이든 간에 기본적으로는 잘 정리된 교과서를 읽고 이해함이 먼저일 것이다. 그러나 로스쿨 제도의 도입과 더불어 최근 법학 분야의 전반적인 흐름은 사례의 이해와 응용에 대한 교육이 중요시되고 있고, 향후 실무를 위해서도 매우 바람직한 방향이라고 생각한다. 역자는 약 10년 전에 연세대출판부에서 국제법 주요판례집을 지도교수님이신 김정건 교수님과 함께 출간한 바 있다. 이 책의 개정판 발간은 아직도 숙제로 남아 있다. 그 과정에서 일본 방문 시에 본서를 발견하게 되었고, 사례 선정과 내용의 요약정리가 매우 돋보여 본서를 먼저 번역하여 출간하게 되었다.

국제법 공부과정에서 반드시 알아야 할 국제법의 각 분야별 필수적인 기본판례 50개가 선정되었고, 그 중에는 일본 내의 국제법 관련 사례도 일부 포함되어 있다. 엄선된 40여 명의 교수님이 각각 집필한 50개 사례를 두 분의 편저자가 전반적으로 내용을 검토하여 정리하였다. 놀라운 사실은 여러 다른 필진들이 집필한 내용이 그 형식과 분량에 있어서 매우 높은 일관성을 갖추고 있다는 점인데, 한편으로는 일본인 특유의 정서가 느껴지기도 한다. 이미 본서와 유사한 종류의 책들이 다수 출간되어 있기는 하지만, 본서가 국제법을 공부하는 학생들에게 다소나마 도움이 되기를 바라는 마음으로 본서의 출간을 결정하였다.

본서의 번역은 연세대 일반대학원 법학과 교육과정 중에 제2외국어과목 이수와 관련이 있다. 지난 2년간 동국대 오미영 교수의 지도아래 일본어를 교재로 하는 수업을 진행하여 왔고, 역자도 이 수업에 같이 동참하여 왔다. 번역에 대한 학생들의 책임감을 높이기 위하여 매 학기 수업이 끝날 때마다 수업에 사용한 책을 번역하여 출간하기로 하였다. 그동안 국제투자협정과 ISDS (이담 북스, 2012), 환경문제와 국제법 (세창출판사, 2013)이 출간되었고, 본서에 이어 일본국제경제법학회 창립 20주년 기념도서인 국제경제법강의 또한 출간될 예정이다.

수업에 참여하는 학생들이 미리 번역한 초안을 수업시간에 같이 정독하면서 다듬고, 학기 후에는 김경우 조교와 유형정 조교가 다시 읽어 다듬고, 역자들이 최종적으로 다시 한 번 점검하는 과정을 거쳐 본서를 출간하게 되었다. 본서의 출간은 수업에 참여한 모든 학생들 덕분으로 생각하며, 특히 연세대 정외과 졸업생인 심인혜 양과 이상훈 군은 독자 입장에서 최종원고를 꼼꼼하게 읽고 수정의견을 제시해 주었다. 이 책의 출간과정에 참여한 모든 분들에게 머리 숙여 감사드린다.

역자의 여러 책들이 박영사에 의하여 출간되었다. 법률도서 시장의 축소와 번역권료 문제 등 여러 가지 어려운 사정에도 불구하고 본서의 출간을 쾌히 허락해 주신 안종만 회장님과 조성호 부장님께 감사드린다. 그리고 항상 역자의 책을 맡아서 노심초사 애써 주시는 문선미 선생님께 다시 한 번 감사의 말씀을 전하고자 한다.

지구온난화를 실감하는 2013년 어느 여름날에

역자를 대표하여 박 덕 영 씀

서 문

국제법을 공부하기 위해서는 우선 체계적인 교과서를 통하여 이 법제도의 구조를 대강 파악할 필요가 있지만, 그와 동시에 국제법이 실제로 적용되는 판례를 학습하는 것도 중요합니다. 즉, 판례에서 다루어진 국제법의 규칙 및 제도에 관한 지식을 깊이 있게 하면서 그 판례가 보여주는 해석방법과 문제해결방법을 학습함으로써 국제사회에서 구체적인 역할을 하고 있는 국제법의 실상을 이해하는 것이 매우 중요합니다.

이러한 인식으로부터 본서는 국제법의 학습에 특별히 필요하다고 생각되는 기본적인 판례를 엄선한 후에, 그 판례를 개관하고 판례가 포함하고 있는 논점을 해설하였습니다. 대학의 수업현장에서 실제로 다루어질 수 있는 판례의 수는 시간적인 제약 등으로 인하여 한정될 수 밖 없는 것이 현실입니다. 수업에 도움을 주는 것을 목적으로 하는 본서가 각 분야별로 소수의 판례를 선택한 이유가 여기에 있습니다. 또한 학생의 입장에서 생각할 경우에도 다채로운 판례를 이것저것 닥치는 대로 읽는 것 보다는 오히려 소수이지만 국제법의 학습에 의의가 있는 판례를 제대로 익히는 것이 유익하다고 생각합니다. 본서의 판례는 분야별로 균형을 고려하면서, 이러한 관점에서 선별한 것입니다.

이상의 설명으로부터 알 수 있는 바와 같이, 본서는 기본적으로 교육용 도서(교재)이며, 학술연구를 위한 자료는 아닙니다. 이러한 이유에서 판례건수의 압축과 동시에 각 사건별로 해설도 간결하게 요약한 형식으로 하였습니다. 판결을 일부 시작과 끝을 서술하는 것보다는 각 판례에 내재된 본질적인 논점에 대한 탐구와 해설에 주안점을 두었습니다. 그렇지만 실제로 이는 그렇게 쉬운 작업이 아니었습니다. 집필자 선생님의 입장에는 고뇌에 가득찬 일을 강요하게 되었습니다만, 덕분에 목적한 바대로 휴대하기에 편리하고 효율적인 판례집을 완성할 수 있었습니다. 협력해주신 선생님들께 진심으로 감사의 말씀을 드립니다.

일본의 국제법교육은 법과대학원의 발족과 함께 좋든 싫든 전환기에 접어들고 있습니다. 장기적 관점으로 보자면, 국제법 교육은 더욱더 중시되어야 합니다. 이러한 이유에서도 많은 젊은 사람들에게 국제법에 대한 관심을 높일 필요가 있습니다. 본서가 이러한 계기를 제공하는데 일부 역할을 할 수 있다면 집필자 일동에게 더한 기쁨은 없을 것입니다.

본서의 편집작업 과정에서 수록된 판례의 검토에서부터 기술법의 검토까지 水島朋則(나고야대학), 山田卓平(고베학원대학), 玉田大(고베학원대학) 부교수께서 협력을 해주셨습니다. 세 분의 노고에 감사를 드립니다.

마지막으로 본서의 간행에는 三省堂으로부터 따스한 이해가 있었고, 또한 편집부의 鈴木良明 씨로부터 각별한 지원을 받았습니다. 깊이 감사드리는 바입니다.

2010년 1월

편집자 스기하라 다카네(杉原高嶺)

사카이 히로노부(酒井啓亘)

차 례

범 례

1. 약어표

UN	국제연합
총회	국제연합 총회
안보리	국제연합 안전보장이사회
UN헌장	국제연합헌장
사회권규약	경제적, 사회적, 문화적 권리에 관한 국제규약
자유권규약	시민적, 정치적 권리에 관한 국제규약
유럽인권협약	인권 및 기본적 자유의 보호를 위한 협약
조약법협약	조약법에 관한 비엔나 협약
외교관계협약	외교관계에 관한 비엔나 협약
영사관계협약	영사관계에 관한 비엔나 협약
UN해양법협약	해양법에 관한 UN협약
영해협약	영해 및 접속수역에 관한 협약
제노사이드협약	집단살해죄의 방지 및 처벌에 관한 협약
고문방지협약	고문 및 기타 잔혹한, 비인도적인 또는 품위를 손상시키는 대우 또는 형벌에 관한 협약
EU	유럽연합(European Union)
ICC	국제형사재판소(International Criminal Court)
ICJ	국제사법재판소(International Court of Justice)
ICJ규정	국제사법재판소규정
ICJ규칙	국제사법재판소규칙
ICSID	국제투자분쟁해결센터(International Center for Settlement for Investment Disputes)
ICTY	구유고슬라비아국제형사재판소(International Criminal Tribunal for the Former Yugoslavia)
ILC	국제법위원회(International Law Commission)
ITLOS	국제해양법재판소(International Tribunal for the Law of the Sea)

NAFTA	북미자유무역협정(North American Free Trade Agreement)
NATO	북대서양조약기구(North Atlantic Treaty Organization)
PCIJ	상설국제사법재판소(Permanent Court of International Justice)
UNHCR	UN난민고등판무관사무소(Office of the United Nations High Commissioner for Refugees)
WHO	세계보건기구(World Health Organization)
WTO	세계무역기구(World Trade Organizaion)

2. 참고문헌 약어표

EHRR	European Human Rights Reports
F.2d	Federal Reporter(2d Series)(US)
ICJ Reports	International Court of Justice, Reports of Judgments, Advisory Opinions and Orders
IELR	International Environmental Law Reports
ILM	International Legal Materials
ILR	International Law Reports
ITLOS Reports	International Tribunal for the Law of the Sea, Reports of Judgment, Advisory Opinions and Orders
Moore	History and Digest of the International Arbitrations to which the United States has been a Party
PCIJ Series A	Permanent Court of International Justice, Collection of Judgments
PCIJ Series B	Permanent Court of International Justice, Collection of Advisory Opinions
PCIJ Series A/B	Permanent Court of International Justice, Judgments, Orders and Advisory Opinions
RIAA	United Nations Reports of International Arbitral Awards
UN Doc.	United Nations Document
WTO/DSR	WTO Dispute Settlement Reports
판시	판례시보
민집	일본 최고재판소 민사판례집

법 원

1. 동부그린란드 사건
(상설국제사법재판소)

2. 북해대륙붕 사건
(국제사법재판소)

3. Filártiga 사건
(미국 제2순회 연방항소법원)

1. 동부그린란드 사건

[상설국제사법재판소] 덴마크 v. 노르웨이
판결 (1933년 4월 5일) PCIJ Series A/B, No.53

I. 사실관계

그린란드는 서기 900년경 발견된 후 1세기 뒤에 식민지화되었다. 서부해안 남단에 위치한 두 개의 식민지는 13세기에는 노르웨이에 속하는 영토가 되었으나, 1500년대 이전에 그 정착지는 사라졌다. 1380년부터 1814년까지 노르웨이와 덴마크는 동군연합(同君聯合)이었다. 18세기에는 그린란드 서부해안에서 식민활동이 있었으나 동부해안에는 도달하지 못하였다. 1814년 키일평화조약(Treaty of Kiel)에서 노르웨이·덴마크왕은 노르웨이를 스웨덴에 할양할 것을 규정하였으나 그린란드와 페로제도(Ferroe Isles) 및 아이슬란드는 제외하였다. 19세기부터 20세기 초에는 그린란드 해안이 완전히 탐사되었다. 덴마크는 1905년에 그린란드 해안의 범위를 정하는 칙령을 제정하였고, 1908년에는 행정구획에 관한 법률을 제정하였다.

1916년 8월 4일 덴마크령 안틸레스(Antilles) 제도를 미국에 할양하는 조약이 양국 간에 체결되었으나, 그 당시 미국은 덴마크의 요청에 따라 '덴마크 정부가 그린란드 전체에 그 정치적 및 경제적 이익을 확대하는 것에 반대하지 않는다'는 취지를 선언하였다. 1919년 7월 14일에 오슬로 주재 덴마크 공사 Craig는 노르웨이 외무장관 Ihlen에게 '덴마크는 스피츠베르겐(Spitzbergen)섬에 대해 특별한 관심을 가지고 있지 않으며 이 문제의 해결에 관한 노르웨이의 희망에 반대할 이유가 없다'라는 취지를 표시하였고 또한 '덴마크는 그린란드 전체에 대한 자국주권을 관련 국가들로부터 승인받는 문제에 대해 수년 동안 관심을 가져왔다. 노르웨이 정부는 이 문제의 해결에 대해 어떠한 이의를 제기하지 않을 것을 기대한다'는 취지를 표시하였다. Ihlen 외무장관은 '이 문제를 검토한다'는 취지로 답변하였다. Ihlen 외무장관은 1919년 7월 22일 '노르웨이 정부는 이 문제의 해결에 관하여 어떠한 이의도 제기하지 않을 것이다'라고 답변을 하였다(Ihlen 선언).

덴마크는 1920년에는 영국, 프랑스, 이탈리아, 일본에게, 1921년 1월에는 스웨덴에게 그린란드 전체의 덴마크 주권의 승인을 요구하였고 만족할 만한 답변을 얻었다. 또한 같은 달에 덴마크는 노르웨이에 대해서도 이와 같은 요청을 하였으나, 노르웨이는 '자국민이 지금까지 향유해 온 동부해안에서의 수렵과 어획의 자유를 보장하는 약속 없이는 승인할 수 없다'고 하였다. 1930년 여름에 노르웨이가 동부그린란드에서 노르웨이 수렵지역의 감시를 위하여 노르웨이 국민에게 경찰권을 부여하자, 덴마크는 구두 및 서면(1930년 12월 26일)으로 당해영역은 덴마크의 주권이 미치는 곳이므로 경찰권을 부여하는 것은 용인할 수 없다고 항의하였다. 1931년 1월 6일 노르웨이는 1924년 7월의 서한에서도 주장한 바와 같이 동부그린란드는 무주지이므로 경찰권을 자국민에게 부여하는 권리를 가지고 있다고 주장하였다. 같은 해 6월 28일 노르웨이인 수렵자가 동부그린란드에 노르웨이 국기를 게양하고 선점을 선언하였다. 노르웨이는 처음에 이는 사인에 의한 행위이므로 정부의 정책에는 영향을 주지 않는다고 하였으나, 같은 해 7월 10일에는 이 선점을 공식적으로 확인하는 결의를 채택하였고, 덴마크 및 관련국에 통지하였다. 다음날인 11일에 덴마크는 노르웨이에 대하여 이 문제를 PCIJ에 부탁하였다고 통지하였다.

II. 판결요지

1931년 7월 10일에 노르웨이 정부가 한 선점선언은 불법 또는 무효라는 취지의 판시를 하였다.

'노르웨이의 선점은 무효이다'라는 덴마크의 첫 번째 주장에 대하여 i) 덴마크의 주권이 존재하고 있어야 하였던 결정적 기일은 1931년 7월 10일이다. ii) "할양조약과 같은 특정 행위 또는 권원에 근거한 것이 아니라 단순히 권한이 계속하여 표시되었다는 것에 근거한 주권의 요구에는 '주권자로서 행위할 의도 및 의사'와 함께 '당해 권한의 현실적 행사 또는 표시'라는 2가지 요소의 존재를 입증하여야 한다." 다수의 사안에서 국제재판소는 상대방 당사국이 우월한 청구를 입증할 수 없는 경우에 주권적 권리의 현실적 행사에 대해서는 사소한 것에 만족하고, 특히 인구가 희박한 지역에 대한 주권 청구의 경우에 그러하였다. iii) '그린란드'라는 단어의 지리적 의미는 통상적 의미로 생각하여야 한다. "만일 당사국의 일방이 통상적인 의미가 아니라고 하거나 또한 예외적인 의미가 부여되어야 한다고 주장한다면 해당 당사국은 그 주장을 입증하여야 한다." 노르웨이는 이 입증에 성공하지 못하였다. iv) 타국에 의한 주권요구의 부존재 및 식민지가 아닌 지역에 대해서는 접근이 어렵다는 성질에 비추어 보면, 덴마크·노르웨이 국왕은 1721년부터 1821년까지 주권의 유효성에 대하여 충분히 권한을 표시하였다. 왕국의 그린란드에 대한 권리는 식민지화한 지역에 한정되지 않는다. v) 덴마크는 1814년부터 1915년까지의 기간에 주권에 대한 유효한 권원을 부여하는 데 충분할 만큼 식민지가 되지 않은 지역에 대한 권원을 표시하였다. vi) 덴마크 정부가 외국정부와의 교신에서 사용한 표현은 명확하지 않기 때문에 각서의 효과를 판단할 때에 특정표현에 과도한 중요성을 부여하여야 하는 것은 아니고, 교신은 전체로서 판단되어야 한다. 덴마크 정부의 견해는 정당하다고 결론지었다. vii) 1921년 이후 덴마크는 동부그린란드에서의 활동을 증대시켜 그린란드 전체에 대한 주권의 유효한 권원을 구성하는데 충분할 만큼 주권적 권리를 표시하고 행사하였다. 그 이전의 여러 사실들과 함께 고려해보면 덴마크에 유리한 주장은 확인·강화되었다.

'노르웨이는 그린란드 전체에 대한 덴마크의 주권을 승인하는 약속을 하였다'는 덴마크의 두 번째 주장에 대하여, 판결은 이하의 3가지 경우에 당해 약속이 부여되었다고 한다. viii) 노르웨이는 덴마크와 노르웨이의 동군연합이 종료하였을 때 그린란드에 대한 덴마크의 주권을 다투지 않을 것을 약속하였다. ix) 양국이 체약국인 양자간 및 다자간 조약에서 그린란드는 덴마크령이라는 취지와 그린란드를 조약의 적용범위에서 제외하는 취지가 기록되어 있고, 노르웨이는 이러한 조약이 자국을 구속하는 것을 수락함으로써 그린란드 전체가 덴마크령이라는 것을 승인하였다. x) Ihlen 선언에 대하여 스피츠베르겐섬 문제에 대한 덴마크의 태도와 그린란드 문제에 대한 노르웨이의 태도는 상호의존적(interdependent)이다. "스스로의 활동분야에 속하는 문제에 관하여, 타국의 외교대표가 요구한 사항에 대하여 자기 정부를 대표하는 외무장관에 의해 부여된 이러한 종류의 회답은 장관이 속하는 국가를 구속한다." 이러한 무조건적이고 확정적인 약속의 결과로 노르웨이는 그린란드 전체에 대한 덴마크의 주권을 다투지 않을 의무, 특히 그린란드의 일부분을 선점하지 않을 의무를 부담한다.

III. 해설

1. 일방적 선언

본 판결은 일방적 선언(unilateral declaration)의 한 형태인 일방적 약속(unilateral promise, 자국이 이후 어떠한 의무를 진다는 것을 인정하는 일방적 의사표명)의 법적 구속력을 인정한 것이라고 평가되는 경우가 적지 않다. 그러나 Ihlen 선언은 갑작스러운 것이 아니라 '스피츠베르겐섬 문제에는 특별한 관심을 가지고 있지 않으며 이 문제의 해결에 관한 노르웨이의 희망에 반대할 이유가 없다'라는 덴마크의 제안에 대한 노르웨이의 '답변'으로 이루어진 것이라는 외교상 문맥 전체에 비추어 생각해보면, 합의의 일부를 구성하는 일방적 약속이라고 파악하는 편이 합리적이라 할 것이다. 스피츠베르겐섬 문제에 대한 덴마크의 태도와 그린란드 문제에 대한 노르웨이의 태도가 상호의존적이라고 판시하고 있는 것은 이러한 합의의 존재를 시사하고 있는 것으로 해석될 수 있다. 한편, Anzilotti 재판관은 반대의견에서 덴마크가 주장하는 것처럼 통상 상호적인 호혜계약이 존재한다고까지는 할 수 없고 덴마크와 노르웨이에게 반대급부를 요구하고 있다고는 할 수 없지만, 덴마크의 요구와 노르웨이의 답변이 일치한 그 결과로 덴마크 공사와 노르웨이 외무장관 간의 구두선언에 의한 합의가 존재한다고 지적하고 있다. Vogt 재판관은 그 반대의견에서 외무장관에 의한 일방적 약속이 일반적으로 유효하고 구속적인 성격임을 인정하면서도, Ihlen 선언에 대해서는 Ihlen이 근본적이고 반론가능한 오해에 근거하여 발언하고 있기 때문에 무효라고 지적하고 있다.

일방적 선언이 국제법상 유효하기 위해서는 당해 선언이 국가의 행위로서 인정되어야 하지만 이 점에 관하여 본 판결에서는 '스스로의 활동분야에 속하는 문제에 관하여, 타국의 외교대표가 요구한 사항에 대하여 자기 정부를 대표하는 외무장관에 의해 부여된 이러한 종류의 회답은 장관이 속하는 국가를 구속한다'고 판시하고 있다. 외무장관이 발신자인 일방적 선언이 국가의 행위로 간주되는 것은 외무장관이 외교의 직접 책임자인 이상 지극히 자연스러운 것이다.

합의의 일부가 아닌 순수한 일방적 약속이 국가를 구속하는 것을 명확히 지적한 것은 *Nuclear Test*

사건(ICJ 판결, 1974년)이다. 이 판결에서는 '프랑스는 대기권내 핵실험을 더 이상 하지 않겠다'는 프랑스 대통령과 각료에 의한 일방적 약속이 프랑스를 구속한다고 하였으나, 일반론으로 다음과 같이 판시하였다. '선언을 한 국가가 자국이 그 문언에 따라 마땅히 구속되어야 한다는 것을 의도한 경우에 그 의도에는 당해 선언에 법적 구속이라는 성질이 부여되고, 당해국은 그 이후 당해 선언과 합치하는 행동방침에 따를 것이 법적으로 요구된다. 이러한 종류의 약속은 공표되고 또한 구속될 의도가 있는 경우에 설령 국제교섭의 문맥에서 이루어지지 않더라도 구속력이 있다.

2. 기타 영역취득의 요건

그 외에 이 사건 판결에서는 영역취득의 요건으로서 '주권자로서 행위하는 의도 및 의사'와 '당해 권한의 현실적 행사 또는 표시'를 명시하고, 특히 극지에서는 후자의 행사 정도가 큰 폭으로 완화된다고 한 점(ii)이 주목된다. *Island of Palmas* 사건 중재판정(1928년, 본서 사건 12번 참조)에서는 a) 영토권원의 구성요소로서 당해 지역에서 국가의 여러 기능이 계속적이고 평화적인 발현을 명시하고, b) 발견은 실효적 점유에 의한 주권을 확립하는 주장으로서는 미성숙한 권원(inchoate title)에 불과하다고 하였다. 이 사건 판결은 이와 영역권원취득의 요건에 대하여 기본적으로는 같은 입장에 서 있으나 극지라는 특수성에 비추어 실효적 점유의 요건을 완화한 점이 특징적이다.

아울러 본 판결에서는 조약과 외교문서의 해석에 대하여 참고가 되는 판단을 한 점(iii, vi)이 주목된다.

[나카타니 카즈히로 (中谷 和弘)]

2. 북해대륙붕 사건

[국제사법재판소] 서독/덴마크, 서독/네덜란드
판결 (1969년 2월 20일) ICJ Reports 1969, 3

I. 사실관계

북해는 덴마크, 서독, 네덜란드 등 7개국에 둘러싸인 타원형의 바다이며, 북동쪽으로는 북대서양이, 동쪽으로는 발트해가, 서쪽으로는 도브해협이 있다. 북해의 해저는 대부분 수심 200미터 이하인 대륙붕으로 이루어져 있다. 그 대부분은 주로 중간선을 적용하여 관련 연안국의 합의에 따라 경계획정되었다. 서독과 네덜란드 그리고 서독과 덴마크 간에도 각각 1964년과 1965년에 등거리선을 적용하여 연안 근처의 부분적인 획정이 이루어지고 있었다. 이 획정을 넘어선 구역에 관하여 3국은 교섭을 계속하였지만, 덴마크와 네덜란드는 등거리선의 연장을 주장하였고 서독은 이에 반대하였다. 서독은 자국의 움푹 들어간 연안에 등거리선을 적용하면 양측에서 등거리선을 연안의 방향으로 끌어들여 접근한 결과, 자국의 대륙붕이 단절된다고 주장하였다. 1966년 3월에 덴마크와 네덜란드는 양국의 연안에서 등거리선을 적용하여 독일 앞바다의 대륙붕경계를 획정하는 것에 합의하였다. 1967년 2월에 서독과 네덜란드 그리고 서독과 덴마크 간에 특별협정이 체결되어, 대륙붕경계획정에 적용되는 국제법의 명확화를 요구하는 이 사건이 ICJ에 부탁되었다. 경계획정 자체는 판결을 근거로 하여 당사국이 결정하는 것으로 하였다. 재판소는 2개의 사건을 병합하고, 등거리원칙은 관습법이 아니며 획정은 형평한 원칙에 따라 합의되어야 한다고 판시하였다.

II. 판결요지

우선, 서독은 대륙붕경계획정은 공정하고 형평한 배분에 따라 대륙붕을 귀속하여야 한다고 주장하였지만, 재판소는 그 주장을 인정하지 않는다. 이 주장은 1958년 대륙붕협약 제2조에 기술되어 있고, 조약과는 독립적으로 존재하는 대륙붕에 관한 가장 중요한 규칙, 즉 연안국의 대륙붕에 대한 권리는 그 영토에서 자연적으로 연장된 대륙붕에 대하여 당연하고 시원적으로 존재하며 영토에 대한 주권의 연장으로서 대륙붕 해저탐사와 그 천연자원의 개발에 관한 주권적 권리를 가진다는 원칙에 합치하지 않는다.

다음으로 재판소는 덴마크와 네덜란드가 주장하는 등거리원칙 및 특별사정원칙, 즉 다른 경계선을 정당화하는 특별한 사정이 존재하지 않는 한 경계는 영해의 폭을 측정하는 기선상 가장 가까운 지점으로부터 등거리가 되도록 결정한다는 원칙이 이를 구현하는 대륙붕협약 제6조 2항에 의하여 혹은 국제관습법에 의하여 구속력있는 규칙이 되는지를 검토한다. 대륙붕협약은 46개국이 서명하여 1964년 6월에 발효되었으며, 오늘날까지 39개국이 비준 또는 가입하였다. 덴마크와 네덜란드는 협약의 당사국인 데 반하여 서독은 서명을 하였으나 비준을 하지 않았으므로 당사국이 아니다.

덴마크와 네덜란드는 등거리원칙이 단지 조약상의 의무가 아니라 일반 또는 국제관습법의 일부이므로, 이에 대한 직접적 또는 간접적인 개별 동의와는 별개로 서독을 구속한다고 주장하였다. 우선, 대륙붕이론의 필연적인 표현으로는 등거리원칙을 이끌어낼 수 없다. 미국의 트루만선언에서 시작한 대륙붕경계획정 방법에 관한 논의의 역사는 첫째로 모든 경우를 만족시킬 수 있는 유일한 획정방법이 존재하지 않으므로 합의 내지 중재에 따라야 한다는 점과 둘째로 이는 형평한 원칙들에 따라 실시되어야 한다는 점을 보여주고 있다. 더욱이 서로 마주보는 연안국 간에 중간선을 이용하는 것과 인접한 연안국 간에 등거리선을 이용하는 것은 동일하지 않다.

덴마크와 네덜란드는 등거리원칙이 실정법 절차를 통하여 국제관습법원칙이 되었다고 주장하였다. 우선, 대륙붕협약 제6조는 이미 관습법원칙으로서 인정하고 있는 것을 구현하였고, 그러한 의미에서 기존 규칙의 단순한 선언(declaratory)이라고는 할 수 없다고 하였다. 양국은 이 원칙이 ILC에서의 논의, 이에 대한 정부의 반응, 그리고 대륙붕협약을 채택한 제1차 제네바회의에서의 심의에 따라 형성되고 있는 관습법으로 명확화되고 굳어졌으며, 협약이 채택됨으로써 관습법으로 결정화(crystallized)되었다고 하였다. 그러나 협약 제6조의 규정은 ILC가 상당히 주저하면서 실험적으로 '있어야 할 법(*de lege ferenda*)'으로서 제안한 것이지, 형성되고 있는 국제관습법규칙으로 제안한 것은 아니었다. 이러한 결론은 제6조가 유보대상이 되고 있는 점에서도 확인할 수 있다. 일반적으로 유보대상규칙은 순수하게 협약상의 규칙이고, 국제사회를 구성하는 모든 구성국에게 동등한 효력이 있는 관습법규칙에 대해서는 이러한 일방적인 유보가 인정되지 않는다. 한편, 대륙붕협약 제1조부터 제3조까지는 유보가 허락되지 않고 있지만, 이들 규정은 국제관습법규칙을 반영 또는 결정화하였다고 생각할 수 있다.

또한 덴마크와 네덜란드는 본래 협약상의 규칙인 제6조가 국제법 일반규칙이 되기 위한 기초가 되며, 새로운 국제관습법규칙을 발생(generated)시켰다고 하였다. 이러한 절차가 인정되는 조건은 첫째, 비록 대상이 되는 조항이 잠재적일지라도 일반법규칙의 기초를 형성할 수 있는 근본적인 규범창설적 성격을 가지고 있어야 한다는 것이다. 제6조가 등거리규칙을 제2차적인 의무로 하고 있는 점, 특별한 사정의 개념이 아직까지는 명확하지 않다는 점, 그리고 유보대상이 되고 있다는 점을 미루어 볼 때, 잠재적인 규범창설적 성격을 가지는지에 대해서는 의문이 있다. 둘째, 가령 짧은 기간일지라도 그 이익에 특별한 영향을 받는 국가들을 포함하여 매우 광범위하고 대표적인 국가가 조약에 참여하는 것이 필요하다. 이 사건에서의 대륙붕협약은 상당한 비준 또는 가입이 이루어지고 있었지만, 그 수가 충분하다고 할 수는 없다. 또한 짧은 기간 내에 특별이해관계국가를 포함한 국가의 실행이 광범위하고, 원용되는 조문과의 관계에서 거의 균일할 것, 그리고 법규칙 내지 법적 의무가 관련되어 있다는 일반적인 승인을 보여주는 형태로 해당 실행이 이루어질 것이 필수불가결한 조건이 된다.

대륙붕협약의 채택 후의 국가실행을 검토해보면, 등거리원칙을 적용한 국가의 다수가 그 후 머지않아 대륙붕협약의 체약국이 되었고, 이러한 국가는 조약의 적용을 받게 되는 것일 뿐, 이에 따라 등거리원칙의 국제관습법규칙의 존재를 이끌어낼 수는 없다. 가령 대륙붕협약의 비체약국이 등거리원칙을 이용하는 행위가 누적되었다 할지라도 그 자체가 법적 확신(*opinio juris*)을 구성하지는 않는다. 필요한 것은 관련된 행위가 확립된 실행이 되고 있을 것과 함께 그러한 행위는 그 실행을 요구하는 법규칙이 존재하여 의무적이라고 확신하는 증거가 되는 방법으로 수행되어야 한다. 그러나 그러한 증거가 없다. 이상과 같이 대륙붕조약의 등거리원칙은 국제관습법규칙을 창설한다고 할 수 없다.

인접국 간의 대륙붕경계를 획정하는 법규칙 내지 법원칙이 존재한다. 몇몇 기본적인 법적 개념은 경계획정에 관하여 처음부터 법적 확신을 반영하고 있다. 즉 획정은 관련국의 합의의 대상이 되고, 그 합의는 형평한 원칙에 따라 도달되어야 한다는 것이다. 여기에는 정의와 신의성실의 일반적 전제를 기초로 대륙붕경계획정을 지배하는 법규칙이 존재한다. 첫째, 당사국은 합의에 도달하도록 교섭에 들어갈 의무가 있고, 둘째, 당사국은 모든 상황을 고려하여 형평한 원칙이 적용되도록 행동할 의무가 있으며, 셋째, 모든 국가의 대륙붕이 그 영토의 자연적인 연장이 되어야 하지만 타국 영토의 자연적인 연장을 침해해서는 아니 된다.

형평은 법외적이 아니라 법내적으로 형평한 원칙의 적용을 요청하는 것이다. 그 규칙의 적용은 형평과 선(*ex aequo et bono*)에 근거한 판단은 아니고, 반드시 평등을 의미하지도 않는다. 등거리원칙의 적용은 연안의 작은 불규칙이 대륙붕획정합의에서 자동적으로 큰 문제가 되게 하고, 북해와 같은 지역에서는 형평에 어긋나는 경우가 발생한다. 대륙붕에 관한 국제법은 형평한 원칙을 적용하고 합리적인 결과를 얻을 수 있는 것을 조건으로 다양한 원칙과 방법에 근거하는 것을 허용하고 있다. 이때 고려되는 것으로는 연안의 일반적 형상이나 특징인 지리적 요소, 대륙붕의 물리적 형태와 그 천연자원의 통일성인 지질학적 요소, 연안선의 길이와 귀속되는 대륙붕과의 사이에 합리적인 균형성의 요소 등이 있다.

III. 해설

1. 국제법에서의 대륙붕 제도

대륙붕은 석유 및 천연가스, 정착성 생물(조개나 게) 등 천연자원이 풍족하여 연안국이 그 자원을 독점할 것을 의도한 1945년 미국의 트루만선언을 계기로 하여 대륙붕의 법적 정의, 그에 대한 국가의 권리·의무와 그 한계, 그리고 이 사건에서 문제가 되었던 경계획정규칙에 관한 국제법, 즉 관습과 조약 그리고 국제판례가 상호적으로 영향을 미치며 발전하여 왔다. 본 판결은 대륙붕에 관한 ICJ의 최초 판결이고 오늘날에도 여전히 타당한 대륙붕 제도의 중요한 부분(자연적 연장개념, 연안국의 주권적 권리, 상부수역의 법적 지위 불변경 등)을 기술하고 있다는 점에서 중요하다. 본 판결을 계기로 1982년 제3차 UN

해양법협약 제83조에서는 형평한 해결을 달성하기 위하여 국제법에 근거한 합의에 따라 경계획정을 결정할 것을 취지로 하는 규정을 두고 있다.

2. 관습법의 성립요건

본 판결은 국제관습법의 기본개념 및 성립요건에 대하여 체계적으로 논한 최초의 사례이다. 재판소는 관습법은 그 성립이 인정되면 국가의 개별 동의의 유무와 관계없이 모든 국가들을 구속하는 일반법이라고 하였다. 또한 조약규칙이 관습법의 선언적, 결정화 혹은 창설적 효과를 가질 수 있다고 가정할 때, 재판소는 이를 정리하여 앞의 두 효과에 대하여는 조약심의과정을, 후자에 대하여는 국가관행과 법적 확신을 중시하여 그 여부를 판단하였다. 특히 특별이해관계국을 포함한 국가의 관행은 광범위하고 균일할 것에 더하여, 그 관행이 법적 의무라는 의식에 의지하고 있을 필요가 있다는 국제관습법 성립에 관한 2가지 요건이 전통적인 방식으로서 자주 언급된다. 한편, 법적 확신의 이해의 방법과 유보대상규칙에 관한 언급에 대한 학설상 비판이 있는 것 외에 1986년 니카라과 사건 판결(본서 사건 44번 참조)에서 재판소는 관습법의 성립요건에 관한 새로운 방식을 제시하고 있다. 또한 재판소는 국제사회 일반에 타당한 국제법으로 관습법 외에 국제법의 기본개념으로부터 연역적인 추론을 한 규칙들의 존재를 인정하였고, 재판소가 이 사건에 적용한 합의 및 형평한 원칙도 그 부류에 속하도록 하는 이유를 들고 있다.

3. 형평원칙의 내용

본 판결은 형평(equity)의 개념 일반에 대한 몇 가지 시사점을 주고 있고, 동시에 대륙붕경계획정이라고 하는 특정한 문맥에 적용된 형평한 원칙의 내용에 대하여 심층적인 판단을 하고 있다. 재판소는 형평의 개념은 법내재적(equity *infra legem*)이라고 하였고 ICJ 규정 제38조 2항의 '형평과 선'과는 구별하면서, 이것이 동조 1항(c)에 있는 법의 일반원칙인지에 대해서는 분명히 하지 않았다. 경계획정규칙으로서의 형평원칙에 관해서는 이는 평등을 의미하는 것은 아니라고 하면서 획정결과의 형평을 중시한 점과 연안선 길이와 귀속되는 대륙붕 간의 비례성(proportionality)을 고려하여야 할 요소로 든 점은 이후의 ICJ판례에도 영향을 미치고 있다.

[시바타 아키호 (柴田 明穗)]

3. Filártiga 사건

[미국 제2순회연방항소법원]
판결 (1980년 6월 30일) 630 F.2d 876(2d Cir. 1980)

I. 사실관계

X1과 X2는 파라과이인 필라티가(Filártiga)의 아버지와 누나이다. X1등은 1976년에 필라티가가 사망한 것은 X1이 오랫동안 반정부활동을 한 것에 대한 보복으로 파라과이 경찰관 Y가 가한 고문의 결과라고 주장하고 있다. 1978년에 미국으로 건너가 정치적 망명을 신청하고 있었던 X2는 Y도 미국에서 생활하고 있음을 알고 이민귀화국에 정보를 제공하였다. 이 정보에 근거한 절차의 결과로 체류기간을 넘기고 있었던 Y에게 강제퇴거명령이 내려졌다. X2는 수용중인 Y에게 소장을 송달하여 징벌적 손해배상 청구를 포함한 민사소송을 미국에서 제기하였다.

미국에서의 민사소송에서 관할권의 기초로서 X1등이 원용한 것은 1789년 제정 이후 200년 가까이 거의 원용되지 않았던 외국인불법행위법(Alien Tort Statute)이었다. 이 법률은 "[연방]지방법원은 국제법(law of nations) 또는 미합중국의 조약에 위반하여 행해진 불법행위에 관해서만 외국인에 의한 민사소송의 제1심 관할권을 가진다"고 규정하고 있다.

제1심연방지방법원은 국가의 자국민에 대한 대우는 국제법의 대상 밖이라고 하여 X1등의 소를 기각하였는데, X1등이 이에 대하여 항소한 것이 이 사건이다. 또한 X1등은 Y에 대한 강제퇴거처분의 집행연기를 청구하였으나 최종적으로는 연기가 인정되지 않았고, Y는 항소심 판결을 기다리지 않고 파라과이로 귀국하였다. 이후 연방항소법원은 이 사건에 대하여 관할권을 인정하여 1984년 1월 10일에 환송하였고, 연방지방법원은 결석재판으로 징벌적 손해배상을 포함한 1,000만 달러 이상의 배상금을 결정하였으나 집행되지는 않았다.

II. 판결요지

이 사건은 미국의 조약에 직접적으로 근거하여 발생한 소송이 아니기 때문에 관할권에 관한 중요한 문제는 국제법에 위반하는 행위의 존재유무이다. 억류 중인 자에 대하여 국가의 직원이 행한 고문은 인권에 관한 국제법에 위반된다. 따라서 고문을 한 것으로 여겨지는 자가 미국 국내에서 외국인에게 발견되어 소장이 송달된 경우에는 외국인불법행위법에 근거하여 연방법원의 관할권이 인정될 수 있다.

지금까지 연방대법원이 행사해 온 국제법 법원의 열거에 따르면 국제법은 학설, 국가들의 관행 및 판례를 통하여 확인할 수 있다. 단순한 예양에 지나지 않았던 것이 시간이 지나 문명국가들의 동의에 의하여 국제법으로 확립된 규칙으로 바뀔 수 있으므로, 법원은 1789년 당시의 국제법이 아니라 오늘날 세계 여러 국가 간에 존재하고 있는 국제법을 해석하여야 한다.

UN헌장 제55조와 제56조는 오늘날 국가에 의한 자국민의 대우가 국제적 관심사항이라는 점을 명확히 하고 있다. 이러한 규정은 완전히 자기집행적(self-executing)이라고는 여겨지지 않으며, 또한 헌장이 모든 사람에게 보장하고 있는 '인권 및 기본적 자유'의 정확한 범위에 관한 보편적 합의도 존재하지 않지만, 최소한 고문을 받지 않을 권리가 이 보장에 포함된다는 점에 대하여는 이견이 없다. 고문금지는 세계인권선언이 증명하고 정의하듯이 국제관습법의 일부가 되어 있다. 특히 고문금지선언은 세계인권선언과 마찬가지로 UN총회가 반대 없이 채택한 것이다. 이러한 UN의 선언은 헌장상의 회원국의 의무를 명확히 보여주는 것이므로 중요하다. 고문은 미주인권협약, 자유권규약 및 유럽인권협약 등의 국제조약에서도 부인되고 있다. 이는 국내법에도 반영되어 고문은 미국 및 파라과이를 포함한 많은 국가의 헌법에서 금지되고 있다. 자국민에 대하여 고문할 권리를 주장하고 있는 국가는 없으며 고문하였다는 이유로 비난받는 국가는 고문의 사실을 보통 부인한다.

국제관습법의 법원(국가들의 관행·판례·학설)을 검토한 결과, 고문은 오늘날 국제법에 의해 금지되고 있다. 고문의 금지는 명확하고, 외국인과 자국민을 다르게 취급할 여지가 없다. 국가에 의한 자국민 대우에 관하여 국제법 위반이 발생하지 않는다는 본 법원의 선례에서의 방론은 오늘날의 국제법관행에는 적합하지 않다.

민사책임에 관하여 고문한 자는 해적과 노예를 거래한 자와 마찬가지로 인류의 적이 되었다. 본 판결은 모든 사람을 잔인한 폭력으로부터 해방시키는 영원한 꿈의 실현을 향한 작지만 중요한 첫걸음이다.

III. 해설

1. 고문금지에 관한 국제관습법

이 사건은 고문이 국제법에 위반되는 것으로 외국인불법행위법에 근거하여 연방법원의 관할권을 인정하고, 피고에게 손해배상의 지불을 명한 사건이다. 외국인불법행위법에서 말하는 '국제법'의 해석으로서 고문금지를 국제관습법의 일부로 인정한 점은 국제법의 법원이라는 관점에서 중요하다. 연방항소법원은 세계인권선언과 고문금지선언이 말하는 UN총회결의가 그 자체로 법적 구속력이 있으며 국제법이 된다고 판단한 것이 아니다. 연방항소법원에 의한 국제관습법의 인정은 UN총회결의의 채택에서의 반대유무, 국제조약과 국내법 규정, 고문을 하였다고 비판받는 국가의 대응 등을 검토한 후에 이루어진 것이다. 이러한 국제관습법을 인정하는 방법에 관해서는 적어도 오늘날에는 특별한 이견이 없을 것이다. 다만, 이와 같이 미국의 법원에서 인권분야의 국제관습법이 문제된 배경은 미국이 인권분야 국제조약의 비준에 대하여 소극적이고, 비준하는 경우에도 조약규정이 자기집행적이지 않다는 선언을 붙이는 경우가 많았다는 점을 확인해 둘 필요가 있다(실제로 미국은 본 판결 이후에 채택된 고문금지협약을 1994년에 비준하였으나 동조약의 실체적 규정은 자기집행적이지 않다는 선언을 붙이고 있다).

2. 외국인불법행위법

이 사건에서 법원의 관할권에 기초가 된 외국인불법행위법은 미국에서도 당시까지 거의 주목받지 못하고 있던 것이었다. 미국 법원은 UN헌장의 인권규정이 자기집행적이지 않다고 한 1952년의 *Sei Fujii* 사건(캘리포니아주 대법원 판결)과 같이 국제인권법에 근거한 소송에 대하여 소극적인 자세를 취하고 있던 것으로 보이지만, 이 사건은 그와 같은 자세로부터의 전환점이라고 평가된다. 이 사건을 계기로 하여 외국인불법행위법에 근거한 다양한 민사소송이 제기되었으며, 많은 경우 이 사건과 같이 인권분야의 국제법 위반이 문제되는 사례에서 이 법률에 근거한 미국에서의 재판은 국제인권법을 시행하기 위한 하나의 수단으로서 자리매김하게 되었다. 한편, 외국인불법행위법을 국제인권법의 관점에서 평가하는 경우에는 이 사건과 마찬가지로 법원의 판결이 집행되는 경우는 거의 없으며, 그러한 의미에서 국제인권법 위반으로 손해를 입은 자에 대한 구제로 이어지지 않는다는 점도 고려되어야 할 것이다.

3. 미국연방대법원 2004년 6월 29일 판결 (*Alvarez* 사건)

외국인불법행위법은 미국의 독특한 법률로, 여기에서 말하는 '국제법'에 대하여 미국 혹은 이 법률의 독자적인 해석이 이루어질 가능성도 있다. 이러한 관점에서 본 판결 이후 미국 연방대법원이 외국인불법행위법에 관하여 처음으로 판단한 2004년의 *Alvarez* 사건이 주목된다. 연방대법원은 외국인불법행위법이 연방법원의 관할권에 관한 절차규정이라고 하면서, 1789년 당시에 국제법 위반으로 보았던 안도권(safe conduct)의 위반, 대사의 권리침해 및 해적에 한정된 경우에는 실체법상 민사청구권도 인정되었다고 판단하였다. 그러한 전제에서 연방대법원은 오늘날에는 외국인불법행위법에 따른 청구에 대하여 판단하는 경우에도 당시의 국제법과 같은 정도로 명확한 내용을 가지고 문명국가들에 의해 받아들여지는 국제법 규범인지 여부를 기준으로 하였다. *Alvarez* 사건에서 문제가 된 단시간의 자의적인 억류에 대해서는 명확성을 지닌 국제관습법이라고는 볼 수 없다고 하여 Alvarez의 소를 기각하였다. 이러한 연방대법원의 판결이 외국인불법행위법에 따라 인정될 수 있는 청구를 어느 정도 제한하는 효과를 가지는가에 대하여는 이후의 판례 동향이 주목된다.

4. 민사사건의 보편적 관할권

이 사건의 판결은 원고와 피고의 국적국과 불법행위지가 모두 파라과이인 민사소송에서 미국 법원의 관할권을 인정한 점과 고문한 자는 민사책임에 관해서 해적 등과 마찬가지로 인류의 적이 되었다고 부언한 점에서 외국인불법행위법이 민사사건의 보편적 관할권 행사의 예로서 논의되고 있다. 그러나 민사관할권에 대해서는 형사관할권의 경우와는 달리 종래부터도 영역(불법행위지 등)과 국적에 의한 법정지국의 결부가 반드시 요구되어 온 것은 아니었다. 이 사건의 판결도 지적하고 있으나, 일반적으로 법정지 국내에 있는 자(외국인을 포함) 사이의 민사분쟁은 법원이 국제사법규칙에 따라, 경우에 따라서는 외국법(불법행위지법 등)을 적용하여 해결을 도모하여 왔다. 외국인불법행위법이 외국인에 의한 민사소송이 국제법 위반과 관련된 경우에 주법원뿐만 아니라 연방법원에도 관할권을 부여하는 것이 그 목적 중 하나였다면 미국 내의 권한분배 문제에 지나지 않는다고 할 수 있다. 그러한 의미에서 보편적 관할권의 행사가 해적 등의 경우에만 예외적으로 인정될 수 있다고 여겨지는 형사관할권의 경우와는 큰 차이가 있으며, 이 사건과 외국인불법행위법을 민사사건의 보편적 관할권이라는 문맥으로 파악하는 것에 대한 유용성에는 의문이 남는다.

[미즈시마 토모노리 (水島 朋則)]

국제법과 국내법

4. UN본부협정 사건

(국제사법재판소, 미국 뉴욕주 남부지구 연방지방법원)

5. 시베리아 억류포로 보상청구 사건

(도쿄지방법원, 도쿄고등법원, 일본 최고재판소)

6. 재일외국인 무연금 사건

(교토지방법원)

4. UN본부협정 사건

(1) [국제사법재판소] (요청기관: UN총회)
권고적 의견 (1988년 4월 26일) ICJ Reports 1988, 12
(2) [미국뉴욕주 남부지구 연방지방법원] 미국 v. PLO
판결 (1988년 6월 29일) 27 ILM 1055

Ⅰ. 사실관계

미국과 UN이 1947년에 체결한 UN본부협정은 회원국의 대표부사무소와 UN본부 간의 통행권을 보장하고 있다. 1974년에 팔레스타인 해방기구(이하 'PLO')도 UN총회에 옵저버(observer)로 초청된 이래로 미국은 PLO의 UN대표부의 권리를 존중하여 왔다.

1985년 아킬레 라우로(Achille Lauro)호 사건에서 미국인이 살해되자 미국의회는 1987년 12월 16일에 '대외관계권한법'을 통과시켰다. 이 법은 레이건 대통령이 12월 22일에 서명하고 90일 후인 1988년 3월 21일에 반테러리즘법(이하 'ATA')으로 시행되게 되었다. ATA는 PLO를 테러조직으로 인정하고, 미국의 관할하에 있는 PLO 사무소의 개설이나 유지가 위법하다고 하여 법무장관에게 필요한 법적 조치를 취하도록 요구하였다.

따라서 UN사무총장은 1988년 1월 14일에 본부협정 제21항(a)에 근거한 분쟁해결절차를 주장하였다. 제21항(a)는 다음과 같이 규정하고 있다.

> "본 협정 또는 이에 부수되는 협정의 해석 및 적용에 관한 UN과 미국 간의 분쟁으로 교섭 또는 다른 합의된 해결수단으로 해결되지 않는 사항은 최종판단을 위하여 3인의 중재인으로 구성되는 중재판정부에 부탁하여야 한다. 3인의 중재인에 대해서는 1인은 사무총장이 지명하고, 또 다른 1인은 미국국무장관이 지명하며, 세 번째 중재인은 2명의 중재인이 합의하여 정하는 것으로 한다. 만일 2명의 중재인이 세 번째 중재인에 대해서 합의할 수 없는 경우에는 ICJ소장이 지명하는 것으로 한다."

미국과의 교섭이 잘 되지 않자 UN은 본부협정 제21항에 근거하여 중재인을 지명할 것을 미국에 전달하였지만 미국은 회답을 하지 않았다. 따라서 3월 2일에 UN총회는 제21항에 근거로 한 중재재판을 할 의무가 미국에 있는지에 대하여 ICJ에 권고적 의견을 요청하였다.

한편 3월 22일에 미국 법무장관은 PLO대표부 사무소의 폐쇄를 요구하며, PLO와 그 4명의 직원을 상대방으로 뉴욕주 남부지구 연방지방법원에 제소하였다. 미국정부는 연방지방법원의 판결이 내려질 때까지는 사무소의 폐쇄조치를 취하지 않는다고 명확히 밝히면서, 재판기간 중에는 중재재판이 적절하지 않으며 시기적으로도 적합하지 않다고 주장하였다. 또한 연방지방법원에 대한 소송에는 UN도

'법정조언자(*amicus curiae*)'로서 관여하고 있었다.

II. 의견 · 판결요지

1. ICJ 권고적 의견

국제사법재판소에 요청한 문제는 본부협정상 중재절차의 당해 사건에 대한 적용가능성에 관한 것이다. 따라서 재판소는 (a) UN과 미국 사이에 분쟁이 존재하는지, (b) 당해 분쟁이 본부협정의 해석 및 적용에 관한 것인지, (c) 당해 분쟁이 '교섭 또는 다른 합의된 해결방법으로 해결되지 않았는지'에 관한 문제에 답하여야 한다.

(a) UN사무총장은 분쟁이 존재한다고 주장한다. 또한 미국은 '협정상 미국이 부담하고 있을지도 모를 어떠한 의무에도 상관없이' PLO UN대표부에 조치를 취하고 있다. 미국은 연방지방법원에서 소송이 계속되고 있는 동안에는 대표부의 폐쇄조치를 취하고 있지 않기 때문에 그 동안에는 중재재판이 적절하지도, 시기에 적합하다고도 생각되지 않는다고 주장한다. 그러나 '적절성'은 제21항의 의무에 우선하지 않는다. 중재절차는 국내법원을 이용하지 않고 UN과 수락국 간의 분쟁을 해결하기 위한 것이며, 제21항은 국내적 구제조치를 필요로 하지 않는다. UN과 미국의 대립은 본부협정의 양 당사자 간에 분쟁이 존재하는 것을 나타내고 있다. 또 권고적 의무를 부여한 시점에서 분쟁이 발생하고 있다는 결론에 이르렀으므로 분쟁이 언제 발생하였는지를 결정할 필요는 없다.

(b) 미국은 PLO대표부에 대해서 일련의 조치를 취하고, UN사무총장은 그 조치가 본부협정에 위반된다고 인식하고 있기 때문에 본부협정의 적용에 관한 분쟁이 UN과 미국 사이에 존재한다. 또 법무장관이 내린 판단이 ATA의 적용을 초래하는 것인지, 그렇지 않으면 연방지방법원의 소송이 완료되어 PLO대표부가 폐쇄된 때에 비로소 적용되는 것으로 보아야 하는지에 관한 문제가 발생할 수 있다. 그러나 제21항에 관해서는 결정적이지 않다.

(c) '교섭에 의해 해결되지 않았는지'에 대해서 UN사무총장은 교섭의 가능성을 다하였다. 또한 '다른 합의된 해결방법'에 대해서는 연방지방법원에 대한 소송이 제21항에서의 '합의된 해결수단'이 될 수 없다. 당해 절차는 ATA의 집행을 목적으로 한 것이지 본부협정의 적용에 관한 분쟁해결을 목표로 한 것은 아니기 때문이다. UN은 미국 법원에서의 분쟁해결에 동의하지 않았고, 연방지방법원에도 법정조언자로서 관여하였을 뿐이다.

따라서 미국은 제21항의 중재재판의무를 존중하여야 한다. 미국은 PLO대표부에 대한 조치가 '협정상 미국이 부담하고 있을지도 모르는 어떠한 의무와도 상관없이' 취하여 진다고 선언하고 있지만 이와 같은 선언이 실체적 의무뿐만 아니라 제21항의 중재의무에 언급된 것이라고 하더라도 이 결론에 변함은 없다. 국제법은 국내법에 우선한다고 하는 국제법의 기본원칙을 상기하는 것만으로 충분할 것이다.

2. 미국 뉴욕주 남부지구 연방지방법원 판결

변호인은 ICJ의 권고적 의견을 언급하며, 이 법정에서 본부협정의 해석에 관계되는 경우에는 제21항의 중재재판이 요구되어야 한다고 주장한다. 그러나 이 주장은 두 가지 점에서 잘못되었다. 첫째, 미국헌법 제3조의 권한을 일탈하지 않고 정부에게 중재재판을 부탁할 것을 명할 수 없다. 둘째, 이 사건에서 법원의 임무는 당사자 간의 분쟁해결에서 ATA를 해석하는 것이다. 국제의무의 해석과 ATA 간의 조정은 국내법의 문제로서 당해 법원이 해야 하는 것이다.

정부의 ATA 해석은 PLO대표부를 폐쇄하는 것이기 때문에 당해 법정에 본부협정과 ATA 간의 조정을 청구할 수 있다. 미국의 헌법체계에서 제정법과 조약은 모두 국가의 최고법이며, 헌법은 양자의 차이를 두고 있지 않다. 가능한 경우에는 항상 양자가 실효적이 되도록 하여야 한다. 조약은 나중에 시행된 제정법과 양립할 수 없고, 제정법을 시행하여 조약을 파기할 의도를 의회가 명확하게 한 경우에만 나중에 시행된 제정법이 조약보다 우선한다. 그러나 그러한 권한이 명확하게 행사되지 않는 한 당해 법원은 기존의 조약의무와 양립하도록 제정법을 해석하여야 한다. ATA를 PLO대표부에는 적용할 수 없다고 판단하는 것 이외에는 ATA와 본부협정이 양립할 수 없다.

본부협정 제11항은 본부 지구에 대한 대표부의 접근 등을 인정할 의무를 미국에 부과하고 있지만, 사무소의 사용을 인정하지 않고는 그러한 권리를 실효적으로 행사할 수 없다. 특히, 제13항은 외국인의 입국이나 주거에 대해서 미국법의 적용을 인정하지 않는다. 제13항의 면제는 회원국뿐만 아니라 옵저버국가에도 미친다. 미국은 14년간 본부협정 사항에 대한 PLO의 권리를 승인하여 왔으므로 PLO대표부의 폐쇄는 대표부에 관한 미국의 관행으로부터 일탈하는 것이다.

나중에 시행된 제정법이 조약을 파기하기 위해서는 의회의 명확한 의사표시가 요구되지만, 의회는 명확한 의사를 표시하지 않았고, 다음과 같은 이유로 ATA를 본부협정에는 적용할 수 없다. 첫째, ATA는 대표부와 본부협정에 대하여 전혀 규정하지 않고 있다. 둘째, 사무소의 유지를 금지하는 ATA의 규정은 '그것에 반하는 법의 어떠한 규정에도 불구하고' 적용되지만 조약에 대해서는 규정하고 있지 않다. 셋째, 어떤 의원도 ATA의 규정에 의해 본부협정을 무효화할 것을 명확한 의도로 표명하고 있지 않다. 따라서 ATA를 PLO대표부에는 적용할 수 없다.

또한 ATA가 일반적으로 적용되는 유효한 법령이며 UN대표부 이외의 PLO의 활동을 제한할 수 있는 것이므로 ATA가 실효되었다는 변호인의 주장은 받아들일 수 없다.

III. 해설

1. 사건의 의의

이 사건은 하나의 분쟁에 관해서 국제재판소와 국내법원이 모두 국제법과 국내법의 관계를 검토하고 있는 점에서 그 의의가 있다. 다만, 각 재판소에서의 국제법과 국내법의 관계의 검토와 논점에 대해서는 주의가 필요하다.

(1) 두 재판소에서 모두 국제법과 국내법의 관계가 검토되었지만 그 의미는 다르다. ICJ는 국제법체계에서 본부협정과 ATA의 관계를 검토하고, 연방지방법원은 미국법체계에서 ATA와 본부협정의 관계를 조정하였기 때문이다. 국제재판소에서는 국내법에 대한 국제법의 우위성이 인정되므로 국제위법행위를 국내법으로 정당화할 수 없다(국내법원용금지의 원칙). 이 사건에서도 ICJ는 '국제법은 국내법에 우선한다'는 국제법의 기본원칙을 확인하고 있다. 한편, 국내법원에서는 국내법이 국제법보다도 우선하여 적용되는 경우도 있다. 국내법체계에서 국제법의 효력은 당해 국가에 맡겨져 있기 때문이다. 이 사건에서는 연방지방법원은 의회의 의사를 엄밀하게 해석하여 본부협정상의 의무와 ATA를 조정하였지만, 이는 미국법체계에서 국제법과 국내법 관계의 문제이다.

(2) ICJ와 연방지방법원에서 다룬 논점의 차이에도 주의를 기울일 필요가 있다. ICJ에서는 본부협정 제21항에 근거한 중재의무가 미국에 있는지가 문제되어 제21항의 요건이 쟁점이 되었다. 본부협정과 ATA의 관계는 제21항에 대한 해석의 문맥에서 문제되었다. 한편 연방지방법원에서는 제11항 및 제13항과 ATA 간의 양립성이 쟁점이 되었다. 즉 '의회의 의사가 명확한 경우에는 나중에 시행된 제정법이 조약보다도 우선한다'는 미국법의 원칙을 전제로 한 다음, PLO의 본부협정상의 권리를 인정하면서 의회의 의사가 명확하지 않다고 하여 PLO대표부에 대한 ATA의 적용을 거부하였다. 국내법과 조약의 관계에 관한 사례로서 이 판결은 참고할 가치가 있다.

2. 본부협정 제21항과 연방지방법원 소송의 관계

ICJ의 권고적 의견에서는 본부협정 제21항과 연방지방법원의 소송과의 관계, 특히 분쟁의 존재와 다른 합의된 해결수단이 문제되었다.

(1) 분쟁의 존재에 대해서는 미국의 어떠한 조치에 의해 분쟁이 발생한 것인지가 문제되었다. 즉, ATA가 성립한 시점에서 분쟁이 발생한 것인지, 판결의 결과로 ATA가 실제로 집행됨으로써 분쟁이 발생된 것인지에 관한 문제이다. 다만 ICJ는 권고적 의견을 부여한 시점에는 제21항에서 말하는 '분쟁'은 이미 존재하고 있다고 하면서 분쟁의 발생일에 대한 판단을 회피하였다.

(2) ICJ는 연방지방법원에서의 소송이 제21항에서 말하는 '다른 합의된 해결수단'에 해당하지 않는다고 판단하였다. 그러나 미국은 연방지방법원에서의 소송이 ATA에 관한 분쟁의 해결수단이라고 하고 있다. 이러한 이유로 UN은 의도적으로 소송에 참가하지 않았고, 법정조언자로서 연방지방법원의 소송에 관여하였다. 다만, UN의 법률고문은 연방지방법원의 소송이 분쟁을 종결시킬 수 있다는 견해도 보였다. 1988년 8월 29일에 미국정부는 대외정책을 이유로 항소하지 않을 것으로 결정하고, 이 연방지방법원 판결에서 이 사건의 분쟁은 종결되었다.

[키타 야스오 (喜多 康夫)]

5. 시베리아억류포로 보상청구 사건

[도쿄지방법원] 판결: 1989년(平成 원년) 4월 18일 판시 1329호 36면
[도쿄고등법원] 판결: 1993년(平成 5년) 3월 5일 판시 1466호 40면
[일본 최고재판소] 판결: 1997년(平成 9년) 3월 13일 민집 51권 3호 1233면

I. 사실관계

제2차 세계대전 말기에 참전한 소비에트 사회주의 공화국 연방군은 일본의 포츠담선언 수락 후, 구만주나 조선 등에서 무장해제한 일본군인과 민간인을 시베리아 혹은 중앙아시아 등 구소련 각지의 수용소에 강제연행하여 장기간 억류하고, 열악한 조건하에서 가혹한 강제노동까지 하도록 하였다. 이러한 일본인 피억류자의 수는 60만명 내지 70만명이며, 그 중 약 6만명이 억류·강제노동하에 사망한 것으로 추정되고 있다. 또한 억류에서 생환한 자라 할지라도 억류·강제노동으로 인한 질병이나 후유증으로 고통받는 사람이 적지 않았다.

이 사건은 억류자 62명이 일본을 피고로 포로의 대우에 관한 1949년 8월 12일의 제네바 제3협약(이하 '포로대우협약') 제66조, 제68조, 관습법상의 자국민포로보상원칙, 헌법·국가배상법 등을 근거로 억류기간중의 강제노동에 근거한 미불임금의 지급, 노동에 의한 부상 기타 신체장애에 관한 보상, 억류국에 의해 몰수된 개인의 용품·금전 등의 보상 등을 청구한 소송이다.

제1심과 항소심에서 모두 억류자가 제기한 소송이 전부 기각되었다. 이에 대해 항소인 중 일부가 상고하였지만 최고재판소는 항소심판결을 유지하고 상고를 전부 기각하였다. 이 사건은 헌법상, 국내법상의 청구를 포함하여 다양한 쟁점이 있지만 국제법에 직접 관련되는 주된 논점은 첫째, 포로대우협약 제66조 및 제68조가 이 사건에 적용되는지, 둘째, 자국민포로보상원칙이 국제관습법으로 성립되어 있다고 인정되는지, 셋째, 포로대우협약과 자국민포로보상원칙을 내용으로 하는 국제관습법은 국내적 효력을 가지고, 국내에 적용이 가능한지에 대한 것이다.

II. 판결요지 (일본 최고재판소 1997년 3월 13일 판결)

첫 번째 논점에 관해서 포로대우협약이 일본과 소련 간에 효력이 발생하기 전에 포로인 신분이 종료된 자에 대한 법률관계의 해결에 대해서 '협약을 소급해서 적용할 수 없다고 한 원심의 판단은 정당한 것으로 인정할 수 있다.' 이에 대하여 제1심 판결에 의하면 '조약은 특별한 의도가 조약 자체로부터 명확한 경우와 특별한 의도가 다른 방법에 의해 확인된 경우를 제외하면 소급적으로 적용되지 않는 것으로 해석되고 있다.' '그 이유는 조약법에 관한 비엔나 협약 제28조에도 […] 명확히 되어있는 바,'

포로대우협약 자체 또는 다른 방법에 의해 위의 특별한 의도를 인정할 수 없으므로 협약 제66조 및 제68조의 적용은 부정된다.

두 번째 논점에 대해서 '상고인들이 포로로서 시베리아에 억류되어 있던 당시에 억류국으로부터 포로들에게 지불되어야 할 미불임금에 대해서 포로의 소속국이 이를 변제할 책임을 부담하는 점, 포로의 노동에 의한 부상 또는 기타의 신체장애에 대한 보상청구 등은 포로의 소속국에 하여야 하는 점 등을 내용으로 하는 주장하는 이른바 자국민포로보상의 원칙이 세계의 주요국에서 일반관행이 되고, 이것이 법적 확신에 의해 지지되고 있다고 할 수 없다고 한 원심의 판단은 정당한 것으로 인정할 수 있다.' 또한 이에 대하여 항소심 판결에 의하면 '국제관습법도 조약과 마찬가지로 국제사회에서 일반적으로 타당한 법형식의 하나인 이상 단순히 특정한 사항에 대해서 대다수의 국가 간에 일정한 국제적 관행이 성립하고 있다고 인정되는 것만으로 족하지 않고, 나아가 위의 관행에 대해 주요한 국가를 포함한 대다수의 국가에서 법적으로 의무사항이라는 법적 확신을 갖게 되는 때에 비로소 국제법규범으로서 법적 구속력을 갖는 것'으로 해석하여야 하는바, '항소인들이 시베리아에 억류되어 있을 당시 이미 항소인들이 주장하는 자국민포로보상에 관한 일반관행과 법적 확신의 요건이 구비되어 국제관습법으로 성립하고 있다고 인정하는 것은 어렵다고 할 수밖에 없다.'

상고이유에서 보이는 세 번째 논점에 대해서는 '원판결의 결론에 영향이 없는 부분이 위법이라고 하여 채택할 수 없다.' 또한 이는 항소심 판결에 의하면, 국제법규가 국내에서 적용가능한지 여부의 판단기준을 고려하여 '우선 당연하지만 조약체결국의 구체적인 의사 여하가 중요한 요소가 되는 것은 물론 규정내용이 명확하여야 한다. 특히 국가가 일정한 작위의무를 부과하거나 국비의 지출을 수반하는 경우 또는 이미 국내에서 동일한 종류의 제도가 존재하고 있는 때에는 위 제도와의 정합성 등도 충분히 고려하여야 하고, 따라서 내용이 보다 명확하게 되어 있을 필요가 있다.' '국제관습법에 대해서는 조약과는 달리 불문법인 성격상 그 내용은 일반적이고 추상적이며, 그 대부분이 국가 간의 권리의무관계를 규율하는 경우가 많아서 지금까지 국내적용가능성이 문제가 된 예는 적었다. 따라서 직접 개개의 국민의 권리·이익을 규율하는 경우에도 이미 국내법으로서 존재하는 규정을 일부 보충·변경하거나 특칙을 두는 정도의 경우라면 몰라도 권리의 발생, 존속 및 소멸 등에 관한 실체적 요건과 권리의 행사 등에 대한 절차요건, 나아가 국내에서 기존의 각종 제도와의 정합성 등 세밀하게 규정되어 있지 않은 경우에는 그 국내적용가능성은 부정될 수밖에 없다.' 이러한 점에서 자국민포로보상의 원칙의 국내적용가능성을 검토해 보면, '보상의 대상자, 보상의 내용, 방법 및 기간 등이 명확하고 명료하게 되어있지 않는' 점 등에 의해 가령 포로대우협약이 적용되거나 혹은 동일한 취지의 국제관습법이 성립되어 있다고 하더라도 동 원칙에 근거한 손해배상청구는 이유가 없다.

III. 해설

1. 포로대우협약의 적용

포로대우협약 제66조에는 포로의 소속국이 억류 중의 미불임금의 변제책임을 부담할 것, 제68조에는 상고인들의 포로노동에 의한 부상이나 상해에 대한 보상청구, 나아가 억류국에 책임이 있는 손해배상청구도 또한 포로 소속국에 하여야 할 것이 규정되어 있다. 그러나 일-소 간에 포로대우협약이 발효된 것은 수인(囚人)으로 구속되어 있었던 일부를 제외하면 포로인 신분이 종료된 후이며 협약에 소급적용을 인정한 규정도 보이지 않는다고 하여 이 사건에 대한 적용을 부정하였다. 상고이유에서 상고인들은 협약의 인도법으로서의 특질을 강조하여 해석할 때 '관계국의 이해가 아닌 포로 이익의 실질적 존중을 기준으로 하여야 할 것' 즉, '포로의 인권인 임금 기타 청구권의 보장이라는 인도주의적 가치를 첫 번째 기준으로 하여야 할 것'을 주장하였지만 법원의 형식적 해석을 바꾸지 못하였다.

2. 관습법 (자국민포로보상 원칙)

국제관습법의 성립에 국가관행과 법적 확신의 존재를 요구하여 원고들이 시베리아에 억류되던 당시에 자국민포로보상원칙을 내용으로 하는 관습법이 성립되어 있지 않았다고 한 점에 대하서는 제1심 판결과 항소심판결이 공통적으로 지적하고 있다. 제1심의 특징은 특히 일반관행의 존재에 대하여 ICJ의 판결도 언급하면서 각국의 실태를 비교적 상세히 검토하여 결론을 도출하고 있는 점이다. 한편 항소심에서는 제1심 판결을 기초로 하면서도 포로대우협약이 당시의 관습법을 성문화한 것이라고 하는 원고들의 주장에 답하는 형태로 협약의 기초과정을 상술하고, 포로에 대한 보복금지나 의료·식량 등의 급부 등이 억류국의 의무로서 관습법으로 되어 있는 점을 한편으로는 인정하면서도, 소속국에 의한 자국민포로보상 원칙에 한해서는 당시의 관련국가에서 국가관행과 법적 확신의 존재를 부정하고 있는 점에 특징이 있다.

하급심을 검토한 최고재판소의 판결이유 중에 '국제법상 포로의 억류기간중의 노동임금의 지불을 확보할 것이 요구되는 것은 헤이그육전협약 이후의 포로의 대우에 관한 국제법의 변천이나 1949년 제네바협약에 관한 토의의 경과에 대해 원심이 확정한 바에 비추어 명확하다'고 하는 점은 비록 그것이 국회의 입법재량을 용인하는 문맥에서 양보적 언사에 머무른다고 하여도 재차 유의하여야 할 것이다. 원고들을 포함한 피억류자의 임금지급실현은 당연히 국제법상의 요청이며, 일본을 비롯한 관련국 국가기관의 전반적 동향은 국내법원에 의한 구제를 포함하여 이후에도 계속해서 요구받는 것을 의미하기 때문이다. 국내재판은 국제법 과정의 일환이다. 권리구제의 요청에 응하였는지 여부와 그에 따라 어떠한 법적 논리에 근거하였는지, 해석선례로서 읽혀지는 것은 물론 국가기관의 행위로서 국제법의 준수가 요구되고, 때로는 국제관습법의 미래도 좌우한다. 이 사건을 통해 일본의 국내법원이 이러한 점을 의식한 것인지는 분명하지 않지만, 국제법 과정의 발전에 대응하여 늦었든 빠르든 간에 자각을 강요받게 될 것이다.

3. 국제법의 국내적용

하급심은 국제법의 국내적용가능성에 대한 논점도 검토하고 있다. 제1심은 일본헌법 제98조 2항을 통해 국제관습법이 특별한 입법절차가 없이도 국내법으로서 법적 구속력을 가지는 점을 인정하면서 국내에서 자기집행력을 가지고 적용되기 위해서는 규범내용이 명확하고 상세할 필요가 있는데, 자국민포로보상원칙이 이 조건을 만족시키고 있지 않다고 한 후 '원고들의 주장에서 국제관습법의 성립을 인정할 수 없다'고 하였다. 이는 국제법의 국내적 효력에 관한 원고들의 주장에 응답하는 문맥이라고 할지라도 국제관습법의 성립여부를 국내적인 자기집행력의 여부의 판단에 의존하게 하는 것처럼 기술하고 있는 점에 주의할 필요가 있다.

이에 반해 항소심 판결은 국제관습법의 성립여부와 국내적용가능성을 구별해서 논하고 있지만 기본적으로는 조약과 관습법을 동등하게 취급하면서 국가에 작위의무를 부과하는 경우 등에 실체적 요건과 절차적 요건들의 세부에 걸친 상세한 규정을 요구하고 있다. 국제법규의 국내적 효력을 전제로 그 국내적용 특히, 사법적 적용에 어느 정도까지 제약을 부과할 수 있는가에 대해서는 일반적으로도 각각의 개별적 사안에 따라 다툼이 적지 않다. 법원으로서 법적안정성과 권력분립의 요청으로 인해 불명확한 또는 불완전한 규칙 등의 적용이 곤란한 경우가 있을 수 있다고 해도 이 사건의 항소심 판결과 같이 일반론으로 국제법규의 적용에만 국내법과 다른 높은 장애물(허들)을 미리 설치해두는 것에 대한 옳고 그름은 재검토가 필요하다.

아울러 원래 이 항소심 판결의 적용범위에 유의하여야 한다. 이 사건에서 포로대우협약의 소급석용여부 또는 억류 당시 관습법의 성립여부에 관한 판시에 대해서는 ―그 적법여부는 별론으로 하고 적어도 과거의 어느 한 시점에서의 판단으로서― 선례로서의 적용범위도 명확하다. 이에 반해 법원 스스로가 부정하는 국제관습법의 성립이나 조약적용을 굳이 가정하여 한 국내적용가능성의 판단은 문맥에 의한 한정을 수반하지 않는 일반론으로서 독자적인 행보일지 모른다. 최고재판소는 앞의 두 가지 논점과는 달리 원심 판단의 적법여부를 언급하고 있지 않다. 이는 역설적이지만 앞으로 국제법의 국내적용을 과도하게 제한할 수밖에 없는 일반론이 상급심에 의해 뒤집어지는 사태가 이 사건에 한해서는 회피되었다고 하는 점에 의의가 있다.

[사이토우 타미토모 (齋藤 民徒)]

6. 재일외국인 무연금 사건

[교토지방법원] 원고(X외 4명), 피고(일본)
판결 (2007년 2월 23일) 판시 1993호 104면

I. 사실관계

외국인등록원표상 그 국적이 한국 또는 조선으로 되어 있는 재일한국·조선인 5명의 원고는 1959년(昭和 34년)에 시행된 국민연금법(이하 '구법') 제7조 1항이 규정하고 있는 소위 국적조항이 철폐된 후에도 경과조치 및 구제조치가 취해지지 않아 연금을 수령할 수 없는 상태에 있었다. 우선 원고들은 처음에 국적조항에 의하여 노령연금 및 노령복지연금의 피보험자에서 제외되어 있었다. 이 국적조항은 1983년(昭和 57년)에 시행된 '난민의 지위에 관한 협약 등의 가입에 따른 출입국관리령 기타 관계법률의 정비에 관한 법률'(이하 '정비법')에 의해 철폐되었지만, 원고 중 3명은 그 시점에 이미 60세를 넘게 되어 20세 이상 60세 미만이라는 피보험자의 자격요건을 충족하지 못하였으므로 국민연금에 가입할 수 없었다. 게다가 1985년(昭和 60년) '국민연금법 등의 일부를 개정하는 법률'(이하 '개정법')에 의해 국민연금의 발족시부터 국적조항에 의해 가입할 수 없었던 기간이 노령기초연금의 자격기간에 산입될 수 있게 되었지만 연금액에는 반영되지 않았으므로 나머지 원고 2명은 가입하지 않았다.

원고들은 구법이 정한 국적조항이 국제인권규약, 일본헌법 제14조 1항 및 국제관습법에 위반된다는 것을 전제로 정비법 및 개정법을 제정할 때 전혀 경과조치 및 구제조치를 하지 않았던 것은 국제인권규약 및 일본헌법 제14조 1항에 위반되고, 나아가 국가배상법상 위법행위에 해당한다고 하여 국가배상법 제1조 1항에 근거로 국가에 위자료의 지급을 청구하였으나 교토지방법원은 이들의 청구를 모두 기각하였다.

II. 판결요지

국제인권규약을 둘러싼 쟁점에 관한 판결요지는 다음과 같다.

사회권규약 제2조 2항과 제9조는 제2조 1항과 함께 해석할 때 명백해지는 것과 같이 '그 성질상 체약국에서 사회보장에 대한 권리가 사회정책에 의해 보호될 가치가 있는 것이라는 것을 확인하고, 그 권리의 실현을 위해 적극적으로 사회보장정책을 추진하여야 할 정치적 책임을 부담할 것을 선언한 것에 불과하다.' 따라서 사회권규약 제2조 2항 및 제9조는 자기집행력을 가지지 않으며 재판규범성도 가지지 않는다.

자유권규약 제2조 2항 및 제26조는 '자기집행력이 있으며 국내에서 원칙적으로 재판규범성을 가

진다고 해석되고,' 또한 국적은 자유권규약 제26조에서 말하는 '다른 지위'에 해당한다고 해석되기 때문에 국가가 국적을 이유로 차별을 하는 것은 국내법상으로도 허용되지 않는다. 국민연금은 사회보장 내용의 일부이므로 자유권규약이 직접적으로 규정하는 바가 아니고, 자유권규약 제26조는 체약국이 어떠한 내용의 사회보장입법을 하는가에 대해 규정하는 것은 아니지만, '체약국이 특정한 사회보장제도를 제정한 경우에 그 적용에서 차별하는 것은 자유권규약 제2조 2항 및 제26조가 금지하고 있다.' 한편, 자유권규약 제26조는 사실상의 차이를 모두 버리고 일률적으로 대우할 것을 요구하고 있는 것이라고는 해석되지 않고, 재류외국인과 자국민을 달리 대우하는 것도 일정한 한도 내에서 허용하고 있다. 또한 사회보장입법은 입법부의 재량을 필연적으로 고려할 필요가 있고, 사회권규약도 그 권리의 실현에 대해서는 점진적으로 달성하도록 정치적 의무를 부과하는 것에 그치고 있기 때문에 '당해 구별이 입법재량을 일탈하는 것으로 합리성이 없는 부당한 것인지 여부의 관점에서 검토할 필요가 있다.'

국민연금제도는 그 재원의 일부를 국고에서 부담함으로써 사회보장을 실현하기 위한 제도이지만, '어떠한 사회보장입법을 할 것인가는 원칙적으로 국가의 재량사항이라고 해석되는 이상 국민연금의 피보험자 범위를 어떻게 할 것인지도 원칙적으로 입법부의 재량이다.' '또 사회보장정책상 재류외국인을 어떻게 대우할 것인가는 국내의 사회·경제정세나 당해 국가와의 외교관계를 종합적으로 고려하여 입법부가 그 재량에 의해 결정할 수 있다고 해석되기' 때문에 국제인권규약상으로도 재류외국인에 비해 내국인을 우선적으로 대우하는 것은 입법부의 허용범위 내의 사항으로 허용된다.

국적조항이 국제인권규약에 위반하고 있지 않는 이상 입법부는 이를 철폐할 의무를 부담하고 있지 않다. 그런데 난민조약에 가입시 난민에 대해서 국민연금법을 적용할 필요가 있어 공평의 관점에서 정비법에 의해 이를 재류외국인에게도 확대한 경위에 비추어 보면, 국적조항에 의해 국민연금의 피보험자에서 제외되었던 재류외국인에 대해 경과조치 및 구제조치를 두지 않았다고 해도 입법재량의 일탈이 있다고 할 수 없다. 게다가 '한정된 재원하에서 복지적 급부를 할 때 내국인을 우선적으로 대우하는 것은 체약국의 재량사항으로서 국제인권규약에 저촉되지 않는다.'

이상과 같이 국적조항은 국제인권규약 등에 위반되지 않고, 정비법 및 개정법의 개정시에 재류외국인에 대한 경과조치 및 구제조치를 하지 않았던 것도 국제인권규약에 위반되는 것은 아니므로 국회의원의 입법행위 및 입법부작위가 원고들과의 관계에서 국가배상법상 위법으로 평가될 수 없다.

Ⅲ. 해설

1. 본 판결의 지위

이전의 국민연금법상 국적조항과 그 후의 경과조치의 부존재를 국제인권규약과의 정합성에서 다투었던 재판은 1980년대 들어서면서 되풀이되었다. 어떠한 판결에서도 구법의 국적조항이 국제인권규약에 위반된다고 인정하고 있지 않지만, 국제인권규약의 재판규범성을 둘러싼 판단은 2가지로 나누어져 있다. 즉, 시오미(塩見)소송 최고재판소 판결(最一小判 1989(平成元)·3·2)에 따라 사회권규약의 규정은 재판규범성을 가지지 않는 것을 전제로 자유권규약 제26조의 내용도 체약국의 정치적 책임을 선언한 것에 불과한 사회권규약에 의해 제약을 받고 있다고 하는 판결(京都地判 2003(平成15)·8·26, 大坂阪高判 2005(平成17)·10·27)과 사회권규약 제2조 2항의 재판규범성을 인정하고, 이미 입법된 경우에는 사회권분야에도 자유권규약 제26조의 보호가 미친다고 하는 판결(大坂阪地判 2005(平成17)·5·25, 大坂阪高判 2006(平成18)·11·15)이다.

본 판결은 후자의 판결에 의해 진전된 것으로 보였던 사회권규약의 재판규범성에 대한 해석을 사회보장에 관한 입법부의 광범위한 재량을 이유로 전자의 '전통적' 해석으로 회귀시킨 것으로, 사회권규약이 규정하는 사회보장에 대한 권리에 대해서는 자기집행력을 가진다는 취지가 명기되어 있지 않다. 또한 입법조치를 기다리지 않고서는 사법적으로 실현할 수 있는 권리가 아니기 때문에 재판규범성은 가지지 않는다고 하는 한편, 재판규범성을 가진다는 것이 널리 인정되고 있는 자유권규약 제26조에 대해서는 사회보장입법도 그 적용범위에 있다고 하면서도 그 입법의 내용과 범위에 대해서는 마찬가지로 입법부의 재량사항이기 때문에 재류외국인에 비해 내국인을 우선적으로 대우하는 것은 그 재량의 범위 내에 있다고 결론지었다. 이 논리를 보다 상세하게 전개한 것은 앞서 언급한 오사카고등법원 2005년(平成 17년) 10월 27일 판결로, '자유권규약 제26조는 적어도 사회권규약의 취지에 따른 사회보장정책을 추진할 목적으로 입법이나 법개정을 할 때의 규제에 대해서는 그 국가의 예산상 제약, 경제, 사회, 국제상황 등의 사정에 의한 입법부의 재량을 허용하고 있는 것으로 해석하는 것이 상당하다. 사회보장의 입법내용에 대해 구체적인 사례의 판단에서 어떠한 경우에든 항상 입법부의 재량을 일체 배제한다면, 입법부는 일체의 입법이나 개정을 하지 않거나, 혹은 장래에 엄격하게 평등원칙을 적용함으로써 입법이나 개정을 하여 점진적인 내용의 입법이나 개정을 거의 하지 않는 양자택일적 조치가 되어 버릴 수밖에 없다고 생각한다'고 하고 있다.

2. 사회권규약 체약국의 의무

사회권규약 제2조 1항은 '권리의 완전한 실현을 점진적으로 달성하기 위하여' '행동할' 것을 체약국에 요구하고 있지만, 이러한 점진적 달성의 개념을 사회정책에서 추진하여야 할 국가의 정치적 책임으로 해석하는 것은 사회권규약상 여러 권리들의 실질을 훼손하는 것이다. 적어도 완전한 실현이라는 목표를 위한 조치는 합리적이고, 빠른 시일 내에 취해져야 하고, 실행된 입법과 비차별원칙과의 정합성에 대한 검토는 사법적 판단에 친숙한 것이다.

사회권규약도 국가가 개인의 권리의무를 침해하지 않는다는 즉시성을 가지는 존중의무, 타인에 의한 침해를 방지할 보호의무, 개인적 노력에 의해서 확보될 수 없는 요구(needs)를 충족시키기 위해 필요한 조치를 취하여야 할 충족의무에 대해 다양한 측면에서 대응하고 있다고 해석되어야 한다. 따라서 사회권규약에 포함된 규정이라는 이유로 그 재판규범성을 일괄적으로 부정할 수는 없다. 사회권의 다면성과 재판규범성에 관한 이와 같은 해석으로 인하여 2008년 12월의 UN총회에서 사회권규약에 개인통보제도를 마련하는 선택의정서가 채택되었다.

3. 자유권규약 第26조의 비차별원칙

사회보장 등의 사회권의 향유도 자유권규약 第26조의 비차별원칙의 대상이 된다는 것은 본 판결도 인정하고 있다. 그러나 이 원칙은 그 자체가 자율적 권리이기 때문에 사회권규약의 점진적 실현을 위한 정치적 의무와 연동시켜 대상이 사회보장입법이라는 점을 이유로 입법부의 큰 재량을 인정할 수 없다. 다른 대우가 차별적인지의 기준은 '합리적, 객관적이고 규약상 정당한 목적을 추구하기 위한(자유권규약위원회 일반논평 第18호)' 것인지에 관한 여부이며, '사회·경제정세나 당해 국가와의 외교관계'라는 일반적 이유가 아니라 정당한 목적과 합리적이고 객관적인 기준이라는 엄격한 기준을 적용하였음을 입증할 의무가 국가 측에 있다고 생각한다.

[나카이 이츠코 (中井 伊都子)]

주 체

7. UN손해배상 사건
(국제사법재판소)

8 퀘벡주분리독립 사건
(캐나다연방대법원)

9. 구유고 국가승계 사건
(구유고슬라비아 중재위원회)

10. 대금청구 사건
(일본 최고재판소)

11. 광화기숙사 사건
(교토지방법원, 오사카고등법원, 일본 최고재판소)

7. UN손해배상 사건

[국제사법재판소] (요청기관: UN총회)
권고적 의견 (1949년 4월 11일) ICJ Reports 1949, 174

I. 사실관계

제1차 중동전쟁이 계속되던 1948년 9월 17일에 팔레스타인에서 UN조정관으로서 임무를 수행하고 있던 스웨덴인 Folke Bernadotte 백작이 동행한 UN감시원인 프랑스인 장교와 함께 시오니스트 과격파 일단에 의하여 예루살렘의 유태인 지배지역에서 피격된 사건이 발생하였다. UN사무총장은 이보다 앞선 같은 해 5월 이후에 팔레스타인 분쟁에서 UN직원을 포함하여 6인이 살해되었다고 보고하였다. 이 사건 당시 이스라엘은 UN의 회원국이 아니었다(1949년 5월 11일에 가입함).

UN직원이 직무수행 중에 입은 피해의 배상문제는 UN사무총장의 요청에 의해 1948년 제3회기 UN총회의 의제로 상정되었고, 이어서 일반위원회의 권고에 기초하여 제142회 본회의에서 법률위원회(제6위원회)에 의하여 검토되었다. 이 위원회에서 의견의 대립이 있었지만, 회원국의 투표결과로 ICJ에 권고적 의견을 요청하여야 한다는 결의안이 다수결로 채택되었다. UN총회는 그 제안에 따라 1948년 12월 3일 제169회 본회의에서 만장일치로 결의 258(III)를 채택하고, 다음의 사안에 대하여 ICJ에게 권고적 의견을 요청하였다.

(1) 어떤 국가의 책임을 수반하는 사태에서 UN직원이 그 직무수행 중에 손해를 입은 것에 대하여, UN은 (a) UN에 대한 손해, (b) 피해자 또는 그 자를 통하여 자격을 취득한 자에게 발생한 손해와 관련된 배상을 받을 목적으로 책임이 있는 법률상(*de jure*) 또는 사실상(*de facto*)의 정부에 대하여 기구로서 국제청구를 제기할 능력이 있는가.

(2) (1)(b)에 대하여 긍정적인 답변을 받을 수 있는 경우, UN에 의한 조치는 피해자의 국적국이 가질 수 있는 권리와 어떻게 조정될 수 있는가.

II. 의견요지

재판소에 부탁된 이러한 의견요청은 '국제청구를 제기할 수 있는 능력'과 관련된 것이고, 따라서 UN은 국제법의 직접적인 주체인 국가와 유사하므로 그러한 능력을 수반하는 성격을 가지고 있는지에 대하여 고찰할 필요가 있다. 이에 답하기 위하여, 우선 UN이 회원국과의 관계에서 권리들을 가지고, 회원국에 대하여 그 권리의 존중을 요구할 수 있는 지위를 UN헌장상 부여받았는지에 대하여 검토하여야 한다. 다시 말하자면, 'UN은 국제인격(international personality)을 가지고 있는가.' 이 문제에 대한 답변은 UN헌장의 명시적인 규정에 의하여 도출되는 것이 아니므로, 헌장이 이 기구에 어떠한 성격을 부여할 것을 의도하였는지에 대하여 고려하여야 한다. 어떤 법적 체계에서 법주체가 그 성격 내지 권리의 범위에서 반드시 동일한 것은 아니고, 그 성격은 공동체의 필요에 따라 정해진다. 국제법의 발전은 그 역사에 걸쳐 국제사회의 요청에 의해 영향을 받았고, 1945년 6월에 국제기구가 창설됨으로써 정점에 이르렀다. '그러나 이러한 목표를 달성하기 위해서는 국제적 인격의 귀속이 반드시 필요하다.' UN헌장은 이 기구가 '이러한 공동의 목적을 달성함에 있어서 각국의 활동을 조화시키는 중심(제1조 4항)'이 되는 것뿐만이 아니라, 그 중심에 기관들을 설립하게 하여 특별 임무를 부과하고 있다. UN헌장은 회원국에게 UN이 헌장에 따라 취하는 어떠한 행동에 대해서도 UN에 모든 원조를 다하고(제2조 5항) 안보리의 결정을 이행할 것을 요구함으로써, 또한 이 기구에 회원국의 영역에서 법률상의 능력과 특권면제를 부여하고 UN과 회원국 간의 협정체결에 대해 규정함으로써 UN과의 관계에서 회원국의 지위를 명확히 하고 있다.

'이 기구는 고도의 국제인격을 소유한 점과 국제적 차원에서 활동할 능력을 근거하여서만 설명될 수 있는 기능과 권리를 행사하고 향유하는 것으로 의도되었고, 실제로도 그러한 기능과 권한을 행사하고 향유하고 있다. 이는 현재 최고 유형의 국제기구로, 만일 국제인격이 없다면, 그 창설자들의 의도는 실현될 수 없을 것이다.' 따라서 재판소는 UN이 국제인격자(international person)라는 결론에 이르게 되었다. 이는 'UN은 국제법의 주체이므로 국제적 권리와 의무를 가질 수 있다는 것이며, 국제청구를 제기함으로써 그 권리를 옹호할 능력을 가진다'는 것을 의미한다.

의견요청사안에 기술된 바와 같이, 다음 문제는 이 기구가 갖는 그러한 국제적 권리 전체에 국제청구를 제기할 권리가 포함되어 있는지에 대한 것이다. '국가는 국제법상 인정되는 국제적 권리와 의무를 일체로 갖는 것에 반해, UN과 같은 실체의 권리와 의무는 그 설립문서에 명기되어 있거나 내재되어(specified or implied), 실제로도 발전되어 왔으므로 그 목적과 기능에 기초하는 것임에 틀림없다.' (1)(a)에서 말하는 손해는 오로지 UN 그 자신의 이익, 행정기관, 재산 등에 대하여 발생한 것을 의미하므로 'UN이 그 손해에 대하여 청구할 능력을 갖는 것은 분명하다.'

다음은 피해자인 UN직원 또는 그 자를 통하여 자격을 취득한 자에게 발생한 손해를 배상받을 목적으로 UN이 국제청구를 제기할 능력을 갖는지에 대하여 검토한다. UN헌장은 이 기구에 해당 능력을 명시적으로 부여하고 있지 않다. 그러나 '국제법상 그 임무수행에 따르는 필요불가결한 것으로서, 필연적인 함의에 따라 UN은 그러한 권한을 부여받았다고 해석하여야 한다.' 동 원칙은 PCIJ가 1926년 *Competence of the ILO to Regulate Incidentally the Personal Work of the Employer* 사건의 권고적 의견에서 ILO에 대하여 적용하였던 것으로, 이는 UN에도 적용되어야 한다. 이 기구에 위탁된 기능들과 직원이 담당하는 임무의 성격에 비추어 보면, 'UN헌장에서 도출되는 **필연적 의도**(necessary intendment)에 의하여 **기능적 보호**(functional protection)라는 조치를 그 직원을 위하여 취할 능력이 UN에게 발생하는 것은 명백해진다."[필자강조]

남은 문제는 피청구국이 UN의 회원국이 아닌 경우에도 UN의 이러한 국제청구능력이 인정되는지 여부에 있다. 이에 대하여 재판소는 "국제공동체의 구성원 대다수를 대표하는 50개국은 국제법에 따라 국제청구를 제기할 능력을 수반하는 객관적인 국제인격 —이는 단지 이러한 국가들에 의하여 인정되는 인격이 아닌— 을 갖는 실체를 창설할 권한을 가진다"고 판단된다.

다음으로 재판소는 사안 (2)를 검토하여야 한다. 즉, 피해자인 UN직원에게 발생한 손해는 그 국적국과 UN 모두의 관심사가 되어, 스웨덴의 외교적 보호권과 UN의 기능적 보호권이 경합할 우려가 있다. 이러한 경우, '재판소는 양 당사자가 친선과 상식에 의해 고무된 해결책을 찾아서는 안 될 이유가 있다고는 생각되지 않고, UN과 그 회원국의 관계에서 회원국이 UN헌장 제2조 5항에 규정된 "모든 원조"를 다할 의무에 주목한다."

III. 해설

1. UN의 국제법 주체성에 대하여

이와 같이 이 권고적 의견은 UN의 국제청구제출권을 인정할 때 UN을 '국제법인격자'로 결론을 내리면서, 'UN은 국제법의 주체이며, 국제법적 권리와 의무를 가질 수 있다는 것'을 의미한다고 하였다. 이 의견에 의하여 UN의 국제법상 법주체성이 승인되었다고 할 수 있다. 아울러, 판결요지에서 살펴본 바와 같이 국제적 인격의 귀속에 대한 증거로 특별 임무를 갖는 기관의 설치, UN에 대한 회원국의 의무, 법률상 능력과 특권·면제, 조약체결능력 등을 언급하였다. 예를 들면, ICJ는 핵무기사용의 합법성 사건(1996년, 본서 43번 사건 참조)에서도 국제기구는 국가와 다르므로 일반적인 능력을 갖지 않지만, '국제법의 주체이다'라고 명료하게 밝히고 있다.

제2차 세계대전 이전에 국제연맹 이외의 국제조직의 법적 성질에 대하여 다투어진 것은 잘 알려져 있지만, UN의 국제법상 주체성 내지 법인격성의 유무에 관련된 문제는 UN헌장 자체에서 이에 대한 명시적인 규정을 두고 있지는 않으나 손해배상사건으로 일응 해결되었다고 평가할 수 있을 것이다.

2. UN에 의한 '기능적 보호'와 '묵시적 권한'의 법리

재판소는 사안 (1)(b)의 논점에 관련된 국제청구능력을 판단할 때, "직원의 독립성과 그에 따른 UN 자체의 독립적인 조치를 확보하기 위하여 동 직원이 그 의무의 수행에서 이 기구의 보호이외의 어떠한 다른 보호에도 의지할 필요가 없다고 하는 것이 절대적으로 필요하다"고 서론에 밝히고 '기능적 보호'라는 개념 및 권리를 처음으로 언급하였다. 이 해석에서 설립문서인 UN헌장에서 도출된 '필연적 의도,' 즉 '묵시적 권한(implied power)'이론이 그 근거로 제시되었다. ICJ는 이후의 모든 사건에서 이 법리의 존재를 인정하는 취지의 해석을 자주 표명해왔다(1962년 UN경비 사건(본서 사건 43번 참조)). 그러나 본 사건에서도 이러한 목적론적 해석의 접근법에 대하여, "묵시적 권한은 명시적 권한의 부여로부터 발생하는 것이며, 명시적으로 부여된 권한의 행사에 의하여 '필요한' 것에 제한된다"는 비판이 있었다(Hackworth재판관 반대의견). 또한 기능적 보호라는 국제법상의 개념을 도입한 것은 국적국의 전통적인 외교적 보호권 제도와 모순될 수 있는 *de lege ferenda*('있어야 할 법')라는 지적도 있었지만(Krylov재판관 반대의견), 오늘날의 학설은 일반적으로 이를 긍정적으로 해석하고 있다.

3. 국제기구의 '객관적 국제법인격'

본 의견은 피청구국이 UN의 비회원국인 경우에도 국제공동체의 구성원 대다수를 대표하는 50개국이 객관적인 국제법인격을 갖는 실체를 창설할 권한을 갖는다고 함으로써 사안 (1)(a)·(b)에 관련된 UN의 국제청구권을 인정하였다. '합의는 제3자를 해하지도 이롭게 하지도 않는다'(*pacta tertriis nec nocent nec prosunt*)라는 조약법의 전통적인 기본원칙에 비추어 보면, 국제사회의 구성원 '대다수'(1945년 '샌프란시스코회의'에 출석한 UN헌장의 원서명국)라는 수적 기준만을 가진 것이고, 다수의견에서 나타나는 바와 같이 국제법에 따라 객관적인 국제법인격이 창설되었으므로 조약(UN헌장)의 제3국인 비회원국에 대하여 이러한 청구권이 인정되는 것을 수긍하기에 충분한 이유가 있다고 하기는 어려울 것이다. UN과 같은 보편적 국제기구만이 제3자에게도 대항할 수 있는 객관적인 국제법인격을 취득한다면, 기타 지역적 국제기구 등에 대하여는 이러한 인격이 부인될 것이다.

[요시다 수 (吉田 脩)]

8. 퀘벡주분리독립 사건

[캐나다 연방대법원]
의견 (1998년 8월 20일) 37 ILM 1340

I. 사실관계

퀘벡주는 1763년 파리조약에 따라 프랑스의 지배지역에서 영국의 영역으로 되었고, 캐나다에서 소수자가 거주하는 격리된 영토이면서도 프랑스 전통을 중심으로 한 독자적인 문화와 종교 및 경제적 정체성을 유지해왔다. 1960년부터 캐나다에서는 헌법개정에 대한 대립으로 인하여 퀘벡주의 분리독립 움직임이 차차 표면화되었다. 연방유지를 사명으로 하는 캐나다정부는 분리독립에 대한 요구 및 활동과 분리독립에 관한 주민투표를 위헌으로 금지하거나 단속하지는 않았지만, 주민투표의 결과를 기초로 한 민주적인 절차에 의하여 퀘벡주가 일방적으로 연방으로부터 분리독립할 법적 권리 또는 정당성이 있다고 주장하는 입장에 관하여는 일관되게 반대하는 입장을 취하였다. 1995년에 퀘벡주가 분리독립에 관한 주민투표를 실시한 것에 대한 합법성 중에서도 특히 분리독립의 정당성 및 합법성과 헌법 및 국제법의 관계가 퀘벡주 최고법원에 부탁된 1996년 *Bertran* 사건에서 문제로 제기되었다. 이를 계기로 캐나다정부는 퀘벡주 분리독립의 합법성에 관한 명확한 입장이 매우 중요하다고 판단하고, 퀘벡주에 의한 일방적인 분리독립의 합법성에 대한 판단을 사법기관에 요구하기에 이르렀다.

캐나다 연방대법원법령 제53조에 따르면, 추밀원의 총독은 헌법의 해석 및 국가 또는 주의 입법기관의 권한 등 중요하다고 고려되는 법률적 또는 사실적 문제를 캐나다 연방대법원에 부탁하여 그에 대한 법원의 의견을 요청할 수 있다. 대법원은 이를 수락하고 부탁받은 문제에 대한 의견을 제시하며 의견에 관한 이유를 명시하여야 한다.

1996년 9월 30일의 총독 추밀명은 캐나다 연방대법원에 다음의 문제들에 관한 법률의견을 요청하였다.

첫째, 캐나다 헌법상 퀘벡주의 국민의회, 입법기관 또는 정부가 캐나다로부터 퀘벡주를 일방적으로 분리독립시키는 것이 가능한가.

둘째, 국제법은 캐나다로부터 퀘벡주를 일방적으로 분리독립시킬 권리를 퀘벡주의 국민의회, 입법기관 또는 정부에 부여하고 있는가. 이와 관련하여, 퀘벡주의 국민의회, 입법기관 또는 정부에게 캐나다로부터 퀘벡주를 일방적으로 분리독립시킬 권리를 부여하는 자결권이 국제법상 존재하는가.

셋째, 퀘벡주의 국민의회, 입법기관 또는 정부가 캐나다로부터 퀘벡주를 일방적으로 분리독립시킬 권리에 관하여 국내법과 국제법이 충돌하는 경우, 어느 법이 캐나다에서 우선되어야 하는가.

II. 의견요지

1. 법원의 관할권

재판과정에서 법정조언자(*amicus curiae*)는 분리독립의 국제법상 지위문제에 관한 법원의 관할권에 이의를 제기하였지만, 법원은 이를 배척하고 스스로의 관할권을 확인하였다. 우선, 자문의견의 요청이라고 하는 문맥에서 자문의견을 제시하는 것으로, 법원이 국제재판소와 같이 행동하거나 또는 이를 대신하여 행동하는 것은 아니다. 다음으로, 지금까지의 다수의 사건에서 볼 수 있듯이, 캐나다의 법률제도에서 특정한 행위주체의 권리·의무를 판단하기 위하여 법원이 필요불가결하게 국제법을 검토하게 되는 경우가 있다.

2. 헌법상 일방적 분리독립의 지위

퀘벡주의 캐나다로부터의 분리독립은 퀘벡주의 국민의회, 입법기관 또는 정부에 의하여 일방적으로 달성되는 것이 아니다. 헌법이 내포하는 원칙들에 따라, 교섭이 없으면 이러한 분리는 합법적인 행위로 고려될 수 없다. 캐나다로부터 분리하기 위한 주의 모든 노력은 캐나다 헌법에 따라야 한다.

명확한 주민투표의 결과가 있다고 하더라도, 퀘벡주는 자결권을 원용하여 연방 이외의 구성원에게 스스로 정한 분리조건을 강요할 수 없다. 또한 민주적인 투표에서 아무리 다수의 표를 얻었다고 하더라도 그 자체로서 법적효력을 갖는 것은 아니며, 캐나다 전체 또는 다른 주에서의 연방주의, 법의 지배, 개인 및 소수자의 권리의 원칙 그리고 민주주의의 기능을 배제할 수 없다. 헌법에서 민주적 권리는 헌법상 의무와 분리되어서는 아니 된다. 주민투표를 받아들여 행해진 교섭은 분리독립의 가능성과 분리독립이 사실상 진행된 경우에 그 조건을 논의하게 된다. 헌법상의 여러 가지 정당한 이익의 조정은 필연적으로 사법적 분야에 속하는 것이 아니라 정치적 분야에 속하는 것이다.

3. 국제법상 일방적 분리독립의 지위

우선, 민족자결권에 따라 허용되는 분리독립은 예외적인 사정이 필요하므로, 분리독립의 권리는 묵시적으로 부정되고 있다고 할 수 있다. 억압을 받는 민족 또는 식민지국민은 이러한 예외적 사정에 해당하므로, 분리독립의 권리가 발생한다. 국제법은 국민국가의 영토보전을 매우 중요하게 고려하므로, 신국가의 형성에 대해서는 그 영역의 일부를 이루어 분리독립을 요구하는 실체가 속한 국가의 국내법상 문제에 맡기고 있다.

가령 퀘벡주의 주민이 민족에 해당하는 다수의 특징을 확실히 가지고 있다고 하더라도, 또한 이 사건에서 민족의 정의가 아무리 정확하게 적용되어도, 자결권이 이 사건의 사정에서 일방적 분리독립의 권리를 부여하는 것은 아니다. 외적 자결권은 매우 극단적인 사정이면서도 신중하게 정의된 그러한 사정 이외에는 존재하지 않는다. 자결에 관한 국제법의 원칙은 기존 국가의 영토보전에 대한 존중의 구조 내에서 발전해 온 것이다. 민족자결권의 행사를 지지하는 다수의 국제문서에서도 또한 이러한 권리의 행사가 기존의 국가영토보전 또는 주권국가 간 관계를 위협하는 것을 방지하기 위하여 그 행사에 많은 제약을 부과하고 있다. 이에 대한 예로 우호관계원칙선언, 헬싱키선언, 비엔나선언, UN50주년선언 등을 들 수 있다.

민족자결권을 언급한 국제문헌의 논리구조에서 살펴보면, 캐나다는 민족동권 및 자결권의 원칙에 따라 행동할 주권국가이자 독립국가이며, 따라서 차별없이 그 영역에 속하는 모든 민족을 대표하는 정부를 가지고 있다. 헌법개정에 관한 합의가 오랫동안 달성되지 않고 있는 상태는 확실히 관심을 끌지만, 이는 자결의 부정에 해당하지 않는다.

결론적으로 외적 자결권이 국제법상 인정되는 것은 식민지국민, 억압을 받는 민족 또는 내적 자결이 완전히 거부된 민족에 한정된다. 이러한 예외적 사정은 명확하게 현재 퀘벡주에는 적용되지 않는다. 그러므로 퀘벡주의 주민, 그 대표기관인 퀘벡주 국민의회, 입법기관, 정부 중 어느 것도 국제법에서 캐나다로부터 일방적인 분리독립을 할 권리를 갖지 않는다.

4. 실효성의 원칙과 분리의 정당성

일방적으로 분리독립을 추구할 권리는 헌법 및 국제법상 존재하지 않지만, 이는 사실상의 분리독립을 이끄는 위헌적인 분리독립의 선언이 이루어질 가능성을 배제하지 않는다. 이러한 분리독립의 성공은 최종적으로 영역에 대한 실효적 지배 및 국제사회의 승인에 의존한다.

승인의 절차는 법적규범에 따라 규제된다. 그럼에도 불구하고 국제적 승인이 국가성의 창설적 요건은 아니며, 분리기일로 거슬러 올라가 분리독립에 대한 권리를 부여하는 근거가 될 수 없다. 영역적 실체가 정치적 사실로서 분리독립을 성공한 경우에만 승인할 수 있다. 그러나 이러한 승인이 법적권리의 보호하에 분리독립이 실현된 것이라는 과격한 주장을 지지하는 것은 아니다.

III. 해설

1. 국내법원과 국제법

국내법원은 구체적인 사안에서 국제법의 판단을 회피할 수 없는 경우가 있고, 국내법원들은 다수의 사안에서 국제법을 해석·적용하여 왔다. 국내법원의 판단은 ICJ와 같은 국제재판소의 판단과는 다르고 그 자체를 국제법규칙의 명확화 또는 그 법원으로서 파악해서는 안 되지만, 국제법에 관한 국가의 관행으로서는 중요한 의의를 갖는다. 또한 특정 사항에 관하여 국제법규칙이 명확하지 않은 경우에 그러한 판단이 국제법의 발전에 영향을 미치는 점도 자주 인정되고 있다.

2. 내적 자결과 외적 자결

오늘날 분리독립의 국제법상 지위에 대하여 여전히 이론상의 대립이 있지만, 다음의 논점에 관해서는 합의가 되었다고 볼 수 있다. 이러한 합의점은 이 사건에 대한 법원의 판단을 지지하고 있다. (i) 식민지 상황 이외의 영역에서 자결은 분리독립의 권리와 동일한 것이 아니다. (ii) 국가는 모든 합법적 수단으로 분리독립에 반대하는 권원을 갖는다. (iii) 사실상 성공한 분리는 독립을 유도하는 형태로 승인될 수 있다. (iv) UN기관들의 관행에서 자결이 비식민지화 이상의 것을 의미하는 것은 아니다. 비식민지화 이외의 사정에서는 국가의 주권 및 영토보전이 지지되고, 불간섭 및 국내관할의 존중이 적용되고 있다.

한편, 자결은 비식민지화 이외의 상황에서도 의미를 갖는다는 견해도 다수 볼 수 있다. 이 사건에서 법원은 비민주적이고 차별적인 정권의 피해자, 중대한 인권침해, 즉 민족의 내적 자결의 권리가 심각하게 침해된 경우, 민족집단은 외적 자결, 즉 그 소속된 국가로부터의 분리독립을 요구할 정당성을 가진다는 것을 시사하고 있다. 구소련과 구유고의 붕괴에 수반된 국가형성의 사례에서는 그러한 내적 자결과 외적 자결의 관련성이 인정되었다.

3. 주민투표에 의한 분리요청표명의 의의

법원은 민주적인 절차에 따른 분리독립 요구의 의의를 헌법상·국제법상 적극적으로 평가하였다. 즉, 주민투표에 의한 분리독립 요구의 표명은 헌법개정절차를 제안한 것에 관련하여 퀘벡주 정부의 노력에 정당성을 부여하는 것이다. 이러한 명확한 요구는 독립의 희망에 대응하기 위하여 헌법개정에 대해 적절하게 교섭할 의무를 모든 연방구성원에게 발생시키는 것이다. 아울러, 헌법상의 교섭의무의 성실한 이행은 국제법상 당사자의 행동의 정당성과 관련된다.

4. 실효성과 분리요구의 정당성

실효성의 원칙(principle of effectivity)과 분리독립의 관계는 퀘벡주 분리독립의 법적 지위를 둘러싼 분쟁에서 큰 논점 중 하나였다. 이에 대한 법원의 판단은 다음과 같은 점을 시사하고 있다. 즉, (i) 분리독립에 대한 권리와 분리독립에 대한 사실상의 행위는 구분되어야 한다. (ii) 이 두 가지는 다른 시점에서 적용되며, (iii) 관련된 주체가 다르다.

결국, 처음에 위법한 행위가 나중에는 국제적으로 허용된다고 하더라도 이는 소급적으로 어떠한 행위를 할 법적 권리를 창출하는 것은 결코 아니다.

[오우 시안 (王 志安)]

9. 구유고 국가승계 사건

[구유고슬라비아 중재위원회]
의견 9 (1992년 7월 4일) 92 ILR 203
의견 11-13 (1993년 7월 16일) 96 ILR 719, 723, 727
의견 14-15 (1993년 8월 13일) 96 ILR 729, 733

I. 사실관계

1990년 12월에 유고슬라비아 사회주의 연방공화국(이하 '구유고')의 슬로베니아 공화국이 국민투표를 근거로 독립선언을 한 것에서부터 구유고의 붕괴과정이 시작되었고, 1992년 7월에는 신국가들이 UN에 가입하고 신유고가 결성되면서 그 붕괴가 거의 완료되었다. 국가붕괴과정에서 대립과 무력충돌이 수반됨에 따라 국가승계, 그 중에서도 특히 국가재산의 승계를 둘러싸고 격렬한 대립이 있었고, 이는 관련국가의 합의에 의하여 해결하는 것은 쉽지 않았다. 국가승계는 관련국가들 간에 새로운 분쟁의 양상으로 나타났고, 이는 구유고 분쟁을 해결하기 위하여 창설된 구유고국제평화회의에서 큰 과제가 되었다. 국가승계의 기본원칙을 확인할 필요성에 따라 국제평화회의는 의장명의로 이 회의에서 설립된 중재위원회에 국가승계에 관한 일련의 문제를 부탁하고 자문의견을 요청하였다.

국가재산의 승계에 대하여 자문된 일련의 내용은 다음과 같다. (i) 구유고로부터 발생한 국가들 간에 제기된 국가승계의 문제는 어떠한 근거에 기초하였으며, 어떠한 방법으로 해석되어야 하는가. (ii) 국가승계일은 언제인가. (iii) 당사국의 협력이 없는 상태에서 국가재산, 공문서 및 채무의 분할에 어떠한 법원칙이 적용되는가. (iv) 당사국의 전쟁배상책임은 국가승계에 관련된 국가재산, 공문서 및 채무의 분배에 영향을 미치는가. (v) 어떠한 자산과 채무가 승계국간에 분배되는가. (vi) 구유고국립은행은 국가승계의 과정에서 승계국간에 분배되어야 할 재산, 권리 및 이익에 영향을 주는 결정을 내릴 권한이 있는가. 그리고 새롭게 탄생한 국가의 중앙은행은 구유고국립은행이 체결한 국제협정, 특히 1988년 외국상업은행과의 융자협정으로부터 발생하는 권리와 의무를 승계하는가.

II. 의견요지

상기의 자문사항에 대하여 중재위원회는 다음과 같은 의견을 표명하였다.

(1) 1978년 조약의 국가승계에 관한 비엔나협약 및 1983년 국가의 재산·공문서 및 채무의 국가승계에 관한 비엔나협약의 적용과 합의된 절차에 의한 형평한 결과의 달성을 인식하는 것이 중요하다. 따라서 구유고의 승계국은 합의에 따라 승계의 모든 문제를 해결하고, 교섭에서 상기의 1978년 및

1983년 협약에 포함된 원칙, 필요한 경우에는 일반국제법에 근거한 형평한 해결안의 달성에 노력하며, 국제법에서 국가 간의 권리의무평등의 원칙을 충분히 고려하여야 한다. 국제기구에서의 회원국의 지위에 관하여는 어떠한 승계국도 구유고가 향유하였던 회원국의 권리를 단독으로 주장해서는 아니된다. 또한 제3국에 있는 구유고의 재산은 승계국 간에 형평하게 배분되어야 한다. 아울러, 재산과 채무도 마찬가지로 승계국 간에 형평하게 분담되어야 한다. 관련국들은 합의에 의하여 해결하지 못한 경우, 모든 분쟁을 UN헌장에서 규정하고 있는 원칙에 따라 평화적으로 해결하여야 한다.

(2) 구유고의 붕괴는 합의가 아닌 붕괴가 진행되는 과정에서 이루어졌으며, 1992년 7월 4일에 종료되었다. 이러한 사실은 국가승계에 관한 법적승계 결정에 영향을 미칠 수 있지만 승계일에 영향을 미치는 것은 아니다. 신국가의 개별적인 승계일은 각각 국가가 된 시점이다. 이 자체는 각 승계국이 독립을 달성한 상황에 비추어 판단된다.

(3) 구유고의 국가재산, 공문서 및 채무의 형평한 분배에 대한 하나 또는 둘 이상의 당사국의 협력 거부는 해당국가가 손해를 끼친 다른 당사국에 의한 대항조치의 대상이 되는 국제의무 위반에 해당하는 것이다. 한편, 이러한 거부가 국가승계에 적용되는 원칙을 변경시키는 것은 아니다. 다른 관련국은 협력을 거부한 국가의 권리를 보류하면서, 적용되는 원칙에 따라 합의를 할 수 있다. 다만, 이와 같은 합의는 그 체약국이 아닌 국가와 구유고에 귀속되었던 재산이 그 영역 내에 있는 타국을 구속하지 않는다.

(4) 1983년 국가의 재산·공문서 및 채무의 국가승계에 관한 비엔나협약은 모든 자산 또는 채무의 형평한 배분을 요구하고 있는 것이 아니라, 그 전체적인 결과의 형평만을 요구하고 있다. 국가승계와 국가책임에 적용되는 규칙은 다른 국제법 분야에 속한다. 별도의 합의 또는 국제기구의 결정이 없는 경우, 전쟁배상에 관한 문제는 구유고의 재산과 채무의 승계국간 분배에 직접적인 영향을 미치지 않는다. 다만, 국가승계의 규칙으로부터 승계한 재산을 전쟁배상과 상계하는 것도 배제되지 않는다.

(5) 국가승계에 적용된 첫 번째 원칙은 승계국이 승계에 관련된 문제의 해결을 합의할 수 있도록 협의하는 것이다. 따라서 승계국이 합의할 수 있는 재산과 채무는 그 기간에 분배되어야 한다. 한 승계국의 영역에 있는 국가의 부동산은 해당재산의 유래, 최초의 재정상황 또는 그에 관련된 융자, 지출상황에 관계없이 오로지 해당국에 승계된다. 다만, 이 원칙은 승계한 결과가 현저하게 형평하지 않은 경우, 보상이 지불되는 것도 배제하지 않는다.

구유고에 귀속되는 기타 국가재산, 채무와 공문서는 그 유래 또는 최초의 융자상황 또는 그에 관련된 융자 또는 지출상황에 관계없이 승계국 간에 배분된다. 이 원칙은 구유고에 귀속되는 것에 관해서만 적용되나, 연방수준 또는 둘 이상의 공화국에서 사회소유로 운영되고 연방 또는 공화국들을 대표하여 공적 특권을 행사해 온 '연합노동조직'의 재산은 구유고의 재산의 일부로서 취급된다.

(6) 유고슬라비아국립은행은 구유고의 국가권력의 일부를 행사하여 왔고, 구유고의 붕괴는 유고슬라비아국립은행의 집권구조의 해체를 동시에 수반하는 것이다. 그런데 유고슬라비아국립은행은 국가

승계의 원칙에 따라 승계국 간에 배분되어야 할 재산, 권리 및 이익에 영향을 미치는 결정을 내릴 권한이 없다. 유고슬라비아국립은행이 구유고의 기관으로서 내린 결정에서 발생한 권리와 의무는 승계국에 승계된다. 승계국의 중앙은행에 의하여 발생한 이러한 권리가 행사될지, 의무가 완수될지는 그 국가의 결정에 의한다. 유고슬라비아국립은행이 은행 스스로의 인격을 가지고 통상적으로 체결한 약속은 체결된 협정의 조항에 따라 달성되어야 하고, 분쟁이 있는 경우에 그 분쟁을 권한있는 재판소에 부탁한다.

III. 해설

1. 중재위원회의 성격과 의견의 의의

구유고국제평화회의하에 중재기관으로서 설립된 중재위원회는 통상적으로 이해되고 있는 중재판정의 형식과는 다르다. 분쟁 당사국의 합의에 기초하여 창설된 기관이 아니라, 유럽공동체(이하 EC)를 중심으로 한 국제회의에 의하여 설립되었다. 이론적으로 이러한 기관을 종래 중재판정과의 관계에서 어떻게 정합적으로 이해할지는 어려운 문제로 남게 되었다. 실질적으로 구유고를 승계하였다고 스스로 인정하는 신유고는 자신의 동의를 얻지 않았다고 하면서 중재위원회의 권한에 대하여 강하게 이의를 제기하였다. 또한 중재위원회에 의한 의견도 이제까지의 국제재판 관행에서 흔히 볼 수 있는 것은 아니다. 그럼에도 불구하고, 중재위원회는 재판기관의 기능을 달성하고 있다. 그 의견을 ICJ의 권고적 의견에 해당하는 것으로 받아들인 견해도 있다. 중재위원회 자체도 관련사항에 적용되는 법규칙에 대한 의견을 표명하는 스스로의 권한을 확인하고 의견에 권고적 성격을 부여하였다.

2. 국가승계에 관한 두 협약의 적용

구유고에 관련한 국가승계에 대하여 국가승계에 관한 1978년과 1983년 협약의 적용을 반복하여 확인하였던 것은 큰 의의를 갖는다. 이 두 협약이 그 성립설차에서 식민지 지배로부터 독립한 국가들의 국가승계의 실행과 그 의의를 다수 반영한 것에 대하여, 선진국을 중심으로 강한 반대의견이 있었다. 실제로 중재위원회가 의견을 내놓을 당시, 두 협약은 모두 미발효 상태였다(조약의 국가승계에 관한 협약은 1996년에 발효되었다). EC회원국을 중심으로 구성되었던 이 중재위원회가 협약의 적용, 특히 협약이 내포하고 있는 원칙들의 유용성을 확인하고, 승계일의 결정방법과 재산분배에 관한 원칙에 협약조문의 원용을 인정한 것은 국가승계에 관한 국제법규칙에 대한 공통된 인식의 성립에 큰 의의가 있다고 평가할 수 있다.

3. 합의를 기초로 한 형평한 결과의 달성

합의에 의한 국가의 해체가 아니라, 무력충돌을 수반한 국가의 붕괴 이후에 탄생한 국가승계, 그 중에서도 특히 국가재산의 승계를 두고 발생한 분쟁은 주로 국가독립을 위한 투쟁의 연장선상에서 전개되어 합의를 통한 해결이 매우 어려웠다. 구유고의 붕괴에서 전개된 국가승계의 대립구도는 특히 복잡하였다. 유고슬라비아의 국가계속성의 인정여부에는 국가승계에서 관련국의 이익에 관한 문제와 신국가의 독립을 판단하는 기준에 대한 대립에 그 논점이 있었다. 따라서 승계일에 관한 인정이 필요하였다.

중재위원회는 이러한 상황하에 국가재산 등의 승계에 적용되는 원칙에 대하여 기본적인 두 가지의 내용을 확인하였다. 하나는 합의를 존중한 분쟁해결이며, 다른 하나는 형평한 결과의 달성이다. 동산과 부동산의 분배는 기본적으로 1983년 협약상의 규칙에 따라야 하지만, 이는 승계의 결과가 현저하게 불공평한 경우에 보상이 지불되는 것도 배제하지 않는다. 이러한 배려는 구유고하에서 공업지대 및 농업지대였던 공화국에 치우친 경제발전에서의 부의 배분현황을 배경으로 한 것이다.

합의에 의한 국가승계 문제의 해결에 관한 중재위원회의 의견은 실질적으로 큰 의미가 있다. 구유고의 국가재산의 승계는 최종적으로 2001년 6월 29일 비엔나에서 체결된 승계문제에 관한 협정(2004년 6월 2일 발효)을 통하여 해결되었다.

4. 구유고에서 국가재산인정의 특수성

구유고는 사회주의체제의 연방국가였다. 국가소유의 재산 외에 사회소유체제가 있었고, 연방전체 및 두 개 이상의 공화국에 걸쳐 전개된 '연합노동조직'은 그러한 사회소유체제를 실현한 것이었다. 이러한 소유체제의 재산도 사실상태에 맞추어 국가재산으로서 인정되었다. 또한 구유고의 붕괴과정에서 신유고는 유고의 국가승계성을 주장하였고, 그 일부 국가기관, 특히 중앙은행이 여전히 계속성을 보유한다고 주장하였다. 이는 국가승계에 관련한 국가재산 중에서도 특히 금융자산의 배분에 큰 영향을 미칠 수도 있다. 따라서 국가승계일 이후의 그 권한의 성격에 대한 인정이 중요하였다.

[오우 시안 (王 志安)]

10. 대금청구 사건

[일본 최고재판소] 제2소법정 상고인(X사), 피상고인(파키스탄)
판결 (2006년 7월 21일) 판시 제1954호 27면

I. 사실관계

일본회사 X는 Y(파키스탄)의 대리인인 A사와 Y에게 컴퓨터를 판매하는 매매계약을 체결하고 목적물을 인도하였다. 그 후 매매대금채무를 소비대차의 목적으로 하는 준소비대차계약을 체결하였다. 그러나 Y가 대금을 지불하지 않자 X는 대금의 원금, 약정이자, 약정지연손해금의 지불을 구하는 소를 제기하였다. A사 명의의 주문서에는 매매계약에 관한 분쟁을 일본법원의 재판절차에서 해결하는 데 동의하는 조항이 있었다. 한편, Y는 주권국가이기 때문에 일본의 재판관할권에서 면제된다고 주장하면서 소를 각하해 줄 것을 청구하였다.

제1심은 Y가 법정에 나오지 않아 결석재판으로 이루어졌고 X의 청구는 모두 인용되었다. 원고인 제2심 도쿄고등법원은 Y에게 재판관할권 면제를 인정하고 소를 각하하였다. 도쿄고등법원는 우선 대심원 1928년(昭和 3년) 12월 28일 결정(민집 7권 1128면)을 인용하여, 외국국가는 '원칙적으로 일본 민사관할권에 따르는 것을 면제'시키며 또한 외국국가가 일본의 재판관할권에 따른다는 취지의 의사는 국가에서 국가로 표시될 필요가 있고, 그 의사표시가 A사 명의의 주문서에 기재되어있다 하더라도 매매계약의 상대방인 사인에 관한 것이므로 Y에게 재판관할권 면제를 인정한 것이었다. X는 최고재판소에 상고하였다. 최고재판소는 Y에 대한 면제를 부정하고 도쿄고등법원의 판결을 파기환송하였다.

II. 판결요지

외국국가의 민사관할권 면제에 대하여 살펴보면, 외국국가는 원칙적으로 법정지국의 민사관할권으로부터 면제된다는 '절대적 주권면제'가 널리 받아들여져, 이러한 사고를 내용으로 하는 국제관습법이 존재하고 있다고 해석된다. 그러나 국가의 활동범위의 확대에 따라 국가행위를 주권적 행위와 상업적 행위로 구분하고, 상업적 행위에 대해서는 면제하지 않는다는 '제한적 주권면제'가 서서히 확대되면서 현재는 많은 국가에서 면제 범위가 제한되고 있다. 2004년 국가 및 그 재산의 관할권 면제에 관한 UN협약도 제한적 주권면제를 채택하고 있다. 오늘날에는 '외국국가는 주권적 행위에 대하여 법정지국의 민사관할권에 복종하는 것을 면제시킨다는 취지의 국제관습법 존재에 대해서는 이를 계속 긍정적으로 인정할 수 있으나' 상업적인 행위에 대해서도 '법정지국의 민사관할권으로부터 면제된다는 취지의 국제관습법은 이제는 존재하지 않는다'고 할 것이다.

외국국가의 상업적 행위에 대해서는 '일본이 민사관할권을 행사하였더라도, 통상적으로 당해 외국국가의 주권을 침해하는 것'은 아니다. 상업적 행위까지 면제를 인정하면 '합리적 이유 없이 사인에 대하여 사법적 구제를 일방적으로 부정하는 불공평한 결과를 초래하게' 될 것이다. 그러므로 상업적 행위에 대해서는 '민사관할권의 행사가 당해 외국국가의 주권을 침해할 우려가 있다는 등의 특별한 사정이 없는 한, 일본의 민사관할권으로부터 면제되지 않는다'고 해석된다.

또한 외국국가의 행위가 상업적인지 여부와 관계없이 '사인간의 서면에 의한 계약에 포함된 명문에 의해 당해 계약에서 발생한 분쟁에 대하여 일본 민사관할권에 따를 것을 합의하여 일본 민사관할권에 따른다는 취지의 의사를 명확히 표명한 경우에는' 원칙적으로 면제되지 않는다. 왜냐하면 '당해 외국국가의 주권을 침해할 우려가 없으며 또한 당해 외국국가가 일본 민사관할권으로부터의 면제를 주장하는 것은 계약당사자간의 공평성을 침해하며 신의칙에 반하기' 때문이다.

따라서 원심이 인용한 1928년(昭和 3년) 12월 18일 대심원 결정은 이와 저촉되는 한도에서 이를 변경하여야 한다.

Y가 X등과의 사이에서 컴퓨터 판매계약을 체결하여 목적물의 인도 후에 매매대금채무를 소비대차의 목적으로 하는 준소비대차계약을 체결하였다면, Y의 행위는 '그 성질상 사인도 할 수 있는 상업거래이므로 그 목적 여하에 관계없이' 상업적 행위이므로 Y는 '앞서 언급한 특별한 사정이 없는 한 이 사건의 소송에 대하여 일본 민사관할권으로부터 면제되지 않게' 된다.

Y의 대리인인 A사 명의의 주문서에는 Y가 '일본의 재판소에서 재판절차를 밟을 것에 동의한다는 취지의 조항이 기재되어 있는 것이 명백하고,' A사가 Y의 대리인이었다고 한다면 상기 조항은 Y가 '서면에 의한 계약에 포함된 명문의 규정에 의하여 […] 일본 민사관할권에 따른다는 것에 합의하였다는 것이고' Y는 '일본 민사관할권에 따른다는 취지의 의사를 명확히 표명하였다'고 볼 수 있다.

III. 해설

1. 일본의 절대적 주권면제에서 제한적 주권면제로의 판례변경

국제법상 국내법원은 외국국가에 관할권을 연장해서는 안 되는데 이는 주권면제(국가면제)이다. 특히 국내법원에서 외국국가가 피고로 되지 않는 것을 관할권면제라고 한다. 주권면제는 19세기 이후 각국의 국내 판례를 통해 국제법상의 원칙으로서 인정되어 왔다. 예를 들어, 1812년 *Schooner Exchange*호 사건의 미국 연방대법원 판결은 주권면제를 둘러싼 최초의 국내 판례로, 주권자 평등과 절대적 독립을 근거로 하여 외국군함을 미국법원의 관할권으로부터 면제하였다.

절대적 주권면제와 제한적 주권면제에 대해서는 이 사건 판결과 같이 예전에는 절대적 주권면제가 국제관습법이었으나 국가의 활동범위 확대에 따라 최근에는 제한적 주권면제가 유력하다는 설명이 일반적이다. 일본에서는 중화민국에 대한 약속어음금액 청구소송인 1928년(昭和 3년) 대심원 결정에서 절대적 주권면제가 채택된 이래, 오랫동안 판례가 변경되지 않았다. 그러나 도쿄고등법원 1998년(平成 10년) 12월 25일 판시 제1665호 64면이 제한적 주권면제를 '경청할 만하다'라고 하였고, 도쿄지방법원 2000년(平成 12년) 11월 30일 판시 제1740호 54면은 제한적 주권면제를 받아들였다. 그리고 요코다(橫田) 기지 사건에서 최고재판소(最二小判 2002년(平成 14년) 4월 12일 민집 56권 제4호 729면)는 미군 비행기의 이착륙이 주권적 행위로서 면제가 인정되지만 "상업적 행위까지 민사관할권을 면제하는 것은 상당하지 않다는 인식이 생겨나 면제의 범위를 제한하고자 하는 국가들의 국가관행이 축적되고 있다"고 하였다. 그 후, 도쿄지방법원 결정(2003년(平成 15년) 7월 31일 판시 제1850호 84면), 도쿄지방법원 판결(2005년(平成 17년) 9월 29일 판시 제1907호 152면) 등과 같이 제한적 주권면제를 채택하는 판례가 증가하고 있었다.

그러나 이 사건의 원심인 도쿄고등법원 판결은 1928년(昭和 3년) 대심원 결정을 인용하여 절대적 주권면제를 채택하였다. 이 사건 판결은 2002년(平成 14년) 최고재판소 판결 이후의 경향에 근거하여 절대적 주권면제를 내용으로 하는 국제관습법은 '이제는 존재하지 않는다'고 판결하고 1928년(昭和 3년) 대심원 결정을 '변경하여야' 한다고 하면서 명확히 판례를 변경하였다. 절대적 주권면제가 국제관습법으로서 확립되어 있다는 전제에는 의문이 있으나 일본의 법원에서 절대적 주권면제의 종언을 보여준 것이 이 사건 판결의 가장 큰 의의이다.

2. 주권적 행위와 상업적 행위의 구별

제한적 주권면제에서는 통상적으로 매매계약과 같이 사인 간에도 가능한 행위는 상업적이라고 분류되어 면제가 부정되지만 그러한 판단이 쉽지는 않다. 예를 들어, 매매계약의 목적물이 군대의 장비에 이용할 물품이라면 그 계약은 주권적 행위에 속할 수도 있다. 구별의 기준으로는 일반적으로 행위의 성질과 목적이 있다. 목적을 고려하면 주권적 행위의 범위가 넓어지고 면제가 인정될 가능성이 높아진다.

각국의 관행은 대부분 성질을 기준으로 하지만 목적을 기준으로 하는 경우도 있다. 실제로 일본의 판례는 목적을 고려하여 왔다. 전술한 최고재판소(最二小判 2002년(平成 14년) 4월 12일) 판결은 미군 비행기의 이착륙을 '활동의 목적 내지 행위의 성질'로부터 판단하여 주권적 행위로 보았다. 2005년(平成 17년) 12월 27일 도쿄지방법원 판결은 "행동의 성질 외에 외국국가 행위의 동기·목적을 종합적으로 고려하여 판단한다"고 하며 토지건물취득 중재계약이 외교목적에서 이루어졌다고 인정하여 주권적 행위로 보았다. 그러나 이 사건 판결은 행위의 '성질상 사인도 할 수 있는 상업거래이므로 그 목적 여하에 관계없이' 상업적 행위라고 보았다. 목적을 고려하지 않고 성질만으로 판단한 것이다.

3. 재판관할권 면제의 포기

외국국가는 주권면제를 포기할 수 있다. 문제는 포기하는 방법이다. 1928년(昭和 3년) 대심원 결정은 면제포기의 의사가 국가 간에 표시될 것을 요구하고 있다. 이 사건 판결은 외국국가가 사인과의 서면에 의한 계약에서 일본의 재판권에 따를 의사를 명확히 표시한 경우에는 면제를 포기한 것이 된다고 판단하였다. 사인과의 계약에 표시된 면제포기에 근거하여 재판관할권 면제를 부정한 것이 국제법에 위반된다는 사례는 존재하지 않으며, 이 사건 판결이 재판관할권 면제의 포기에 대해 판례를 변경한 것에 문제는 없다.

또한 재판관할권 면제를 포기한 외국국가는 법정지국의 재판관할권에 따르지만 그 재판에서 패소한 후에 판결을 이행하지 않는 경우에 행해지는 강제집행에 따를 것인지 여부는 별개의 문제이다. 일반적으로 재판관할권의 면제를 포기하여도 패소한 외국국가가 소유한 재산에 대한 강제집행으로부터의 면제(집행면제)까지 포기한 것은 아니다.

4. 재판관할권 면제 판단시 '특별한 사정'

이 사건 판결은 상업적 행위에 대하여도 재판관할권으로부터 면제될 여지를 남겼다. 가령 상업적 행위에서도 '민사관할권의 행사가 당해 외국국가의 주권을 침해할 우려가 있다는 등의 특별한 사정'이 있다면 면제가 되는 것이다. 확실히 상업적 행위에 면제를 부여해서는 아니 된다는 국제법은 존재하지 않기 때문에 일본의 법원이 국내법상 판단에 근거하여 '특별한 사정'이 있어 상업적 행위에 면제를 부여하여도 국제법에는 위반되지 않는다. 그러나 '특별한 사정'이 폭넓게 적용된다면 절대적 주권면제 시대와 다를 바 없는 판례가 거듭될 것이다.

5. 일본의 UN 재판관할권면제협약의 비준과 주권면제법의 제정

일본은 2009년에 주권면제법('외국등에 대한 일본 민사관할권에 관한 법률' [2009년(平成 21년) 법률 제24호])을 제정하고 UN 재판관할권면제협약을 국회에서 승인하였다. 종래 일본의 판례는 국제관습법을 적용하여 왔으나, 이후에는 기본적으로 주권면제법이 적용된다. 국가 및 그 재산의 관할권 면제에 관한 UN협약도 주권면제법도 제한적 주권면제를 채택하였다고 이해되고 있으며 사인과의 '서면계약'에 의한 면제포기도 인정하고 있다(국가 및 그 재산의 관할권 면제에 관한 UN협약 제1조 1항, 주권면제법 제5조 1항).

상업적 행위의 결정기준에 대하여 국가 및 그 재산의 관할권 면제에 관한 UN협약 제2조 2항은 기본적으로 성질을 기준으로 판단하지만, 당사자 간의 합의가 있는 경우 또는 법정지국의 관행상 목적도 이용하여 성질을 결정하고 있는 경우, 목적도 고려할 것을 인정하고 있다. 한편, 주권면제법은 '상업적 거래'의 판단기준까지는 규정하지 않고 해석에 맡겨두고 있다. 다만, 국회에서의 심의과정에서 정부의 답변은 성질을 기준으로 하면서도 이 사건 판결의 '특별한 사정'을 참조하여 예외적으로 계약이나 거래의 목적 등도 고려하였다. 이후의 판례에서 '특별한 사정'과 행위의 목적을 고려하는 경향이 강해지면 사인에 대한 사법적 구제를 일방적으로 부정하는 것이 되기 쉽다. 이는 '재판을 받을 권리'의 보장(자유권규약 제14조, 일본헌법 제32조)과 충돌할 가능성도 있다.

[키츠이 아키히로 (松井 章浩)]

11. 광화기숙사 사건

(1) 제1심 판결: 교토지방법원 1977년(昭和 52년) 9월 16일 판시 890호 107면
(2) 항소심 판결: 오사카고등법원 1982년(昭和 57년) 4월 14일 판시 1053호 115면
(3) 환송 제1심 판결: 교토지방법원 1986년(昭和 61년) 2월 4일 판시 1199호 131면
(4) 환송 항소심 판결: 오사카고등법원 1987년(昭和 62년) 2월 26일 판시 1232호 119면
(5) 환송 상고심 판결: 일본 최고재판소 제3소법정 2007년(平成 19년) 3월 27일 판시 1967호 91면

I. 사실관계

중화민국은 중국인 유학생 기숙사인 광화기숙사를 1952년에 구입하고 1961년에 소유권이전등기를 완료하였으나 1965년경부터 중화인민공화국 지지파 학생들의 점유가 시작됨에 따라 1967년에 기숙사생들을 상대로 점유부분의 명도를 요구하는 소송을 제기하였다. 한편, 제1심 재판이 계속 중인 1972년에 '중일공동성명'이 서명되어 일본정부는 중국의 정부승인 변경을 실시하였다. 즉, '일본정부는 중화인민공화국 정부가 중국의 유일한 합법정부임을 승인'하고(제2항), '중화인민공화국정부는 대만이 중화인민공화국 영토의 불가분의 일부임을 거듭해서 표명'하고, 일본 정부는 '중화인민공화국 정부의 입장을 충분히 이해하고 존중'하기로 하였다(제3항). 동 성명에 의해 이 사건의 소송은 국제법상의 승인문제와 관련된 복잡한 사안이 되었다.

II. 판결요지

(1) 제1심 판결 (교토지방법원 1977년 9월 16일)　본 사건의 토지와 가옥은 자금의 출처 및 사용목적에서 공유·공공용재산이다. 어떤 국가에서 혁명이 일어나 새로운 국가가 성립되었으나, 구국가도 그 영토의 일부를 지배하고 사실상 병존하는 상황에서 승인 변경이 이루어진 경우, 외국에 있는 공유·공공용재산에 대한 지배권은 국제법상 어려운 문제이다. 그러나 일본정부가 중화인민공화국 정부를 유일한 합법정부로서 승인한 이상, '중국의 공유인 이 사건의 재산에 대한 소유권 및 지배권은 중화인민공화국정부로 이전되며 중화민국정부의 지배에서 벗어나는 것으로 해석한다.' 또한 원고의 소송당사자 능력에 대해서는 원고가 대만과 그 주변 제도를 지배하고 사실상의 국가형태를 취하고 있기 때문에 대외적인 사적 거래 등으로부터 발생한 분쟁의 해결을 일본의 법원에 요구하는 것은 지장을 초래하지 않으며 당사자능력까지 부정할 필요는 없다. 이상으로 원고의 본 소송청구는 권리보호의 자격이 없으므로 소송을 각하한다.

(2) 항소심 판결 (오사카고등법원 1982년 4월 14일) ① 사실상의 정부와 소송당사자 능력의 관계에 대해서는 정부나 국가의 승인은 정치적인 행위이며 승인국 정부(행정부)에 의해 국제관계라는 입장에서 결정되는데, 국내법원은 국내의 법률상의 분쟁, 특히 사적인 법률상의 분쟁의 합리적 해결을 위한 견지에서 판단을 내린다. 따라서 국내법원이 '행정부의 결정에 기초를 두는 승인의 유무를 그대로 판단의 기초로 하는 것이 반드시 적절하다는 것은 아니며, 승인 이외의 사실을 고려하여 미승인 내지 승인을 상실한 사실상의 정부에게도 당사자 능력을 인정하고 사적인 법률상의 분쟁의 합리적인 해결을 도모하는 것도 필요한 경우'가 있다. 중화민국정부가 민간거래관계에 기초하여 사적인 법률관계의 당사자가 되어 있으며, 사적인 법률상의 분쟁 소송당사자로 행동할 것을 허용하는 것이 가장 합리적이다. 그러므로 중화민국정부가 승인되지 않은 사실상의 정부인 점과 중일공동성명이 있었다는 점은 "모두 우리나라의 법원이 항소인을 당사자로 하는 사적인 법률상의 분쟁과 관련하여 항소인에게 당사자능력을 인정하는 것에 지장을 초래하는 것은 아니다."

② 재산승계에 관해서는 첫째, "전(前)정부가 국지적으로 존속하고 사실상의 정부이므로 그 지역에서 실효적 지배를 유지하고 있거나 신(新)정부의 지배가 전국에 미치지 못하는 등 불완전한 승계에 해당하는 경우에는 제3국의 영역 내에 소재하는 전정부 명의의 국유재산 취급에 대해서는 법정지 국내법원의 판단에 관계되는 것으로 반드시 일정한 것은 아니다." 중화민국이 대만 및 주변을 국가적 체제하에 현실적으로 통치·지배하고 있기 때문에 이 사건의 정부승계는 "불완전한 정부승계와 동일시할 수 있다." 그러므로, 승인 변경에 따라 중화민국정부가 당연히 이 사건 건물의 소유권을 상실하였다고는 할 수 없다. 둘째, 다만 일본정부는 중화인민공화국정부를 중국의 유일한 합법정부로서 승인하였기 때문에 '우리나라 내에 소재하는 항소인 명의의 부동산 중 그 용도, 성질상, 중국을 대표하여야 하는 국가기능에 직접 관련되는 것으로 보이는 것에 대해서는 중화인민공화국 정부이 요청이 있으면 그 소유권의 그 정부로의 승계를 인정하는 것이 상당'하지만 이 사건의 건물은 국가기능에 직접적인 관계가 없다. 셋째, 소유권 상실의 유무는 권리보호의 자격이나 당사자 적격 유무에 관련되는 것이 아니다. 이상으로 원 판결을 취소하고 이 사건을 교토지방법원으로 환송한다.

(3) 환송 제1심 판결 (교토지방법원 1986년 2월 4일) 중화민국정부가 대만 등을 통치하고 있기 때문에 이 사건은 '정부의 불완전승계'에 해당한다. 광화기숙사는 '외교재산도 그리고 중국의 국가권력 행사를 위한 재산도 아니기' 때문에 정부승인의 변경이 있더라도 원고는 이 사건의 건물에 대한 권리를 잃지 않고 일본에서 권리행사가 가능하다. 이 사건의 "학생기숙사 경영은 비권력적 행위로 국가만이 할 수 있는 것은 아니며, 경영을 하기 위하여 재산소재국가의 승낙을 필요로 하는 것도 아니기 때문에 이러한 재산이 승인 변경에 의해 신정부로 승계되는 것은 아니다."

(4) 환송 제2심 판결 (오사카고등법원 1987년 2월 26일) 이 사건의 건물은 외교재산 또는 국가권

력행사를 위한 재산이 아니며, 신정부 성립 후에 단순히 이 사건의 건물에 입주하는 기숙사생들의 어려운 형편을 도와주기 위하여 피항소인이 구입한 재산에 불과하다. "일본정부에 의한 승인변경에 의해 신정부로 승계되어야 할 재산으로 인정할 수 없으며, 피항소인은 위의 승인변경에도 불구하고, 이 사건의 건물에 대한 소유권을 잃지 않고 일본 국내에서 그 권리를 행사할 수 있다." 이상으로 이 사건 항소를 기각한다.(원판결지지)

(5) 환송 상고심 판결 (일본 최고재판소 2007년 3월 27일) 첫째, 대표권의 소멸에 대해서 ① 일본에서 중국의 대표권은 동 소송을 제기할 당시에 중화민국 주일본중화민국대사에게 있었다. ② 일본정부는 중일공동성명으로 중국의 정부로서 중화인민공화국정부를 승인하였다. ③ 중국의 국명이 "중화민국"에서 "중화인민공화국"으로 변경되었다. 이상의 사실은 '공지의 사실'이며 '이 사건에서의 원고로서 확정되어야 할 자는 이 소송을 제기할 당시에 국명을 "중화민국"이라고 하였으나 제1심이 계속되었던 1972년의 시점에서 "중화인민공화국"으로 국명이 변경된 중국국가'이다. 둘째, 소송절차의 중단과 원판결파기에 대해서는, 중일공동성명에 의해 중화인민공화국정부를 승인하였기 때문에 '중화민국정부에서 파견되었던 중화민국 주일본특명전권대사가 소유하였던 중국국가의 일본에서의 대표권이 소멸했던 것은 공지의 사실'이다. 나아가 '대표권의 소멸은 그 효력이 즉시 발생하는' 것이며 '대표권의 소멸시점에서 소송절차는 중단된다.' 따라서 이 사건의 소송절차는 1972년 이후 '원고로 확정되어야 할 자인 중국국가에 대해서 소송행위를 하는 데 필요한 수권을 결여'하였으며 원 판결은 파기를 면할 수 없다. 따라서 '상기 시점으로 돌아와서 소송절차의 수계를 시킨 후 제1심 심리를 다시 하기 위해서 제1심 판결을 취소하고 이 사건을 제1심으로 환송한다.'

III. 해설

1. 정부승인의 변경과 재산승계

일본정부에 의한 중국의 정부승인변경(중일공동선언)에 따라 광화기숙사의 소유권이 중화민국정부에서 중화인민공화국정부로 이전되었는지 여부가 문제된다. 일반적인 사례에서는 ① 공용재산에 대하여 ② 혁명이나 쿠데타에 의해 구정부가 소멸할 경우 구정부에서 신정부로 완전승계된다(정부의 완전승계설). ①에 대해서 판결 (1)은 광화기숙사를 중화민국의 '공유재산'으로 간주하고 완전승계설을 채택하였으나 판결 (2) 이후로는 다른 견해를 보였다. 즉, 광화기숙사는 중화민국정부가 유학생의 주택난을 해소하기 위해 구입한 것이며 당해 재산의 목적·성질·용도를 사적인 것으로 파악하고 있다. 나아가 ②에 대하여 판결 (1)은 광화기숙사를 중국의 공유재산으로 본 후에 소유권의 이전을 인정하였다(정부의 완전승계설). 그러나 중화민국이 대만을 실제로 지배하고 있는 사실을 감안하면 이 사건에서 완전승계설을 채택하기는 어렵다. 그러므로 판결 (2)·(3)·(4)는 신정부의 지배하에 없는 재산은 신정부로 이전하지 않고 광화기숙사는 중화민국정부의 소유권에 속한다고 판단하고 있다(정부의 불완전승계설). ②에 관해서는 학설상으로도 판결 (2) 이후의 판단이 널리 지지되고 있다. 또한 판결 (5)는 절차적으로 사안을 처리하고 있으며 상기한 논점에 대해서는 판단을 내리지 않고 있다.

2. 소송당사자 능력

정부승인변경에 따라 중화민국의 소송당사자능력이 계속될 수 있는지 여부가 문제시되나 판결 (1)·(2)·(3)·(4)에서의 판단은 일치하고 있으며 중화민국은 사적인 법률관계에 관한 분쟁에 대해서 소송당사자 능력을 갖는 것으로 판단하였다. 한편, 판결 (5)는 전혀 다른 관점에서 판단을 내려 이 사건의 원고는 '중국국가'이며 제소 시에는 '중화민국'이었으나 중일공동성명 후에 '중화인민공화국'으로 국명이 변경되었기 때문(공지의 사실)에 중화민국 주일본특명전권대사의 대표권소멸에 따라 소송이 중단되었다고 해석하였다. 즉, 무권한자에 의한 소송대리가 행하여졌다고 해석하고 있는 것이다. 이 판단은 민사소송법상의 중단사유에 관한 것이나 당사자 확정 판단 시에도 대만에서의 중화민국의 실제 존재를 중시하여야 한다는 비판이 있다. 상기한 판단에 의해 이 사건의 소송은 제소 이래 40년의 세월을 거쳐 최고법원에 도달하였음에도 불구하고 제1심부터 소송을 다시 하도록 명하여졌다. 이에 관련하여 이 사건의 소송 중에 원고표시가 정정되어 판결 (1)·(2)·(3)에서는 '원고 중화민국'으로 표시되었으나 판결 (4)에서는 직권판단에 의해 '피항소인 대만(본 소송 제기 시 중화민국)'으로 정정되었다. 나아가, 판결 (5)의 '별지 당사자 목록'에서는 '피상고인 구중화민국, 현중화인민공화국 중국'으로 기재되어 있다. 이 사건에서는 소송당사자 능력이 쟁점이 되었다는 점에 비추어서 당사자 표시의 직권적 정정을 의문시하는 견해도 있다.

3. '중국국가'

판결 (5)에서 유일하게 국제법상의 논점과 관련된 것은 '중국국가'라는 용어가 사용된 점이다. 하급심 판결에서는 이 용어가 사용되지 않았으나 상고신청서 및 판결 (5)에서 처음으로 사용되었다. '중국국가' 개념은 단일국가로서 중국의 계속성을 전제로 하고 정부승인 변경에 따른 원고대표권의 교대를 이끌어 내기 위한 개념으로 '하나의 중국'론을 기초로 하고 있다. 한편, 중화민국의 실효적 존재를 중시하는 입장에서는 '중국국가'라는 추상적 존재를 사용하는 점에 대한 비판도 있다. 또한 단적으로 중화민국을 소송법상 또는 국제사법(저촉법)상의 '국가'로 인정하여야 한다는 주장도 있다.

[타마다 다이 (玉田 大)]

영토 · 해양 · 관할권

12. 팔마스섬 사건
(상설중재판정부)

13. 베넹/니제르 국경분쟁 사건
(국제사법재판소)

14. Saiga호 사건
(국제해양법재판소)

15. 바베이도스/트리니다드토바고 해역획정 사건
(중재판정부)

16. Lotus호 사건
(상설국제사법재판소)

17. Corfu Channel 사건
(국제사법재판소)

12. 팔마스섬 사건

[상설중재판정부] 네덜란드/미국
판결 (1928년 4월 4일) 2 RIAA 829

I. 사실관계

팔마스섬(네덜란드 명칭은 미안가스(Miangas)섬)은 필리핀제도 민다나오섬의 세인트 아우구스틴 곶과 당시 네덜란드령이었던 동인도(현 인도네시아)의 나누사(Nanusa)군도 최북단 섬 사이의 중간쯤에 위치한 단일의 고립된 섬이다. 미국은 미서전쟁의 결과로 체결된 1898년의 강화조약(파리조약)에 따라 (스페인의) 필리핀을 할양받았다. 필리핀 모로주의 미국인 총독이었던 Leonard Wood 장군은 동조약에서의 필리핀 범위에 속하는 팔마스섬을 1906년에 방문하였을 때 네덜란드 국기가 게양되어 있음을 발견하고 놀라 미국 정부에 통보하였다. 그 후 열린 미국과 네덜란드 간의 교섭의 결과, 양국은 1925년의 협정에서 팔마스섬의 귀속을 둘러싼 분쟁을 상설중재재판소에 부탁할 것을 합의하였다. 양국공동으로 단독 중재재판관으로 지명된 스위스인 Max Huber는 소정의 서면절차를 거쳐 팔마스섬이 네덜란드에 귀속된다는 판결을 내렸다.

II. 판결요지

미국은 스페인의 필리핀에 대한 권리의 승계자로서 우선 그 권원을 발견에 기초를 두고 있다. 미국에 의하면 획득된 권원을 소멸시킬 만한 사정은 어떠한 일도 발생한 바가 없다. 이에 대하여 네덜란드는 스페인에 의한 발견 사실에 대해 다투고 또한 자신들은 원주민 수장과 체결한 협정에 따라 팔마스섬에 대한 주권을 획득하여 행사하였다고 주장하고 있다.

우선 적용되는 실체법규칙에 관련하여 "영역주권의 계속적 및 (다른 국가와의 관계에서의) 평온한 표시(continuous and peaceful display of territorial sovereignty)는 권원으로서 유효하다"는 것이 확인된다. 영역주권에 수반되는 배타적 지배권은 "영역 내에서 당연히 다른 국가의 권리를 보호할 의무를 수반한다." 영토주권과 같은 권리는 구체적인 발견을 수반하지 않는 추상적인 권리로 해결할 수는 없다.

미국이 주장하는 권원은 파리조약에 기초한 할양에 있지만 스페인 자신이 가지지 않는 권리를 이양하는 것은 불가능하다는 것이 명백하므로, 미국에 따르면 스페인은 이 권리를 발견에 의하여 취득하였다고 한다. 확실히 발견에서 유래한 시원적 권원은 스페인에 귀속되는 것이 인정된다. 발견에 기초한 권리에 관한 국제법은 현재까지 크게 변화되어 왔다. 그러나 스페인에 의한 발견에 따른 효과는 그 당시 즉, 16세기 전반의 국제법규칙에 비추어 결정되어야 한다.

그러나 만약 발견이 그 자체법상 영역취득에 충분한 권원이었다고 하더라도 결정적 기일인 파리조약의 체결·발효시에 주권이 여전히 존재하는지가 문제된다. 어떤 사건에 적용되는 규칙이 시간적 경과에 따라 달라지는 경우의 문제, '이를테면 시제법의 문제에 대해서는 권리의 생성과 존속이 구별되어야 한다.'

19세기에는 '영역주권의 주장을 구성하기 위한 점유는 실효적, 즉 다른 국가 및 그 국민에 일정한 보장을 하여야 한다는 원칙'이 있었다. "이러한 이유로 그 후 어떤 행위도 수반하지 않은 단순한 발견은 현재 팔마스섬에 대한 주권을 증명하기에 충분하지 않다."

네덜란드 독립전쟁의 강화조약인 뮌스터 조약(1648년, 스페인-네덜란드)의 관련규정은 일방에 속하는 영역을 구체적으로 특정하는 것이 아니고, 단지 현재 보유하고 있는 영역의 영유를 인정하는 것에 있다. 보유라는 말은 아무리 자유로이 해석한다 하더라도 이 용어들 안에 단순히 발견으로부터 발생하는 권리를 포함하는 것은 불가능하다. 또한 스페인계승전쟁에서 체결된 네덜란드-스페인 간의 강화조약인 1714년 위트레흐트조약은 뮌스터조약에 반하여 획득된 영역의 회복을 규정하고 있지 않다. 이러한 조약에 따라 팔마스섬에 대한 권원을 획득하였다고 하는 증거가 없다.

양당사국이 제공한 정보를 비교해보면, 주권의 문제를 결정하는 데 있어 지도를 고려하는 것에는 최대한의 주의를 필요로 함을 알 수 있다. 네덜란드의 기원에서 팔마스섬을 네덜란드령으로부터 제외하고 있는 공식적 내지 준공식적인 지도는 확실히 당시 팔마스섬을 네덜란드령으로서 생각하지 않았다는 것을 시사하지만 법적인 문서에 첨부되어 있는 것이 아니기 때문에 상당히 간접적인 시사에 지나지 않고 권리의 포기나 승인이라는 의미도 가지지 않는다.

미국은 근접성에 기초하여 권원의 주장을 하고 있지만 최근의 중재판례에서는 만약 극히 산발적인 것이라 하더라도 주권의 실제적인 표시를 근접성보다 중시하고 있다. 이 사건에서의 영역은 명확히 획정되어 개별화되어 있다는 점도 상기하여야 한다.

우선 네덜란드가 주장하는 바는 네덜란드 동인도회사와 그리고 후에 네덜란드가 나누사군도를 포함한 영역을 지배하는 현지의 수장과 체결한 협정에 근거한다. 이를 검토하는 전제로서 첫째, 동인도회사 행위의 성격이 문제되지만 국가에 따른 식민지의 획득과 통치의 공적 권한이 주어져 있었던 이 회사의 행위는 이 사건에서 문제되고 있는 지역의 점유와 식민지화에 대하여 네덜란드의 국가행위와 동일시되어야 한다. 둘째, 현지의 수장과의 협정은 수장이 국제사회의 구성원이 아니기 때문에 국제법상의 조약으로 간주할 수 없다. 그러나 국제법에 따라 규율되는 상태에는 간접적인 영향을 미칠 수는 있다. 이 협정들은 식민지의 내적인 조직형태이며 이것에 따라 설정되는 종주권은 국제사회의 다른 구성원에 대한 관계에 있어 영역주권의 기초가 될 수 있다.

문서상의 증거에서 동인도회사는 18세기 초기에 팔마스섬을 그 부용국(종속국의 한 형태)의 일부로 생각하였다고 결론지을 수 있다. 이 국가와의 종주권설정협정 및 동시대에 다른 국가의 주권표시가 인정되지 않았다는 점에서 미루어 볼 때, 팔마스섬은 당시의 국제법에 따라 네덜란드의 주권에 속해 있었다고 인정된다.

그 후 주권의 존속여부에 대해서는 특히 팔마스섬에 대한 문서상의 증거가 드문드문 존재한다. 그러나 그것이 사라졌다고는 할 수 없고, 19세기 후반이 되면서 팔마스섬의 행정구조에 대한 기술이 다양하게 나타나고, 1885년 이후에는 네덜란드 당국에 따른 팔마스섬 주민에 대한 과세 기록도 존재한다. 그러한 기록들이 결정적 기일 이후의 사건으로 섬의 지위를 나타낼 수는 없지만, 시기의 상황에 대한 해명을 토대로 간접적인 고려가 가능하다. 20세기 초의 상황은 결정적 기일 직전의 상황과 거의 변화가 없다는 점이 인정된다. "원주민이 거주하는 작은 외딴섬에 대한 주권의 발현이 빈번함을 기대할 수 없다는 점에 더하여 주권의 표시가 상당히 오래된 시기로 거슬러 올라갈 필요는 없다." "주권확립의 완만한 진전, 즉 국가관리의 점진적인 강화의 결과에 있다는 것은 지극히 당연한 것이다."

1906년에 미국이 이의를 제기할 때까지 네덜란드의 영유에 대한 어떠한 이의나 항의도 이루어지지 않았으므로 주권표시의 평온성이 인정된다. 이 표시는 공공연한 것이며 타국에 통지할 필요는 없다.

III. 해설

1. 권원으로서의 "계속적 및 평온한 주권의 표시"

19세기말에 체계화된 고전적 국제법에 따르면 영역취득의 방식에는 할양, 병합, 정복, 선점, 시효, 첨부라고 하는 6개의 권원(title)이 있었다. 그 중 유럽국가들의 식민지화과정의 설명에 특히 빈번하게 사용되어온 것은 선점이다. 국제법에서의 선점에 따르면 사법에 명시된 것과는 양상을 달리하고 있으며 대상이 되는 "무주지"는 사람이 살지 않는 땅이라는 의미가 아닌 유럽적 의미에서의 국가권력이 확립되어 있지 않은 토지를 의미하고, 또한 이에 대응하여 점유는 이러한 의미에서의 국가권력의 지배가 실효적이라는 것을 의미하였다. 시효도 같은 의미이지만 대상이 되는 토지가 원래 무주지라고 할 수 없을 경우에 타당한 것이라 할 수 있다.

이 판결에서는 원주민의 국제법에서의 주체성을 인정하지 않고, 또한 그들이 체결한 협정의 조약으로서의 성격도 부정하였다. 그리고 주권표시의 증거로서 최종적으로 중시한 것은 원주민국가에 대한 종주권도 아닌 과세를 부과한 실적에 있다. 여기에는 앞에서 기술한 선점의 개념과 공통적인 특징이 보인다.

그러나 이 판결에서는 선점과 시효로 일컬어지는 권원이 아니라 오히려 양자에 공통되는 특징에서 도출된 "계속적 및 평온한 주권의 표시"라고 하는 방식이 이를테면 슈퍼권원으로서 사용되었다. 이는 직접적으로 스페인에 의한 발견을 인정하면서 당시의 국제법에 비추어 보아도 이것이 확정적인 권원인지 아니면 미성숙한 권원인지 여부는 나중의 점유에 따른 보완이 있어야 하는가에 대해 판단을 내릴 수가 없었다는 점과 관련이 있다고 보는 것이 좋을 것이다. 즉, 팔마스섬이 네덜란드의 지배대상이 된 시기를 놓고 볼 때, 팔마스섬이 무주지인지, 스페인령인지에 따라 선점에 따를 것인지, 시효에 따라야 하는지 여부는 해결되지 않은 채 남아있으므로 '계속적 및 평온한 주권의 표시'의 확립여부를 문제로 삼았다.

2. 영역주권의 지배자로서의 타국법익을 보호할 의무

스페인에 의한 발견에 따라 합법적으로 획득되었을지도 모를 영역주권에 대해 네덜란드는 그 후의 (특히 결정적 기일 직전의) 실효적 지배를 우선하는 근거로 삼고 있는 점은 영역주권이 그 타국과 타국국민의 국제법익을 보호할 필연적 의무를 수반한다는 것을 의미한다. 이와 같이 영역주권에 대한 국제법질서의 유지기능을 강조하는 입장에서 영유는 단순히 추상적인 행위에 대해서는 인정되지 않고 실효적인 지배를 수반하여야만 유효한 것으로 고려되고 있다.

이와 같은 관념은 제2차세계대전 이후 특히 환경보호의 문맥에서 많이 사용된 '영역사용의 관리책임'에 대한 선구적인 관념으로 여겨지고 있다. 그러나 본 판결의 관념은 직접적으로는 막스 후버가 이 사건과 같이 단독재판관으로 직전에 심리한 '스페인령 모로코에 관한 영국청구 사건'(1925년)에서 문제가 된 외국인 대우에 관한 국가책임의 문제에서 유래한다고 보아도 좋을 것이다.

3. 기타

실효적 지배를 우선시하는 판결의 실질적 근거가 영역주권의 법질서유지기능에 있다고 한다면 그 형식적 근거는 독자적인 시제법개념에 있다. 여기서는 권리의 생성과 존속을 구별해서 당시 법에 비추어 보았을 때 일단 유효하게 성립한 권리가 있더라도 후법에 따라 존속하지 않을 수 있다고 인정된다. 또한 그 이후 사실의 증거능력을 배제한다고 하는 결정적 기일(critical date)의 개념도 명확하게 사용되고 있지만 한편으로 그 후에 이루어진 일 또한 그 이전의 사태를 해명하기 위해서 고려되고 있다.

[오바타 카오루 (小畑 郁)]

13. 베넹/니제르 국경분쟁 사건

[국제사법재판소(특별재판부)] 베넹/니제르
판결 (2005년 7월 12일) ICJ Reports 2005, 90

I. 사실관계

1960년 8월 1일과 8월 3일에 프랑스로부터 각각 독립한 베넹과 니제르는 프랑스의 식민지배에서 독립하기 전에 양국 행정구역 사이의 경계와 니제르강(River Niger)에 있는 레테(Lete)섬의 관할에 대한 문제를 안고 있었다. 독립 후에 베넹/니제르 간의 국경선획정과 레테섬을 포함한 니제르강에 있는 섬의 귀속에 대하여 양국 간에 우호적인 해결을 하기 위한 노력이 있었지만 성공하지 못하였다. 양국은 2001년 6월 15일에 ICJ의 특별재판부에 분쟁을 부탁한다는 취지의 특별합의에 서명하고(2002년 4월 11일 발효), 2002년 5월 3일에 이 사건의 분쟁을 특별재판부에 부탁하였다. 양국은 이 특별합의에서 이 사건분쟁에 적용된 법에는 '식민지화로부터 이어받은 경계선에 대한 국가승계의 원칙, 즉 상기 경계선의 불가침성'이 포함된 것을 전제로 (i) 니제르강 구역에 대한 국경획정, (ii) 레테섬을 포함한 니제르강에 존재하는 섬의 귀속, (iii) 메크루(Mekrou)강 구역에 대한 국경획정에 대하여 특별재판부에 판단을 요청하였다.

II. 판결요지

양국 간의 국경결정이 *uti possidetis juris* 원칙에 관련된다는 양국 간의 합의가 존재하므로 이 원칙에 기초하여 프랑스식민지당국으로부터 계승된 경계를 결정하는 것이 재판부의 임무가 된다. 또한 각각의 독립일이 '결정적 기일'이며 그때까지는 프랑스 식민지법인 해외영토법(droit d'outre-mer)이 적용되지만, 이 법은 이 원칙의 적용에서 사실적 요소들 중 하나로서 어떠한 결정적 기일시에 '식민지의 유산'을 나타내는 증거로서 기능할 뿐이다.

양국이 합의한 바와 같이 국경선은 이 원칙에 따라 독립일자에 존재하였던 상태로서의 프랑스 식민지법이 적용되었던 물리적 상태를 참조하여 결정되지만, 특히 니제르강 내의 섬들이 어느 당사자에게 귀속하는지는 현재의 물리적 실제와 관련지어 평가하여야 한다. 이 원칙의 효과는 영역권원을 동결시키는 효과를 가지며, 당사국 간의 합의가 없다면 독립 이후의 문서들을 검토하더라도 그러한 문서들이 변경에 대한 당사자들의 합의를 명확하게 표시하지 않는 한 결정적 기일에서의 영역을 변경할 수 없다. 다만, 이 원칙에 관련해서 독립 후의 '실효성(*effectivités*)'의 고려는 배제되지 않는다.

니제르강의 구역에 대해서 베넹이 주장하는 프랑스령 서아프리카(이하 'AOF')총독의 1900년 아레테

(arrete, 프랑스행정기관의 명령, 처분의 총칭)는 경계선을 결정하지 않았고, 니제르에 의한 서아프리카 총독의 1934년 및 1938년 아레테도 경계선의 정확한 위치 표시를 의도한 것은 아니었다. 여기서 규제·행정행위에 기초한 영역권원의 증거를 제출하지 않았다는 점에서 '실효성'에 관한 증거를 검토하면 실제로는 식민지행정구 간에 왕래한 1914년 서한에서의 합의(*modus vivendi*)가 그 이후 1954년까지 준수되어 주요 항행가능한 수로가 니제르와 다오누(후의 베넹) 양 행정구 간의 경계선이 되어왔다. 이에 따라 레테섬도 니제르행정구의 가야지구가 통치하고 있었으며, 1954년부터 1960년까지의 기간은 불명확한 것으로서 이 섬의 통치는 다오누에 양도되지 않았다. 가야부근에서는 항행가능한 2개의 수로가 있지만, 이 부분을 포함해 최고수심선이 양국 간의 경계선이 된다. 따라서 니제르 강에 있는 25개의 섬은 이 국경선에 따라 각각 양당사국에 귀속한다. 이 강에 관련되는 가야－마란비유 간의 다리 위의 경계선획정도 재판부의 관할권내에 있으며 수상 국경선을 다리 위로 수직 연장한 것이 국경선이 된다.

메크루강 구역에 대해서 식민지행정구의 경계선변경권한을 가지는 AOF총독이 발효한 1927년 아레테는 메크루강을 다호메이(Dahomey)와 니제르의 양행정구간의 경계선으로 결정하였다. 그 후에도 권원있는 행정기관이 이 경계선에 따른 것으로 보아, 다호메이와 니제르 양행정구 간의 경계선을 정하였다고 주장한 1907년 칙령(decree)은 유지될 수 없다. 따라서 메크루강이 양국 간의 국경이 되지만, 강이 너무 얕아 항해가 불가능한 경우도 있어 최심하상선(thalweg: 하천의 깊은 곳을 따라 연결한 선)이 아닌 중간선이 국경선이 된다.

III. 해설

1. 영역분쟁에서 *uti possidetis juris* 원칙의 역할

경계선획정에서 재판부가 주로 근거한 *uti possidetis juris* 원칙은 로마법상의 부동산점유보호원칙에서 유래한 것으로 "당신들이 점유한 그대로 점유를 계속하라"는 의미를 가지고 있으며 영역문제에서는 원래 중남미지역이 구스페인 식민지로부터 독립할 때 행정구역선을 국경선으로 하도록 의도한 것이다. 그러나 현재는 중남미지역(1992년 영토, 섬, 해양경계획정분쟁에 관한 ICJ판결) 뿐만 아니라 아프리카(1986년 부르키나파소/말리 국경사건에 관한 ICJ판결)와 유럽지역(1992년 구유고슬라비아 중재위원회 의견 3)에서도 적용된 원칙이며, 또한 육지경계뿐만 아니라 해양경계획정에서도 적용할 수 있게 되어있다(2007년 니카라과 대 온두라스사건에 관한 ICJ판결). 이 사건에서 재판부는 독립시의 국경선 존중을 확보하는 것이 이 원칙의 주된 목적에 있다는 부르키나파소/말리 국경분쟁사건의 판결에 따르면서 이 원칙의 효과가 영역권원을 동결하는 것에 있고 독립 후의 제반사정의 검토는 결정적 기일시의 영역상황을 변경할 수 없다는 기능을 가진다고 확인하였으며, 이 사건의 주제는 프랑스의 식민지통치로부터 승계된 경계를 결정하는 것에 있다고 하였다. 나아가 재판부는 영역권원과의 관계에 대해 이 원칙이 효력 있는 법적 권원에 의거할 필요가 있을 뿐만 아니라 식민지 당국이 특히 규범형성권한을 행사하는 경우,

해당 권원을 어떤 방법으로 해석·적용할 것인가도 고려되어야 한다고 언급하여 양자간의 관계를 명확히 하자고 한 것도 판결의 특징이라 할 수 있다.

무엇보다도 이 원칙에서 말하는 *juris*는 식민지법이라는 점에서, 이 원칙에 근거하는 한 재판부는 법에 기초한 경계획정을 강하게 지향한다고 할 수 있다. 그러나 양자의 관계가 애매한 경우에는 사실의 중요성에 무게를 둔 '실효성'이 이 원칙에 기초하여 경계선을 결정하여 얻은 증거로서의 가치를 가진다는 것 또한 부정할 수 없다. 여기에서 영역분쟁을 둘러싼 법과 사실 간의 복잡한 관계에 대하여 알 수 있다.

2. 영역권원과 '실효성'의 관계

"*effectivités*"란 계쟁지역에서 영역적 관할권을 실효적으로 행사하는 증거로서 행정당국의 행위(1986년 부르키나파소/말리 국경사건에 관한 ICJ판결)를 가리키고, "주권자로서" 행동한다는 의도와 의사를 필요로 하기 때문에 선점의 요건인 실효적 점유와는 다르며, 영역분쟁에서는 영역귀속을 판단하는 경우의 한 요소로서 독자적인 기능을 한다는 것이 확인되고 있다. 많은 영역분쟁에서는 식민지통치시대의 당국에 의한 '실효성'의 존부가 재판소의 판단에 영향을 미치지 않지만, 그것이 불충분한 경우에는 독립 후의 관계당국에 의한 "*effectivités*"라고 고려되어(영토, 섬, 해양경계획정분쟁사건), 이 사건에서도 재판부는 *uti possidetis juris* 원칙에 기초한 경계와 관련하여 독립 후의 "*effectivités*"도 고려대상으로부터 제외되지 않는다고 하였다.

영역권원과 "*effectivités*"의 법적 관계에 대해서도, 본 판결은 종래의 ICJ의 견해에 따라 해석하였다. 부르키나파소/말리 국경분쟁사건에서 ICJ재판부가 언급한 바와 같이 당국의 행위가 법과 합치하는 경우에 영역권원에서 유래한 권리의 행사를 확인하는 것이 "*effectivités*"의 유일한 역할이라는 것에 대하여 어떤 권원과도 일치하지 않는 경우에는 "*effectivités*" 그 자체를 고려하여야 한다. 다만 이 사건에서 재판부는 "*effectivités*"가 관련되는 것에 법적 권원이 결여되었는지 의심스러운 경우에 이를 보완하여 완전한 것으로 하기 위하여 사용되는 것으로서 스스로에게 반하는 권원을 넘을 수 없다고 하였다. 특히 *uti possidetis juris* 원칙의 적용에서 '실효성'의 역할에 일정한 제한을 둔다는 것은 주목할 가치가 있다.

3. 특별재판부의 의의

ICJ에서는 지금까지 ICJ규정이 정하는 3종류의 재판부 중에 특별재판부(제26조 2항)만이 현실에서 이용되고 있으며 이 사건도 그 중 하나이다. 이 특별재판부의 재판관 수와 구성에 대해서는 실제로 분쟁당사국의 의사가 강하게 반영됨으로써 사법재판소라고는 하지만 중재에 가까운 성격을 가지고 있어 당사국이 이용하기 쉽도록 하는 특징이 있다. 사실, 1978년의 ICJ규칙 개정에서 이 재판부의 이용이 촉진된 배경에는 당시 재판소에 계속 중인 사건수의 감소를 시정하려는 의도가 있었다. 당초 사례에서는 당사국의 의향을 수용하여 선출된 재판관 출신의 지리적 편차가 심하고(서구 출신의 재판관이 다수를 차지하였던 1984년 메인만 사건), 이로 인하여 재판부와 동등한 권위를 가지지 못하였다는 비판도 있었지만, 간편한 절차에서 이루어질 수 있기 때문에 신속한 분쟁처리에는 비교적 유용하다고 하였다(1989년 ELSI 사건). 또한 구프랑스 식민지 당사국간의 영역분쟁에서는 부르키나파소/말리 국경분쟁 사건과 이 사건 같이 프랑스와 깊은 관련이 있는 재판관으로 구성되었다는 점 등 사건의 특수성을 고려한 재판부의 설치에 따라 분쟁해결을 촉진한다는 점도 간과할 수 없다.

재판부판결은 전원법정이 선고한 것으로 간주되어(ICJ규정 제27조), 그 판단은 재판부 자신의 절차 외에도 소송참가(영토, 섬, 해양경계획정분쟁 사건)와 잠정조치(부르키나파소/말리 국경분쟁 사건), 재심청구(영토, 섬, 해양경계획정분쟁 사건) 등 부수적인 절차의 요건을 명확히 하는 데도 공헌하여 왔다. 나아가 이와 같이 행한 절차적 측면뿐만 아니라 특히 재판부 판결이 영역분쟁의 경우에 실체적 발전에서, 특히 영역분쟁에 관한 부르키나파소/말리 국경분쟁사건에서 정리되어 이 사건에서 그 내용이 전개된 *uti possidetis juris* 원칙과 "*effectivités*"의 개념은 재판부에서의 사례에서도 이어지고 있다(2002년 카메룬 대 나이지리아 영토·해양경계 사건(본서 사건 40번 참조)과 2002년 리기탄·시파단 섬 사건, 2007년 니카라과 대 온두라스 사건). 이러한 의미에서 재판부의 판결과 명령을 전원합의부의 판결과 명령과 선험적으로 구별할 필요는 없다.

다만, 오늘날에는 ICJ의 계속건수가 증가되어 당초의 설치 의의를 잃어가는 등 재판부의 신속한 처리를 바랄 수 없고, 오히려 경계획정분쟁을 중심으로 국가 간 중재를 많이 부탁하고 있는 사태가 발생하고 있어(2006년 바베이도스/트리니나드토바고 해역 획정 사건(본서 사건 15번 참조)과 2007년 가이아나/수리남 사건 등) 재판부 이용 수는 현재까지도 6건에 그치고 있다.

[사카이 히로노부(酒井 啓亘)]

14. Saiga호 사건

[국제해양법재판소] 세인트 빈센트 v. 기니
본안판결 (1999년 7월 1일) 38 LIM 1323; ITLOS Reports 1999, 10

I. 사실관계

1997년 10월 28일에 세인트 빈센트 그레나딘 제도(이하 세인트 빈센트)의 선적을 보유한 것으로 여겨지는 유조선 Saiga호가 기니에 의하여 나포되었다. 이 나포를 둘러싸고 양국 간에 분쟁이 발생하였고, 국제해양법재판소(ITLOS)에서 1997년 12월 4일에 즉시석방판결, 1998년 3월 11일에 잠정조치명령, 그리고 1999년 7월 1일에 본안판결이 내려졌다.

Saiga호는 1997년 3월 12일에 세인트 빈센트에서 잠정등록되었고 해당 등록의 유효기간은 6개월이었으나, 기니에 의해서 나포된 시점에서는 정식등록이 완료되어 있지 않았고 11월 28일에 세인트 빈센트에 의해 항구등록증서가 발급되었다.

1997년 10월 27일, Saiga호는 기니 앞바다 22해리 지점에서 어선 3척에 급유를 하고, 기니의 배타적 경제수역(이하 "EEZ") 남단에서 보다 남쪽 지점으로 이동하여 떠돌고 있었는데, 10월 28일 9시경에 기니의 순찰정으로부터 공격을 받았다. 기니는 도주하는 Saiga호를 추적하고, 무기를 사용하여 Saiga호를 정선시키고 나포하여 Saiga호와 그 승무원을 기니의 수도인 코나크리(Conakry)에 인치하고 선장을 억류하였다.

1997년 11월 13일에 세인트 빈센트는 UN해양법협약(이하 "협약") 제292조에 근거하여 ITLOS에 대하여 Saiga호와 그 승무원의 조속한 석방 등을 부탁하였다. 12월 4일에 ITLOS는 기니에 대하여 세인트 빈센트로부터 합리적인 담보금의 지불 등을 받은 후 Saiga호와 그 승무원을 신속하게 석방할 것을 명령하였다.

1998년 1월 13일에 세인트 빈센트는 협약 제290조 5항에 따라 Saiga호와 그 승무원의 석방 등에 대한 잠정조치를 ITLOS에 부탁하였다. 기니는 2월 28일에 Saiga호와 그 승무원을 석방하였지만, ITLOS는 3월 11일에 당해 석방으로 인하여 잠정조치의 목적은 없어졌다고 하면서 만장일치로 기니에 대해서 Saiga호와 그 승무원에 대한 사법적, 행정적 조치의 집행을 유보할 것을 명령하였다.

또한 1998년 2월 20일에 기니는 이미 개시된 이 사건에 관한 중재재판소에서의 절차를 ITLOS로 옮기는 것에 대하여 합의하는 세인트 빈센트와의 교환서한을 ITLOS에 통지하였고, 같은 날 ITLOS는 이를 승낙하였다.

세인트 빈센트는 ITLOS에 대하여 (i) 기니의 행위가 세인트 빈센트와 그 국기를 게양하는 선박이 가지는 협약 제56조 2항 및 제58조 등에 규정된 항행의 자유 및 국제적으로 적법한 해양이용의 자유를 향유할 권리를 침해한 것, (ii) 협약 제33조 1항(a)에 규정된 집행에 관한 예외를 제외한 것 외에 기니의 관세 및 밀수금지에 관한 국내법령은 어떠한 경우에도 기니의 EEZ에 대하여 적용 또는 집행되어서는 안 되는 것, (iii) 기니가 협약 제111조에 근거한 추적권을 적법하게 행사하지 않았던 것 등에 대한 판결을 부탁하였다. 한편, 기니는 ITLOS에 대해서 세인트 빈센트의 청구를 수리가능성이 없다는 이유로 각하하거나, 이를 모두 부정하는 판결을 내려 줄 것을 부탁하였다.

II. 판결요지

1. 수리가능성

기니는 Saiga호가 나포된 시점에 세인트 빈센트에 유효하게 등록되어 있지 않았으므로 세인트 빈센트는 기니가 Saiga호에 대해서 취한 조치에 대한 소를 제기할 원고적격성을 가지지 않는다고 주장하였다. 그러나 재판소는 협약 제91조는 선박에의 국적부여에 대한 배타적 관할권을 각국에 부여하고 있어(동조는 일반국제법상 충분히 확립된 규칙을 법전화한 것이다) 이 사건에 대하여 선박에의 국적의 부여나 선박의 등록 등의 조건을 정할 수 있는 것은 세인트 빈센트이며, 세인트 빈센트는 Saiga호가 나포된 시점에서 세인트 빈센트의 선적을 가지고 있었다는 입증책임을 다하였다고 할 수 있지만, 기니는 이를 완수를 다하였다고는 할 수 없다는 견해를 보였다.

또한 기니는 세인트 빈센트와 Saiga호의 사이에는 "진정한 관련성(genuine link)"이 존재하지 않으므로, Saiga호의 항행자유를 향유할 권리 등의 침해에 관한 세인트 빈센트의 청구는 수리될 수 없다고 주장하였다. 그러나 재판소는 협약 제91조가 선박과 그 기국의 사이에 진정한 관계를 필요로 하는 목적은 기국이 의무를 보다 효과적으로 이행할 것을 확보하는 것에 있고, 선박이 기국에서의 등록의 유효성을 타국이 다투기 위한 참조기준이 되는 것은 아니므로 기니의 항변은 인정되지 않는다고 하였다.

2. 기니의 행위에 대한 법적 평가

세인트 빈센트는 Saiga호가 기니의 어떠한 국내법령에도 위반하지 않았고, 또한 Saiga호에 적용된 기니의 국내법령은 협약과 양립하지 않는다고 하면서 기니에 의한 Saiga호의 나포 등이 위법이라고 주장하였다. 이에 대하여 기니는 기니의 국내법인 L94/007법은 허가없이 경유를 기니에 수입하는 것을 금지하고 있는데, Saiga호는 기니가 관세법에 따라 설정한 "관세권"(육지와 해역으로 구성되고, 해역의 범위는 해안선으로부터 250km까지이다)에서 어선에 급유한 것이 L94/007법에 위반된다고 주장하였다. L94/007법에서의 '기니'에는 관세권도 포함된다고 해석하는 것이 기니의 일관된 관행이라고 하였다.

재판소는 기니가 인용한 국내법령이 Saiga호에 대하여 취한 조치의 법적 근거라고 하는 기니의 주장에 대한 유리한 증거는 기니의 일관된 관행 이외에는 아무것도 나타나지 않았다고 하였다. 가령 기니의 국내법령이 Saiga호에 적용된다고 하더라도 그러한 국내법령과 협약의 양립성에 대한 문제가 있으므로, 재판소는 협약이 EEZ(EEZ에 있는 인공섬, 시설 및 구축물을 제외한다)에서 관세에 관한 국내법령을 적용할 권한을 연안국에게 부여하지 않았다는 견해를 보였다. 따라서 기니가 EEZ의 일부를 포함한 관세권에 대해 관세법을 적용하는 것은 협약을 위반한 것이며, 기니에 의한 Saiga호의 나포 등도 협약을 위반한 것이다.

세인트 빈센트는 기니가 Saiga호를 나포할 때 협약 제111조에 의한 추적권을 적법하게 행사하지 않았다고 주장하였다. 세인트 빈센트는 Saiga호가 기니의 국내법령을 위반하지 않았으므로 기니는 Saiga호가 자국의 법령을 위반하였다고 믿을 만한 "충분한 이유" 없이, 가령 Saiga호가 기니의 국내법령에 위반하였다고 하더라도, 기니에 의한 추적은 Saiga호가 기니의 EEZ 밖에 있었거나, 밖으로 나오려고 하였을 때에 정선신호 없이 개시되었고, 또한 추적이 중단되었기 때문에 추적권 행사의 일부 조건을 충족하지 않았다고 주장하였다. 이에 대하여 기니는 추적권의 행사는 협약 제111조에 규정된 모든 조건에 따른 것이라고 주장하였다.

협약 제111조에 규정된 추적권 행사의 조건은 누적적인(cumulative) 것이며, 모든 조건을 충족시킬 필요가 있지만, 기니에 의한 Saiga호의 추적에서는 일부 조건이 충족되지 않았다. 기니는 Saiga호가 기니의 EEZ에서 기니의 국내법령에 위반하였다는 혐의만 있을 뿐이며, 추적을 개시할 때 정선신호를 주지 않았고, 게다가 추적을 중단하였다. 또한, 애초에 재판소가 이미 Saiga호는 기니의 국내법령을 위반하지 않았다는 결론에 이르고 있다는 점에서 기니에 의한 추적권의 행사는 법적 근거가 부족하다. 따라서 기니는 추적권의 행사가 정당화되지 않는 상황에서 Saiga호를 정선시켜 나포한 점이 인정된다.

세인트 빈센트는 기니가 Saiga호를 정선시켜 나포하기 위하여 과도하고 합리적이지 않은 무기를 사용하였다고 주장하였다. 이에 대하여 기니는 Saiga호가 재차 반복한 정선명령에도 따르지 않고, 대체 수단이 존재하지 않는 상황에서 무기를 사용한 것으로 그 사용은 과도한 것이 아니며 또한 합리적이었다고 주장하였다.

협약은 선박 나포 시 무기사용에 관한 규정을 두지 않았지만, 협약 제293조 1항에 의하여 적용되는 국제법의 규칙은 무기사용이 가능한 한 회피되어야 하고, 무기사용이 불가피한 경우에는 무기사용은 그 상황에서 합리적이고 필요한 한도 내의 것이어야 한다고 규정하고 있다. 이 사건에 대해서는 Saiga호가 나포된 시점의 최고속도는 10노트이며, 기니 당국이 어려움 없이 옮겨 탈 수 있었던 점, 사전에 경고 등을 발하는 일 없이 선체(船體)사격을 한 점, 또한 기니 당국이 Saiga호의 선상에서 무차별하게 발포한 점 등으로 보아 기니는 Saiga호에 옮겨 탄 전후에 걸쳐 과도하게 무기를 사용하여 인명을 위험하게 하였고 따라서 세인트 빈센트가 갖는 국제법상의 권리를 침해하였다고 인정된다.

III. 해설

1. 선박과 그 기국 간의 "진정한 관련성"

이 판결은 협약 제91조가 선박과 그 기국의 사이에 "진정한 관련성"이 필요한 목적에 대하여, 진정한 관련성의 필요에 관한 동조와 동일한 문언을 채택하고 있는 "공해에 관한 협약" 제5조의 준비과정 등을 근거로 하여 어디까지나 기국의 의무에 대하여 보다 효과적인 이행을 확보하는 것에 있고, 선박의 기국에서의 등록의 유효성을 타국이 다투기 위한 기준이 되는 것은 아니라고 해석하였다. 이러한 해석은 진정한 관련성의 요건을 법적으로 무의미하게 하는 것으로 편의치적을 조장하는 해석이라는 비판이 있다.

2. 해상에서의 법집행활동에 수반되는 "실력행사"

정선명령을 무시하고 도주하는 외국선박 등에 대한 무기사용 등과 같이 해상에서의 법집행활동에 수반되는 "실력행사"에 대하여 현재까지 국제재판 등에 그 법적 평가를 요구하는 경우는 적었고, 대표적으로 1929년에 발생한 미국과 영국의 분쟁인 "*I'm Alone*호 사건," 1961년에 발생한 영국과 덴마크의 분쟁인 "*Red Crusade*호 사건," 그리고 1997년에 발생한 본 사건까지 3개의 사례가 있다. 본 판결은 당시까지의 사건에서 보이는 견해를 따르면서, (i) 무기사용은 가능한 한 회피되어야 하고, 또한 무기사용이 불가피한 경우에도 (ii) 무기사용이 그 상황에 있어 합리적이고 필요한 한도 내의 것이어야 한다고 하여 해상에서의 법집행 활동에 수반되는 무기의 사용에 대한 국제법의 일반적인 규칙을 확인하였다.

3. EEZ에서의 급유에 대한 연안국에 의한 규제

이 판결은 협약이 관세에 관한 국내법령을 EEZ에 적용하는 권한을 연안국인 기니에게 부여하지 않는다고 하여 기니가 Saiga 호에 대하여 취한 조치의 법적 평가를 내리고, EEZ에서 어선에 급유하는 것에 대하여 연안국이 규제할 수 있는지에 대한 문제는 판단하지 않았다. 이 판결은 EEZ에서의 어선 급유에 대한 연안국의 규제가 기니와 같은 연안국이 관세에 관한 국내법령의 적용 및 집행을 통하여 실현되는 것을 명확하게 부정하였지만 한편으로, 연안국이 협약에 의해서 허용되고 있는 EEZ에서의 규제 권한과 관련된 형태로, 예를 들어 EEZ에서의 외국인에 의한 어업과 그 부수적 행위를 규제하는 국내법령의 적용 및 집행을 통하여 실현될 가능성을 부정한 것이라고는 할 수 없다.

[츠루타 쥰 (鶴田 順)]

15. 바베이도스/트리니다드토바고 해역획정 사건

[중재판정부(UN해양법협약 부속서7)] 바베이도스/트리니다드토바고 판정 (2006년 4월 11일) 27 RIAA 147; 45 ILM 800

I. 사실관계

바베이도스와 트리니다드토바고는 모두 남미대륙의 북동쪽에 위치하는 도서국가이며, 이 사건은 양국 간의 대륙붕 및 배타적 경제수역(이하 EEZ)의 경계획정에 관한 분쟁이다. 1970년대부터 양국은 주장이 경합하는 수역의 자원이용(탄화수소개발 및 어업)에 관하여 회의를 하였다. 또한 양국은 1978년에 바베이도스가 1986년에는 트리니다드토바고가 각각 국내법을 정하여 EEZ를 설정하였다. 2000년 7월부터 2003년 11월까지 양국은 9차례 걸쳐 경계획정 및 어업에 관한 교섭을 하였지만 합의에 도달하지 못하였다. 2004년 2월에 한 차례 더 교섭이 예정되어 있었지만, 바베이도스는 2004년 2월 16일 통보를 통해 UN해양법협약 제286조 및 협약부속서 제7장에 기초하여 트리니다드토바고와의 해역경계획정에 관하여 중재절차를 개시하였다.

II. 판정요지

판정부는 가장 먼저 스스로의 관할권을 확인하여야 한다. 양 당사국은 UN해양법협약의 당사국으로서 제15부의 분쟁해결절차에 구속되며, 또한 양국 모두 협약 제287조 1항에 따른 절차의 선택을 이행하고 있지 않기 때문에 부속서 제7장의 중재를 받아들인 것으로 간주한다. 이 사건에서는 양당사국은 상당한 기간에 걸쳐서 교섭하여 왔지만, 대륙붕 및 EEZ의 획정에 관한 합의에 도달하지 못하고 있으므로 분쟁의 존재는 명확하다. 이러한 분쟁이 존재하고 합리적인 기간에 해결하지 못했으므로 당사국은 제74조 2항 및 제83조 2항에 기초하여 분쟁을 제15부 절차에 회부하여야 할 의무를 지고 있었다. 이 경우 제283조 1항에 기초한 교섭과 기타 평화적 수단으로의 분쟁해결에 대한 의견교환의 의무가 문제된다. 제74조 및 제83조하에서 교섭이 이미 이루어진 경우에는 이 요건이 충족되며, 당사국은 분쟁을 일방적으로 부속서 제7장의 중재절차에 부탁할 권리를 가진다.

이 사건에 부탁된 분쟁은 EEZ 및 대륙붕의 해역획정에 관한 것이며, 바베이도스는 구제수단(relief)으로서 단일의 경계선에 의한 경계선 획정을 요구하고 있다.

해역획정에 적용되는 방식에 대해서는 재판을 통해 법의 지배하에서 예견가능성의 요청과 형평한 요구에 들어맞는 유연성의 요청이라는 양 당사자를 만족시키는 방식이 요청되어 왔다. 이렇게 축적된 판례에 비추어 보았을 때 일반적으로 경계선의 획정은 먼저 잠정적인 등거리선을 긋고 다음으로 그 잠정선을 사안에 특유한 관련사정에 비추어 검토한다는 2단계 방식에 의해 이루어진다. 이렇게 '확실성은 형평한 결과의 요청과 결부되어 있다.' 무엇보다도 그것만으로 형평한 단일선이 존재한다는 사실은 드물기 때문에 판정부는 선의 결정에 있어 재량을 행사하여야 한다.

이와 같은 방식을 적용하여 해역획정을 함에 있어 이 사건에서는 당사국의 주장에 대하여 계쟁구역을 3개(서부, 중앙부, 동부)로 나눈다. 서부에 대해서 바베이도스는 트리니다드토바고 앞바다의 수역에서 자국의 전통어업에 관한 것을 관련 사정이라고 하고 있지만, 바베이도스가 주장하는 사실은 모두 입증되지 않고 있으며 등거리선은 수정될 수 없다. 또한 당해수역에서의 바베이도스 어민의 자원 접근권 문제는 EEZ내 어업에 대한 권리의무에 관한 것으로서 판정부의 관할권 밖의 사항이며, 또한 부탁된 분쟁과의 관계에서는 청구권이지만 다른 한편에서는 양 당사국의 문제에 관한 판정부의 견해를 구하고 있다는 사실에서 볼 때, 일정한 사항에 대하여 주의를 환기하는 것이 적당하다. 양당사국은 판정부에서 자원접근에 관한 분쟁을 합리적으로 해결하고자하는 의사를 강조하고 있으며, 판정부에 대한 대리인의 확약은 국가를 구속한다는 것이 확립되어 있다. 따라서 트리니다드토바고는 바베이도스에 대하여 자국의 EEZ에서의 어업접근권을 인정한다는 협정을 신의성실에 따라 교섭할 의무를 진다.

중앙부에 대해서는 수정을 요구하고 있지 않기 때문에 등거리선이 획정선으로 작용된다. 동부에 대해서는 트리니다드토바고가 대륙붕과 EEZ 제도의 구별을 주장하고 있지만, 이러한 주장은 단일한 경계선에 대한 실질적인 반대가 아니므로 판정부는 단일한 경계선을 결정하고 있다. 본 수역에 대해서는 트리니다드토바고 측이 세 개의 관련 사정을 제시한다. 첫째, 트리니다드섬 및 토바고섬의 광대한 해안정면은 등거리선을 수정해야 할 관련 사정으로서 인정된다. 둘째, 균형성은 관련 사정으로 인정된다. 그러나 해역 귀속에 있어서 비율의 적용과 수학적 결정은 필요하지 않으며, 균형성은 어디까지나 결과가 형평하지 않는 상황을 막기 위한 최후의 수단으로서 사용되고 있다. 셋째, 지역적인 관계에 대해서는 트리니다드토바고의 해역청구 범위를 결정하기 위하여 베네수엘라와의 협정을 고려하여야만 한다. 위 사실에 기초하여 실제 등거리선의 수정을 검토한다. 등거리선의 조정을 하여야 하는 지점을 결정하는 마법의 공식은 존재하지 않으므로 판정부는 재량권을 행사하여야 한다. 이 사건에서는 트리니다드토바고의 해안정면 존재에 효과를 미치는 듯이 전환점을 결정하고 거기서부터 트리니다드토바고의 남쪽 해역경계와 200해리 EEZ의 한계가 교차하는 점을 종점으로 하여 선을 긋는다. 균형성에 비추어볼 때 이 변경은 형평하지 않은 상호 침식을 회피하는 형태로 획정구역전체에 대한 해안정면의 합리적인 영향을 반영하고 있으므로 획정선으로 인정된다.

이상으로 판정부는 스스로의 관할권을 인정한 후 동부 계쟁수역의 등거리선 일부를 수정한 경계선을 제시한다. 또한 양당사국은 어업자원의 보존, 개발조치에 대해 합의하고, 트리니다드토바고의 EEZ 내에서의 바베이도스 어민의 어업접근권에 대하여 신의성실에 따라 교섭할 의무를 진다.

III. 해설

1. UN해양법협약의 분쟁해결절차

이 사건은 UN해양법협약의 분쟁해결절차에 기초한 최초의 해역획정사건이다. 이 협약 제15부의 절차에 따라 분쟁을 요청할 때의 요건인 제283조의 의견교환에 대해서 판정은 이 요건이 UN해양법협약에 관한 분쟁 일반에 적용된다고 인정하는 한편, 해역획정을 포괄한 분쟁에 대해서는 제74조 및 제83조 이하에서 이미 교섭이 이루어지고 있으며, 분쟁부탁 시 다시 의견교환을 할 필요는 없다고 판시하였다. 제283조는 합의에 이를 전망이 없는 경우까지 의견교환을 할 의무를 부과하는 것은 아님을 확인시켜 왔다(1999년 남방참다랑어 사건 잠정조치명령, 본서 사건 41번 참조). 본 판정은 새롭게 해역획정이라고 하는 특정한 분야에 대하여 이와 같은 의견교환의 요건을 실질적으로 해결한 것이라고도 할 수 있다.

2. 해역획정에 적용되는 법 및 획정방식의 전개

해역획정에 관한 초기의 관심은 적용법을 특정하는 것에 있었다. 1969년 북해대륙붕 사건에 대한 ICJ판결(본서 사건 2번 참조)은 대륙붕협약 제6조에 규정된 등거리·특별사정원칙의 의무적 적용을 부정하는 한편, 획정은 형평원칙에 따라 모든 관련 상황을 고려하여 합의를 통해 하는 것이 국제법 원칙 및 규칙에 있다고 판시한 이래, 형평·관련사정원칙이 관습법으로서 적용되게 되었다. 그렇지만 UN해양법협약은 특별한 원칙을 명기하지 않으며, 대륙붕·EEZ 쌍방의 경계획정에 대하여 형평한 해결을 달성하고자 하는 목표를 제시하는 데에 그쳤다.

UN해양법협약을 전환점으로 하여 1980년대의 재판은 적용법의 특정이 아니라 형평한 해결을 달성하기 위해 사용하여야 하는 기준·방식의 탐구에 중점을 두게 된다. 그 결과, 그 자체가 의무적인 방식이 아니라고 하면서도, 등거리선을 획정의 출발점으로 하는 방식을 우선적으로 사용하게 되었다. 이러한 배경으로 인하여 UN해양법협약 이후의 법에서는 대륙붕 및 EEZ 제도가 상호 관련되어 있으며, 양자의 공통요소로서 거리가 중시되게 된 사례가 되었다. 따라서 1993년 *Jan Mayen* 사건의 ICJ 판결 이후에는 먼저 등거리선을 그은 다음 관련정보의 여부를 검토하는 2단계 방식이 정착되었다.

이 판정에서도 위와 같은 판결을 토대로 2단계 방식이 채택되었다(판정은 이를 새롭게 등거리·관련사정 방식이라고 부른다). 더군다나 판정에서는 등거리방식이 가지는 확실성에 대하여 지적하고 다른 방식을 채택할 때에는 충분히 정당화가 될 필요가 있다고 기술하였다. 이렇게 하여 명확화 된 등거리·관련사정방식의 우위성은 이후의 판례에서도 원칙으로서 인정되었으며, 이 방식이 해역획정방식으로서 거의 확립되었다고 할 수 있다.

이 판정 이후에는 2007년 가이아나/수리남 중재판정에서 등거리가 명확한 역할을 하였으며, 아울러 이 방식은 상대국의 관계뿐만 아니라 인접국의 경계획정에도 적용되어 왔음을 확인하였다. 한편 2007년 니카라과/온두라스 사건에 대한 ICJ판결은 등거리방식을 부정하여 양국의 해안선이 만드는 각도의 이등분선을 적용하였다. 다만 이는 관련되는 하구의 형상이 불안정하므로 등거리선을 긋기 위한 기점의 설정이 불가능하였기 때문이지 등거리 방식의 우위성이 부정된 것은 아니다.

3. 획정에 있어서 고려하여야 할 관련 사정

해역획정에서 무엇을 관련 사정으로 할 것인가에 대해서는 여러 요인(지리, 지질, 지형, 자원, 사회, 경제상황, 안전보호 등)이 주장되어 왔지만, 실질적으로 재판에서는 한결같이 지리적 요인이 고려되는 경향이 있다. 그 배경에는 대륙붕과 EEZ에 단일한 경계선이 요구되는 경우가 일반적이며, 복수의 수역에 적용가능한 중립적인 기준이 중시되었다는 점이 있다. 본 판정에서도 이와 같은 경향을 토대로 하여 해안선의 길이 및 균형성이라는 지리적 요인을 관련 사정으로 한다. 한편, 어업자원은 원칙적으로 관련 사정으로 볼 수 없으며 1984년 메인만 사건에 대한 ICJ판결의 판시와 같이 특정한 획정선의 적용에 따른 파국적인 결과발생의 경우를 제외하고 고려할 수 없다. 다만, 이 사건에서는 법정에서의 당사국의 약속에 기초하여 어업교섭을 성실히 한 당사국의 의무가 인정되어 경계획정과는 별개의 자원문제로서 다루어지고 있는 점에 유의할 필요가 있다.

관련사정 내의 균형성에 대해서는 경계획정선의 형평을 검증할 최종 테스트 또는 잠정적인 등거리선의 수정기준이라는 두 가지의 방법이 재판에서 널리 이용되어 왔다. 한편, 학설상으로는 객관성이 결여되어 있는 것으로 보아 그 유용성을 부정하는 견해가 많다. 본 판정은 최종 테스트로서 균형성을 사용하고 있지만, 연안의 길이와 해역 비율의 수학적 적용을 부정하며 수치를 보여주지 않은 채 전체로서의 불균형이 없다는 것을 확인하고 있으며, 객관성의 측면에서는 의문이 남는다. 다만, 판정부는 관련사정의 고려가 형평한 요구에 합치하는 결과의 유연성 요청에 응하는 것이라고 하고 있으며, 그 한계로서 재량을 가질 여지가 있다는 것에 비추어 본다면 엄밀한 객관성을 요구한다는 것에는 한계가 있다고도 할 수 있다.

[타케우치 모리 (竹內 真理)]

16. Lotus호 사건

[상설국제사법재판소] 프랑스 v. 터키
판결 (1927년 9월 7일) PCIJ Series A, No.10, 4

I. 사실관계

1926년 8월에 터키로 항행 중이던 프랑스 선박 Lotus호는 터키 선박 Boz-Kourti호와 공해상에서 충돌하여 Boz-Kourti호가 침몰하고 터키인 8명이 사망하였다. Lotus호는 항행을 계속하여 터키에 도착하였지만, 터키당국은 충돌시 각 선박의 운항책임자인 프랑스 당직사관 Demons와 터키선장을 과실치사의 혐의로 형사재판에 회부하고 금고 및 벌금형을 선고하였다.

프랑스정부가 터키에 의한 Demons의 소추에 항의하였으므로 양국은 특별합의에 의하여 터키에 의한 관할권행사가 터키에서 외국인의 지위를 정하는 1923년 Lausanne협약 제15조("사법관할권에 관한 모든 문제는 국제법의 여러 원칙들에 따라 결정된다"는 취지의 규정)를 준수하지 않은 것이 "국제법의 원칙에 반하여 행해졌는지, 만약 그러하다면, 그것은 어떠한 원칙인가"에 대한 판단을 PCIJ에 부탁하였다.

II. 판결요지

1. 국제법에서 관할권을 일반적으로 판단하는 방법

Lausanne협약 제15조는 터키의 관할권행사가 "국제법상의 원칙"에 따라야 한다고 규정하고 있고, 이 사건은 "국제법상의 원칙"이 국가에 의한 관할권행사를 어떻게 규율하고 있는지를 검토하여 판단된다. 이러한 점에서 프랑스는 국가가 관할권행사에 있어 국제법상으로 인정되는 권원(title)을 표시할 필요가 있다고 하고, 터키는 금지규칙이 없는 한 관할권행사는 자유롭다고 주장하지만, 터키의 입장이 국제법의 성질과 현황에 합치한다. 독립국가 간의 관계를 규율하는 국제법은 국가의 자유의사로부터 발생하며, 국가의 독립에 대한 제한은 추정되지 않는다.

한편, 국제법은 국가에 대해서 특별한 허용규칙이 없는 한, 타국의 영역에서 일체의 권한(power)행사도 금지하고 있다. "그러나 이는 역외에서 이루어진 행위에 관해서 […] 국가가 자국 영역 내에서 관할권을 행사하는 것을 금지하는 것을 의미하지 않는다. […] 국제법은 국가의 폭넓은 재량을 인정하고 있고, 이는 일정한 경우에 금지규칙에 의해서 제한되는 것에 지나지 않는다. 그 이외의 경우에 각국은 각각 적절하고 최선이라고 판단되는 원칙을 자유롭게 채택할 수 있다. […] 국가는 국제법이 부과하는 제한을 넘지 않는 의무만을 부담하게 된다. 그 제한의 범위 안에서 관할권행사의 권원은 주권에 기초한다."

2. 형사관할권을 판단하는 방법

다만, 이상의 견해가 국가의 개념과 밀접하게 결합되어 온 형사관할권에 대해서도 그대로 타당한지는 별개의 문제이다. 터키는 이를 긍정한 반면 프랑스는 속지주의에 근거하지 않는 형사관할권은 개별적으로 허용규칙이 있는 경우에만 행사할 수 있다는 방식을 주장하고 있지만, 후자의 방법이 옳은지에 대한 여부는 그 취지를 확립하는 법규범성을 가지는 관행의 존재 여부에 의존한다. 그런데 그러한 관행의 존부에 대한 검토를 하기 위해서는 형사입법에 대하여 원래부터 국가의 재량을 제한하는 국제법원칙이 존재한다는 것을 우선 증명하여야 한다. 따라서 관할권에 대한 어느 이해를 따르더라도 이 사건에서 터키의 소추를 금하는 국제법상의 원칙이 존재하는지의 여부를 확인할 필요가 있다. 또한 그 구체적인 검토는 공해상에서의 충돌사례에 관한 선례를 분석하는 것에 의한다. 그러한 사례에서 기국관할이 배타적이지 않으면 공해에서의 충돌사례에 대한 허용규칙이 존재하게 되므로, 형사관할권 전반에 관한 제한규칙의 존재를 확인할 필요는 없어지게 된다.

3. 이 사건에서의 관할권행사 금지규칙의 유무

따라서 이하에서는 이 사건에서 터키의 관할권행사를 금지하는 국제법규범이 있는지 여부를 검토한다. 첫째, 국제법은 피해자의 국적국인 것을 근거로 관할권행사를 인정하지 않는다는 프랑스의 주장의 타당성 여부의 판단은 필요하지 않다. 다수의 국가에서는 범죄 구성요건의 일부 —특히 그 효과(effect)— 가 영역 내에서 발생한 경우에 용의자가 타국의 영역에 있더라도 범죄가 자국영역에서 이루어졌다고 간주되어 이러한 실행에 대하여 타국가가 항의한 사례는 없다. 범죄의 효과가 법적으로는 터키영토에 속하는(assimilated) 터키선상에서 발생한 점에 비추어 보면, 터키의 관할권행사는 이른바 속지주의에 의해서도 정당화된다.

둘째, 공해는 어떠한 국가의 주권도 미치지 않는 곳이기 때문에 공해상에 있는 선박은 확실히 원칙적으로 기국이외의 관할권에 복종하지 않는다. 그러나 공해상의 선박이 기국의 영역에 속한다면 2개의 영역에 걸친 사안과 같이 타국선박의 행위의 결과가 자국선박에서 발생한 국가에 의한 관할권행사는 금지되지 않는다. 프랑스는 기국에 의한 관할권행사의 배타성을 주장하지만 학설 및 선례는 이를 지지하지 않는다.

셋째, 타국에 의한 형사소추의 예가 적기 때문에 공해상의 충돌사안에 대해서는 기국관할의 배타성을 인정하는 묵시적 합의가 존재한다는 주장은 각국이 의무로서 권한행사를 보류하지 않는 한 논거로서 불충분하다. 또한 기국에 의한 선원의 행정적 규율은 병행될 수 있는 형사소추를 배제하는 것은 아니다.

이상과 같이, 이 사건은 관할권이 경합하는 사안이다. 이 사건의 형사소추를 금지하는 국제법상의 규칙은 존재하지 않고, 터키에 의한 Demons 소추는 국제법상의 원칙에 반하지 않는다.

III. 해설

1. 판결의 의의

1952년의 선박충돌 기타 항해사고의 형사관할권에 대한 규칙의 통일에 관한 브뤼셀협약 및 이를 유지한 공해협약 제11조와 UN해양법협약 제97조는 공해상에서의 충돌에 관한 형사관할권은 기국 또는 소추대상선원의 국적국에 전속하는 취지를 규정하고 있어, 오늘날의 국제법규범에 비추어 보면 Demons에 대한 터키의 관할권행사는 정당화되지 않는다. 이 사건의 의의는 국제법상 관할권의 법구조를 어떻게 이해할 것인가에 대한 일정한 입장을 보여 주며, 그 후의 논의를 환기시킨 점에 있다.

2. 판결의 구조

판결은 우선 타국의 영역에서의 집행관할권행사가 특별한 허용규칙이 없는 한 금지되는 것을 확인한다. 그러나 이 사건의 쟁점은 역외에서 발생한 사례에 국내법령을 적용하여 자국영역내에서 사법관할권을 행사하는 것이 어디까지 인정되는가에 있다. 이에 대하여 터키는 금지되지 않는 한 관할권행사는 자유롭다는 이른바 "주권내재설"의 입장을 취하는 데 반하여 프랑스는 관련된 국제법규범에 의해서 허용되는 한 관할권행사가 인정된다는 "특정권한설"의 입장을 보였다.

이러한 의견의 대립에 대한 재판소의 판단은 6대 6으로 나누어져 재판소장의 결정투표로 결정되었다. 반대의견을 제시한 소수의 재판관들은 범죄발생지를 터키선상으로 간주할 수 없다고 한 후에 (현재의 법률용어로 말하면) 객관적 속지주의에 의해서 정당화될 수 없는 이상 관할권행사는 위법이라고 한 견해와 선박에 대하여 영토로서 의제하는 것은 잘못된 것이며, 공해상의 선박은 고유한 규범(기국주의)에 따른다는 견해 등을 제시하였다. 결국, 금지규칙이 없으면 관할권행사는 자유롭다고 하는 견해와는 달리, 형사관할권의 적용은 원칙적으로 속지주의이며 공해상의 선박에 대해서는 기국주의가 원칙이라고 전제한 후에, 예외적인 관할권행사에 대하여 국제법상의 허용규칙이 요구하는 특정권한설이 주장되는 것을 볼 수 있다.

그렇다면, 다수의견은 주권내재설을 취하였는가. 판결은 3단계로 논의를 전개하고 있다. 우선, 국가주권에 대한 제한은 추정되지 않는다는 원칙으로부터 역외사안에 대한 입법·사법관할권행사도 금지규칙이 존재하지 않는 한 국가의 재량에 맡길 수 있다는 주권내재설이 일반론이다(판결요지 1). 판결의 이 부분은 긍정적이든 비판적이든 이후에 빈번히 인용된다. 판결은 이상의 일반론이 형사관할권에 대해서도 타당한지를 두 번째 쟁점으로 다루고 있지만, 이에 대해서는 직접적인 답변을 피하고 있다. 재판소에 따르면 형사관할권에 관한 특정권한설의 타당성은 그러한 이해를 확립하는 관습이 있는가에 의존하지만, 그 확인을 위해서는 원래 형사관할권을 자유롭게 행사할 수 없는지(국가의 재량을 제한하는 국제법규범이 존재하는지)의 여부를 전제로 하여 검토할 필요가 있으므로, 구체적인 논증은 어느 견해를 취하더라도 터키의 관할권행사를 금지하는 국제법규칙의 존부가 확인된다(판결요지 2).

무엇보다 이상의 내용은 특정권한설의 타당성에 대한 논증이 주권내재설을 전제로 한 경우의 관할권행사의 적법성에 대한 논증과 동일한 논법이므로, 이 두 견해를 같은 가치로 다루고 있지 않다. 이는 재판소가 관할권의 일반론으로 이미 주권내재설을 채택하고 형사관할권이 예외적으로 다른가에 대한 쟁점을 다루는 방식을 채택한 것에 기인하고 있는지도 모른다. 만일 그렇다면 후자의 학설이 관할권의 일반론으로 나타난 판결요지 1만을 채택하여 그 타당성 여부를 논하고 있는 것에도 일정한 이유가 있을 수 있다. 한편, 관할권행사가 옳은지에 관한 구체적인 검토과정에 대하여, 재판소는 공해상에서의 충돌사안에 대한 관할권은 기국이 배타적으로 가진다고 하는 주장을 배척하는 데 그치지 않고, 이 사건은 객관적 속지주의에 근거한 관할권행사에 해당된다고 적극적인 견해를 밝히고 있다(판결요지 3). 프랑스의 주장에 반박하는 문맥에서 객관적 속지주의가 적극적인 관할권의 근거로서 자리매김되고 있다면, 판결은 특정권한설에 따라 논증으로서도 성립하게 된다.

3. 현대 국제법에서의 관할권 이해

이상과 같이, 판결은 관할권일반론에 대하여 명확하게 주권내재설을 취하였지만, 형사관할권에 관한 원칙에는 저촉되지 않게 공해상의 충돌사안에 대해서는 기국주의의 배타성은 입증되지 않는(객관적 속지주의에 근거하여 관할권행사가 이루어진다) 것으로 보아 터키의 행위에 대한 위법성을 부정하였다. 그 후 1935년의 형사관할권에 관한 Harvard초안은 특정권한설의 견해를 취하여 관할권행사의 대한 근거를 열거하였지만, 현재에도 관할권의 구조를 어떻게 판단해야 하는 것인가에 대해서는 일치된 견해가 없다고 생각한다. 이 문제는 효과이론에 근거한 역외적용이나 일정한 중대범죄에 대한 보편적 관할권행사를 어떻게 평가해야 할 것인가에 대한 현안으로 연결된다. 국가가 역외적용에 대하여 실제로 어떠한 논리에 근거하여 정당화하고 있는지가 그 하나의 열쇠가 될 것이다.

또한 주권내재설에 따르면 관할권의 권원은 주권이며 그 이상의 정당화는 불필요하므로 속인주의, 보호주의라는 관할권행사기준은 각국의 국내법상 기준에 불과하다. 한편, 특정권한설에 따르면, 개개의 관할권행사를 정당화하는 국제법상의 권원을 특정할 필요가 있고 여러 국가에서 공통되는 속인주의, 보호주의 등의 관할권에 대한 근거가 법의 일반원칙으로서 국제법상의 권원으로 자리매김되었다는 견해를 취하고 있지만, 실질적 연관이나 진정한 관련성이 존재하는 경우에 관할권행사가 인정되는 국제법의 일반원칙이 존재한다고 이해한 견해 등이 있다(이 경우, "속인주의, 보호주의 등"은 실질적 연관의 존재를 설명하기 위한 개념으로서 자리매김된다).

[니시무라 유미(西村 弓)]

17. Corfu Channel 사건

[국제사법재판소] 영국 v. 알바니아
선결적 항변판결 (1948년 3월 25일) ICJ Reports 1947-48, 15
본안판결 (1949년 4월 9일) ICJ Reports 1949, 4

I. 사실관계

코르푸 해협(Corfu Channel)은 알바니아 본토와 코르푸섬 사이에 있고 알바니아 영해의 일부를 이루는 국제해협으로 그리스와의 영토분쟁으로 당시 긴장상태에 있었다. 1946년 5월 15일에 코르푸 해협 통항 중이던 영국의 순양함 2척이 알바니아 연안포대로부터 포격을 받았다. 영국은 알바니아가 국제법상의 권리인 해협의 무해통항권을 침해하였다고 항의하였으나 알바니아는 외국의 군함과 상선의 영해통항은 자국의 사전허가가 필요하다고 반론하였다. 같은 해 10월 22일, 북코르푸 해협으로 북상 중이던 영국함대 중 2척의 구축함이 기뢰에 의하여 폭침되는 사건이 발생하여 승무원 44명이 사망하였고 42명이 부상을 입었다. 사고발생현장은 1944~1945년에 소해(掃海)가 끝난 상태로 안전이 확인되어 있었다. 사건 직후에 영국은 코르푸 해협 소해의 의도를 통고하였으나 알바니아는 자국영해 내에서 소해를 하는 것을 인정하지 않는다는 취지로 회답하였다. 영국은 같은 해 11월 12일과 13일에 소해를 강행하여 기뢰 22개를 회수하였고 알바니아에 사죄와 손해배상을 요구하였다. 외교교섭은 잘 이루어지지 않은 채로 끝났고 영국은 이 사건을 안보리에 회부하였다. 안보리는 비회원국인 알바니아에 대하여 회원국이 부담하는 의무를 수락하는 조건으로 심의에 참가하도록 초청하였고 알바니아는 이를 수락하였다. 1947년 4월 9일에 안보리는 양국 정부에게 ICJ규정에 따라 본 분쟁을 즉시 ICJ에 부탁하도록 권고하는 결의를 채택하였고, 영국은 5월 22일에 재판소에 일방적으로 제소하였다. 알바니아는 같은 해 7월 2일자 재판소 서한에서 영국의 UN헌장 제25조 해석에 유보를 표명하고 영국이 특별한 합의없이 일방적으로 ICJ에 제소하는 권한을 부정하였으나, 국제협력과 분쟁의 평화적 해결을 위해 영국의 일방적인 제소에도 불구하고 출석할 용의가 있다고 하였다. 그러나 같은 해 12월 9일, 안보리결의는 권고에 불과하며, 또한 양국에 특별한 합의는 존재하지 않았으므로 영국의 청구는 ICJ 규정 제36조 1항 및 제40조 1항에 위반한 것이라고 주장하여 영국의 청구에 대한 수리가능성을 다투는 선결적 항변을 제출하였다. 재판소는 1948년 3월 25일에 알바니아의 선결적 항변을 각하하였다. 양국은 같은 날 회부합의를 재판소에 통고하며, (i) 알바니아는 자국이 1946년 10월 22일에 그 영해에서 발생한 폭발과 이에 의해 발생한 손해에 대한 국제법상 책임이 있고 배상지불의무를 부담하는지, (ii) 영국은 같은 해 10월 22일 및 11월 12일, 13일에 알바니아 영해에서 영국해군의 행동에 의해 알바니아의 주권을 침해하여 알바니아에 "사죄"(satisfaction)를 할 의무를 부담하는지에 대하여 재판소의 판단을 구하였다.

II. 판결요지

1. 선결적 항변

알바니아정부가 제기한 선결적 항변을 각하한다. 4월 9일 안보리결의가 UN헌장 제25조에 따라 ICJ규정 제36조 1항에서 말하는 "UN헌장 또는 현행 조약들에 특히 규정하는 모든 사항"으로서 의무적 관할권을 구성하는지 여부에 대한 견해를 표명할 필요는 없다.

ICJ규정과 ICJ규칙에서도 당사자의 합의에 대해 특정한 형식을 요구하고 있지 않고, 영국의 일방적 제소에 응하여 재판에 출석할 의사가 있다고 서술한 7월 2일의 알바니아의 서한이 "다툴 여지가 없는 자발적인 수락"을 구성하고 청구의 수리가능성 및 재판소의 관할권에 관한 모든 문제점을 지워 없앰과 동시에 후자의 선결적 항변의 권리 포기를 의미하기 때문이다.

2. 본안판결

(a) 부탁합의 (i)에 대하여 알바니아는 국제법상 책임과 배상지불의무를 진다. 영국은 알바니아 자신이 또는 타국과의 공모에 의해 자국의 영해에 기뢰를 부설하였다고 주장하고, 또한 알바니아의 허가 없이 기뢰를 부설하는 것은 불가능하다고 주장하지만 이는 입증되지 않는다. 알바니아가 영해를 관리하였다고 하여 영해에 있어서의 위법행위를 알고 있었다고 단정할 수 없고, 입증책임의 전환을 도모할 수 없다. 그러나 영해관리는 영역국이 배타적으로 행하는 것이므로 영해에서 발생한 국제법위반으로 인한 희생국은 직접적인 증거를 제출하는 것이 곤란하다 따라서 논리적으로 유일한 결론에 도달하는 "사실의 추론"과 "상황(간접)증거"에 근거하여야 하는 경우가 있다. 알바니아가 코르푸 해협을 엄격하게 감시하고 있었고, 한편 재판소가 기뢰의 부설은 감시 포스트로부터 인정되었을 것이라는 재판소 파견 감정인의 증언이 합리적으로 의심할 수 없는 사실의 추론에 해당한다. 따라서 10월 22일의 폭발의 원인이 된 기뢰원은 알바니아의 허가 없이는 부설할 수 없었다. 알바니아는 영해내의 절박한 위험을 사전에 외국에 통고할 의무와 그것을 위한 시간적 여유가 있었지만 어떠한 행동도 취하지 않았다. 인도의 기본적 고려, 해상교통자유의 원칙, 알면서도 자국영역을 타국의 권리를 해치는 행위를 위하여 사용되게 하지 않을 의무 등으로부터 도출되는 통고의무에 대한 '중대한 부작위'는 알바니아의 국가책임을 발생시킨다. 알바니아의 배상책임에 대한 배상액의 산정은 후의 절차에 유보되었다.

(b) 부탁합의 (ii)에 대하여 i) 영국함대가 10월 22일에 취한 행동은 알바니아의 주권을 침해하는 것은 아니다. 알바니아는 북코르푸 해협이 지리적인 의미에서의 해협이라는 것을 인정하면서도 공해의 두 부분을 연결하는 항로로서 불가결한 것이 아니므로 통항권이 인정되는 국제항로는 아니라고 주장한다. 결정적인 기준은 공해의 두 부부을 연결한다는 지리적인 위치 및 그 해협이 국제항행에 사용

되고 있다고 하는 사실이며, 코르푸 해협은 평시에 연안국이 통항을 금지할 수 없는 국제항로이다. 사건 당시, 그리스와의 긴장관계를 감안하면 군함의 통항을 규제하는 것은 가능하였지만, 통항의 금지나 특별허가까지도 용인되는 것은 아니고, 영국의 군함이 사전에 허가를 받지 않고 해협을 통항한 것이 알바니아의 주권을 침해하였다는 주장은 인정되지 않는다. 아울러 알바니아는 영국의 통항은 무해통행이 아니었으므로 주권침해를 구성한다고 주장하였다. 영국의 해협통항은 알바니아의 태도를 시험해 보고 포격의 재발을 방지하기 위한 무력시위를 할 목적이었으나, 위법적으로 부정된 통항권 확인을 위한 조치는 통항의 태양이 무해통항의 원칙에 합치하는 것에 한하여 합법이다. 전투배치는 포격에 대하여 승무원이 신속히 반격할 수 있을 준비를 갖추고는 있었지만, 기뢰접촉에 의한 폭발시까지는 종렬로 항행하였고, 포는 전함의 앞뒤방향으로 향해 있었다. 영국의 행동은 무해통항의 요건에 합치하고 있으며 알바니아의 주권을 침해하는 것이 아니다.

ii) 영국이 알바니아의 동의 없이 한 소해행동은 알바니아의 주권을 침해한 것이다. 영국은 소해의 강행을 정당화하는 2가지 입장을 밝혔다. 하나는 재판소에 확실한 증거를 제출하기 위해 타국의 영역에서 소해를 일으킨 것은 간섭이론의 새롭고 특별한 적용이라고 주장하였지만, 영국이 주장하였던 간섭의 권리는 과거에 지극히 중대한 남용을 낳아 현재의 국제법에서는 허용되지 않는 무력을 이용하는 정책이다. 나아가 영국은 소해행위를 자기보존 또는 자력구제의 방법이라고도 주장하였지만, 독립국가 간의 불가결한 영역주권존중에 비추어 볼 때 인정할 수 없다. 정상참작의 여지는 있으나 영국해군의 행동은 알바니아의 주권을 침해한 것이었다고 선언한다. 이 선언은 알바니아에 대한 "사죄"(satisfaction)를 구성하고 영국에 사죄는 명하지 않는다.

III. 해설

1. 응소관할

이 사건의 선결적 항변판결에 의해 PCIJ시대에 볼 수 있었던 응소관할(forum prorogatum)의 조건이 명확하게 되어 동의의 유형으로서 확립되었다. 재판소는 (i) UN헌장과 안보리결의의 구속성에 전혀 근거하지 않고 영국이 관할권의 근거를 결한 상황에서 있었다고 결론내릴 수 있는 상황에 대해(7명의 재판관의 공동개별의견참조), (ii) 알바니아의 재판소로 보낸 서한을 "다툴 여지가 없는 자발적인 수락"으로 보고 관할권을 확정하였다. 동의의 형식은 특정되지 않고 동의를 형성하는 확실한 행위가 있으면 묵시적인 수락도 유효하다는 것은 이미 PCIJ시대에 확인되어 있었지만(1935년 알바니아 소수자학교 사건 PCIJ권고적 의견), (i)의 상황에서 피고의 동의가 관할권을 창설하는 것이 확인되었다는 점이 중요하다. 이 사건의 실제 절차가 부탁합의를 기초로 한 것이 응소관할에 의하여 성립한 합의의 경개(更改)를 의미하는 것인지에 대하여 의문이 들기도 하지만, 재판소는 배상액결정권능(영국의 청구에만 존재하며, 부탁합의에 명기되어 있지 않음)을 확인할 때 본안 사항의 변경을 포함하는 것은 아니라는 입장을 취하였다.

2. 영역관리책임

알바니아가 가지는 영해내의 위험을 외국선박에게 통고할 의무, 기뢰에 접근 중인 영국군함에 대하여 급박한 위험을 경고할 의무는 자국영역을 타국의 권리를 침해하는 행위에 사용되게 하지 않을 의무, 인도의 일반적 고려, 해상교통자유에 근거하여 당해 의무의 "중대한 부작위"에 의하여 알바니아의 국제책임이 인정되었다. 이 사건은 영역관리책임로부터 직접적인 입증책임의 전환을 도모해 위험책임주의를 인정한 판례는 아니지만, 영국에 상황증거의 원용을 허용하여 가해국이 "사정을 인지하고 있었다는 것"을 인정하는 형태로 영역국의 상당주의의무를 현저하게 높임으로써 전통적인 과실주의를 포기하였다. 이러한 점에서 영역관리책임의 내용과 정도를 구체화한 판례라고 할 수 있다. 또한 그 과정에서 상황증거의 채택을 허용하여 법의 일반원칙을 적용한 판례이기도 하다. 그 후 1958년 영해협약에서 연안국이 인지한 항행상의 위험을 적절하게 공표할 의무가 실정법화(제15항 2항) 되어 영역관리책임의 한계가 명확하게 되었다. 나아가, 평시에 더욱 더 존중되어야 할 "인도의 기본적 고려"라는 요소가 최근에 국제법의 기본을 금지규칙에 두는 "Lotus 원칙(1927년 *Lotus* 호 사건 PCIJ판결, 본서 사건 16번 참조)"의 적용범위를 한정하기도 하는 유력한 국제법해석의 기준으로서 발전하고 있다는(핵무기사용, 위협의 합법성판단 등) 점도 주목할 만하다.

3. 국제해협, 군함의 무해통항권

이 사건은 국제해협을 교통량이나 항로로서의 중요성이 아니라 지리적 위치와 국제항행에 "사용되고 있다"고 하는 사실을 기준으로 인정하였다. 또한 연안국의 영해라고 하여도 국제해협에 해당한다면 군함의 무해통행권도 확립된 국제관행이라고 판시하였지만, 이에 대한 선례는 불확실하고 복수의 재판관으로부터 반대의견이 표명되었다. 이 판결은 그 후에 국제해협의 정의가 확대되는 동시에 국제해협에서의 외국선박의 무해통항정지를 금지하는 것으로(해석상 군함을 포함한다) 확립되어(영해협약 제16조 4항), 해양법의 발전에 큰 영향을 미쳤다.

4. 자위권의 한계

간섭이론과 자기보존 및 자력구제의 부정은 1986년 니카라과 사건 판결(본서 사건 44번 참조)에 반영되어 국가가 무력행사에 호소할 수 있는 요건을 명확화하는 데 기여하였다.

[아오키 세츠코 (青木 節子)]

개 인

18. Judge v. Canada 사건

[자유권규약위원회] Judge v. Canada
견해(2003년 8월5일) U.N.Doc CCPR/C/78/D829/1998

I. 사실관계

이 사건의 통보자인 미국시민 Roger Judge는 미국에서 제1급살인죄 등으로 1987년 6월에 펜실베니아주 재판소에서 사형을 선고받았지만 탈옥하여 캐나다로 도주하였다. Judge는 밴쿠버에서 범한 강도사건으로 1988년 8월에 금고 10년을 선고받고, 1993년 6월에 캐나다로부터 강제퇴거를 명령받았다. Judge는 1997년 11월에 미국이 사형을 집행하지 않겠다는 보증을 조건으로 그가 범죄인인도조약에 따라 본국으로 인도될 때까지 강제퇴거 집행을 정지해줄 것을 캐나다의 시민권 및 이민장관에게 부탁하였지만 각하되었다. 이에 Judge는 이러한 장관의 결정에 불복하여 연방재판소에 소를 제기하고 강제퇴거 집행정지와 캐나다에서의 구금 및 미국으로의 강제퇴거가 캐나다 인권헌장위반이라는 선언을 청구하였지만, 1998년 6월의 청원은 이유가 제시되지 않은 채로 거부당하였다. 같은 해 8월 6일 제청도 거부되었다. 다음날인 8월 7일에 Judge는 미국으로 강제퇴거 당하였다.

Judge는 강제퇴거된 날에 자유권규약위원회에 통보하고, 캐나다가 자유권규약 제6조, 제7조, 제10조 및 제14조 5항에 위반하였다고 주장하였다. 그리고 캐나다는 1976년에 사형을 폐지하였으나, 본 견해가 채택될 때 자유권규약 사형폐지의정서의 체약국이 아니었고 2005년 11월에 동의정서에 가입하였다.

II. 견해요지

위원회의 따르면 이 사건의 사실은 수리가능하며, 본안에서 검토되어야 하는 2가지 문제를 제기하고 있다.

(1) 사형을 폐지한 캐나다가 사형을 집행하지 않는다는 보증을 요구하지 않고, Judge를 사형선고국에 추방한 것은 규약 제6조, 제7조 및 제2조 3항에 위반되지 않는가. 사형을 폐지한 캐나다의 의무에 대한 검토에서 위원회는 1993년 *Kindler v. Canada* 사건을 참고하였다. 이 사건에서 캐나다는 사형존치국인 미국으로의 인도가 미국이 Judge의 규약상 권리를 침해한다는 결정적인 위협이 없는 한 제6조에 위반되지 않는다고 보았다. 위원회는 사형을 집행하지 않는다는 보장에 대하여 제6조의 문언이 인도의 거절이나 보증을 캐나다가 반드시 해야 하는 것을 의미하는 것은 아니며, 보증은 최소한의 고려사항이라고 판단하였다. 위원회는 이것이 10년 전의 선례이며 그 사형존치국에서는 사형폐지를 요

구하는 국제적 컨센서스가 형성된 사실에 유의해야한다고 하였다. 중요한 것은 2001년 *America v. Burns* 사건에서 캐나다 대법원은 캐나다 정부가 예외적인 사건을 제외한 모든 경우에서 사형이 집행될 국가로 개인을 인도하기 전에 사형을 집행하지 않겠다는 보증을 구해야 한다고 판시하였다는 점이다. 위원회에 따르면 규약은 살아있는 문서로서 해석되어야 하며, 또한 보장되는 권리는 문맥에 따라 오늘날의 상황에 비추어 적용되어야 한다고 하였다.

제6조 적용을 검토함에 있어 조약은 해석규칙을 정한 조약법에 관한 비엔나협약 제31조에 따라 해석되어야 한다. 규약 제6조 1항은 일반규칙이며 그 목적은 생명의 보호에 있다. 사형폐지국은 동항에 근거하여 모든 상황에서 생명을 보호할 의무를 진다. 동조 제2항에서 제6항까지는 사형에 관해서는 생명에 대한 권리의 예외를 창설하고, 또한 해당 예외범위를 제한하는 이중적 기능을 가지고 있다. '사형을 폐지하지 않은' 체약국만 제2항에서 제6항까지 창설된 예외를 이용할 수 있다. 사형폐지국은 사형이 적용되는 위험에 개인을 방치하지 않을 의무가 있다. 따라서 폐지국은 합리적으로 사형선고가 예상된다면, 강제퇴거이든 범죄인 인도이든 사형을 집행하지 않는다는 보증이 없이는 자국의 관할로부터 개인을 이송할 수 없다. 위원회는 제6조 1항과 2항을 이와 같이 해석하여 사형폐지국과 존치국이 다르게 취급받을 수 있다는 것을 인정한다. 위원회는 이것이 동조의 문언자체의 불가피한 귀결이라고 생각한다. 규약의 준비작업에서부터 명확히 알 수 있듯이, 제6조에서는 초안자의 타협을 얻기 위하여 사형 문제에 대하여 매우 상반되는 의견과 조화시킬 것이 요구되었다. 사형은 기초과정에서 많은 참가자로부터 '비정상적인 것' 또는 '필요악'으로서 판단되었다. 그러므로 사형을 다루는 제2항을 협의의 의미로 해석하여야 하지만, 제6조 1항에 의한 규칙은 광의의 의미로 해석하는 것이 논리적이라고 생각한 것으로 보인다.

이러한 이유로 위원회에 따르면, 캐나다는 사형폐지국으로서 사형폐지의정서 비준과 상관없이 사형을 집행하지 않는다는 보증을 받지 않은 상태에서 Judge를 사형이 선고된 미국으로 강제퇴거조치를 함으로써 제6조 1항에 따른 생명에 대한 Judge의 권리를 침해하였다. 캐나다는 Judge를 사형이 선고된 국가로 강제퇴거하여 Judge에게 사형집행이 가능하도록 하는 인과관계에 중대한 기여를 하였다. 인권보장은 발전하고 있으며, 또한 규약상 권리의 의미는 원칙적으로 심사 시 참조하여 해석되어야 하는 것으로 캐나다가 주장하는 바와 같이 주장되는 침해가 발생한 시기가 아니다. 또한 위원회는 사형을 폐지한 체약국(및 사형폐지의정서체약국)에 관련하여 미국으로 Judge를 강제퇴거하기 전에, 사형이 타국으로의 이송 후에 규약에 위반되어 적용되는지에 관한 문제에서 사형자체에 결정적인 위험이 존재하는지에 대한 문제로 발전되었다는 견해를 보였다(1997년 *A.R.J. v. Australia* 사건, 1997년 *G.T.V. v. Australia* 사건).

(2) Judge가 퀘벡주 항소재판에서 강제퇴거처분에 대한 권리를 행사하기 이전에 그를 사형 선고국에 추방한 것에 대하여 캐나다는 규약 제6조, 제7조 및 제2조를 위반하였는가. 캐나다는 퀘벡주 상급판결의 결정이 내려진 후 몇 시간 내에 자국의 관할로부터 Judge를 추방하였나. 이는 Judge의 퀘벡주

개인

항소재판에서의 상소권 행사를 방해하기 위한 것으로 생각된다. 위원회가 인정한 바에 따르면, 이 사건에서 캐나다는 국내법에 따라 이용가능한 Judge의 상소를 방해함으로써 사형이 집행되는 국가로의 강제퇴거는 생명에 대한 권리를 침해한다는 Judge의 주장이 충분히 검토되었다는 사실을 증명하지 않았다. 캐나다는 Judge를 포함한 청원자의 권리 중 특히 가장 기초적 권리인 생명에 대한 권리보호를 위해 상소제도를 이용할 수 있도록 하고 있다. 캐나다의 사형폐지를 고려하면, Judge에게 상소기회를 주지 않은 채 사형을 선고한 국가로 강제퇴거처분을 내린 결정은 자의적인 것이며, 규약 제2조 3항과 비교하여 제6조에 위반된다.

위원회는 규약 제2조 3항과 비교하여 해석하면서 제6조 1항만의 위반을 인정하였기 때문에 위와 같은 사실이 규약 제7조 위반이 되는지를 다룰 필요는 없다고 생각한다. 위원회는 제2조 3항에 따라 Judge가 적절한 구제를 받을 권리가 있다고 결론 내린다. 구제에는 캐나다가 Judge의 사형집행을 막기 위하여 미국에 대해 가능한 행동을 취할 것이 포함된다.

III. 해설

1. 사형존치국으로의 범죄인인도와 인권조약

자유권규약, 유럽인권조약 혹은 미주인권조약은 사형폐지를 일반적으로 의무화하고 있는 것은 아니며, 자유권규약의 사형폐지의정서 등 추가의정서에서만 사형을 금지하고 있다. 반면, 유럽 각국을 중심으로 사형폐지를 요구하는 국제적 동향이 1980년대 이후에 서서히 상승하는 가운데, 사형존치국으로의 범죄인인도와 인권조약과의 합치가 국제법상 문제되었다. *Soering v. England* 사건(유럽인권재판소, 1989년)과 *Kindler v. Canada* 사건에서는 인도 요청국으로 인도한 후에 '사형순서 기다림 현상'으로 불리어지는 대우가 비인도적인 대우 등의 금지에 위반되는지가 주요 쟁점이 되었다. 또한 *Wu v. Canada* 사건(위원회 2003년 견해)에서는 캘리포니아주의 사형집행방법(가스에 의한 질식사)이 불필요한 고통을 주기 때문에 캐나다에서 캘리포니아주로의 인도가 규약 제7조에 위반된다고 판단하였다. 이에 반해, 이 사건은 범죄인을 사형폐지국에서 다른 사형선고국으로 추방하는 것이 그를 사형의 결정적인 위험에 처하게 하여 규약 제6조의 생명에 대한 권리를 침해하는지가 쟁점이 되었다. 이에 대하여 위원회는 *Kindler* 사건의 견해를 변경하였다. 즉, *Kindler* 사건에서는 사형을 집행하지 않겠다는 보증이 없는 인도 결정이 자의적이고 약식으로 이루어지지 않았다면 제6조 위반이 되지 않는다고 판단한 것에 반하여, 이 사건에서는 사형폐지국이 사형을 집행하지 않겠다는 보증을 사전에 받아야 하는 것이 동조에 의해서 의무화된 것으로 해석을 변경한 것이다. 위원회는 범죄인의 이송에 대해 범죄인인도와 강제퇴거를 구별하지 않았다. 또한 사형폐지국은 위장인도에 대해서도 사형이 집행되지 않는다는 보증을 받아야 한다. 이처럼 사형폐지국이 범죄인을 인도하기 전에 사형을 집행하지 않는다는 보증을 받는 것이 조약의무로서 필요하다면, 사형폐지국은 흉악범의 피난소가 되어 사회질서를 해칠 우려가 있다. 국가가 범죄 진압의 국제협력이라는 사회적 이익과 범죄자 개인의 인권보호의 사이에서 어떤 방법으로 '공정한 형량'을 할지가 문제된다.

2. 위원회에 따른 규약 제6조의 동태적 해석

위원회가 자유권규약을 '살아있는 문서'로 규정하여 사형폐지를 둘러싼 국제사회와 캐나다의 현재 상황에 비추어 제6조를 유동적으로 해석함으로써 규약 제6조에 대한 해석의 변경이 가능하였다. 인권조약을 초안자의 의사에 머무르지 않고 사회발전을 고려하여 동태적으로 해석하는 방법은 유럽인권재판소의 1978년 *Tyrer v. The United Kingdom* 사건 이후에 사용되었으며 이를 '발전적 해석'이라 한다. 이와 같은 해석은 조약목적을 중시하는 목적론적 해석으로부터 파생되었다. 이 사건의 특징은 인권재판소에 따른 이러한 동태적인 해석방법을 위원회가 채택하였다는 것에 있다. 다른 인권조약에서도 인종차별철폐위원회 등이 이와 같은 해석방법을 채택하고 있다(2003년 *Stephen Hagan v. Australia* 사건). 이 사건에서 위원회에 따른 동태적 해석이 문제가 되는 것은 어느 시점에서 규약을 해석하는가에 있다. 위원회는 주장되는 침해행위의 발생 시가 아닌 위원회가 심사하는 시점에서 규약을 해석해야 한다고 말하였다. 이에 대해 캐나다는 규약의 이행이 합리적으로 예견되지 않는 해석에 따라 판단되어서는 안 된다는 이의를 제기하였다. 어느 시점의 법을 적용해야 하는가에 대한 시제법 문제는 사형집행의 결정적인 위험이 체약국의 판단에 크게 좌우되고, 이 사건의 견해에 의하면 법적 안정성이나 의무의 불소급에 대한 문제가 발생한다. 또한 조약해석에 대한 준비과정이나 후의 실행의 자리매김이 큰 문제가 된다.

3. 이 사건 견해의 실효성과 후속조치

다양한 인권관념이 주장되는 국제사회에서 위원회의 견해에 대한 실효성은 체약국이 최종적으로 그것을 받아들이는가에 달려있다. 이 사건에서 캐나다는 위원회의 해석방법에 대해서는 이의를 제기하면서도 견해의 후속조치에 있어서는 *America v. Burns* 판결 이후 실질적으로 위원회의 해석에 따랐다고 하는 것을 볼 때, 캐나다는 사형폐지국으로서 사형을 집행하지 않는다는 보증을 의무화하는 것을 받아들인 것이라 생각된다. 또한 캐나다는 2003년 11월에 미국에 외교문서를 송부하여 Judge에 대한 사형집행을 하지 않을 것을 요청하였다. 펜실베니아주 동부지방법원은 2002년 10월에 Judge에 대한 사형집행의 정지를 선고하고 그 후에도 사형이 집행된 흔적은 없다. 또한, 이송국에게는 사형을 집행하지 않겠다는 보증을 요청하는 것이 규약상 요구되고 있으나 집행하지 않을 것에 대한 확정까지는 요청되지 않는다고 해석된다.

[시카타 토시야 (西片 聡哉)]

19. 난민불인정처분 등 취소 사건

[오사카고등법원] 항소인(x), 피항소인(법무부장관, 오사카입국관리국 고베지국 주임심사관)
판결 (2005년 6월 15일) 판시1928호 29면

I. 사실관계

1988년(昭和 63년) 미얀마 연방 군사정권에 대한 대규모 민주화운동이 탄압된 다음 달에 군사 쿠데타로 국가법질서회복평의회(SLORC, 1997년에 국가평화발전평의회로 개편)가 전권을 장악하였다. 1990년의 총선에서 아웅 산 수치가 이끄는 국민민주연맹(이하 'NLD')이 승리하였지만 정권은 이양되지 않았고 1996년 이후 NLD 관계자의 구속, 새로운 치안유지법의 제정, 학생운동의 강제적인 진압, 아웅 산 수치 및 NLD 간부의 자택연금, NLD 본부의 가택수색 등이 계속되었다.

X는 미얀마 국적의 남성으로 1997년에 미얀마 정부로부터 유효한 여권을 발급받아 같은 해 미얀마로부터 태국을 통해 대한민국(이하 '한국')에 입국하였는데 여권은 2000년에 만료된 상태였다. 이듬해 한국에서 컨테이너선으로 일본에 입국하려던 중 그 컨테이너선에 잠복하고 있던 세관 직원에게 발견되어 고베해상보안부에 의해 출입국관리 및 난민인정법(이하 '법')의 위반 혐의로 긴급체포되었다. 그 해, X는 고베지방법원에 기소되어 불법입국죄로 징역 1년 6개월, 집행유예 3년의 판결을 받아 이듬해 판결이 확정되었다.

또한, X는 불법입국에 의한 강제퇴거절차를 위해 상기의 집행유예판결 이후에 고베지국 수용소에 수용되어 조사를 받았고 입국심사관에 의해 법 제24조 1호에 해당하는 용의자로서 인정되었으며 이는 특별심리관에 의해 확인되었다. X는 법무부장관에 이의를 신청하였지만, 이의신청에 이유가 없다는 취지의 재결(이하 '이 사건 강제퇴거재결')이 내려져 X에게 이 사건 강제퇴거재결의 통지와 함께 송환처를 미얀마로 하는 강제퇴거명령서가 발부되었다(이하 '이 사건 퇴거명령처분'). X는 미얀마로 돌아가면 정치적 의견을 이유로 박해를 받을 수 있으므로 법무부장관에게 난민인정을 신청하였지만 난민으로 인정하지 않는 처분(이하 '이 사건 불인정처분')을 받아 이의신청에 이유가 없다는 취지의 재결(이하 '이 사건 난민재결')이 내려졌다. 그리하여 X는 이 사건의 강제퇴거재결 및 퇴거명령처분의 취소청구는 고베지방법원에, 이 사건의 불인정처분 및 난민재결의 취소청구는 오사카지방법원에 제기하였지만 2004년 7월 15일에 오사카지방법원은 고베지방법원으로부터 이송된 전자의 사건도 포함하여 이 사건의 각 처분들을 모두 적법한 것으로 판단하고 X의 청구를 모두 기각하였다.

II. 판결요지

(1) 이 사건 불인정처분에 관하여, 난민의 인정에서 '박해'란 통상인에 대해 수인할 수 없는 고통을 가져오는 공격 내지 압박이며 생명 또는 신체의 자유에 대한 침해나 억압을 가져올 것을 의미하고, '박해를 받을 우려가 있다는 충분한 이유 있는 공포를 가진다'고 하기 위해서는 그 사람이 박해를 받을 우려가 있다는 공포를 느끼는 주관적 사정뿐만 아니라, 통상인이 그 사람의 입장에 놓일 경우에도 박해의 공포를 느끼는 객관적 사정이 존재하여야 한다.

2002년 당시 미얀마에서는 NLD 관계자 등을 포함하여 민주화 운동가에 대한 신체구속과 시민에 대한 인권침해 사례가 있었고, 정부는 국외의 반정부 활동에 대해서도 현 정권에 대한 심각한 위협이라고 볼 수 있다고 추인할 수 있으므로 정치조직의 지도적 구성원 이외의 사람도 박해의 대상이 되고 있을 가능성이 있다고 할 수 있다. X의 국가에 대한 정치활동에 관한 진술은 신뢰할 수 있으므로, 시위 참가에 대해 2일 정도의 사실과 어긋나는 점을 진술의 변경이라고는 생각할 수 없으며, X는 정치활동의 결과로 체포를 두려워하여 미얀마로부터 출국했다고 할 수 있다. X의 친구가 X가 찍은 사진을 근거로 체포되어 처형된 것에 대해 이를 뒷받침할 만한 증거는 없지만, 당시 미얀마의 상황 등을 감안하면 상기의 진술에는 신뢰성이 있다. 아울러 진술 중에는 부자연스럽고 애매한 부분도 있으나 X에 의한 증거자료 수집에 대한 어려움도 고려하면 진술의 근간적인 부분은 배척하기 어렵다. 또한 X가 유효한 여권을 취득한 사실도 난민해당성을 부정하는 사정으로 중요하게 볼 수는 없다. 한국에서의 정치적 활동 등에 관하여 X는 1988년에 정식으로 NLD 한국지부의 구성원이 되어 시위행진이나 회의 등에 적극적으로 참가하고 있었지만, 이 조직의 구성원은 약 20명이며 X는 단순한 구성원이었음에도 미얀마 정부에 의해 적극적으로 반정부 활동을 하는 사람으로 파악되고 있다고 생각할 수 있다. 당시에 미얀마에서는 지위가 낮은 당원도 구속된 것과 현 정부로부터 사법권이 독립되지 못한 것 등을 고려할 때, 난민 해당성의 판단에서 개별적이고 구체적인 객관적 사정으로 소추 및 체포영장의 발부까지 요구하는 것은 상당하지 않으므로 X가 귀국을 하면 정치적 의견을 이유로 박해의 공포를 느끼는 것에 대한 객관적 사정이 존재한다고 보아야 할 것이다. 이 사건 불인정 처분 이후에 국제노동기구(ILO)회의에서의 X에 대한 보고, X의 일본에서의 시위활동 참가, UNHCR에 의한 난민 인정 등의 사실도 난민 해당성을 더욱 높인다. 결론적으로 X는 난민협약상의 난민에 해당하여 이 사건 불인정 처분은 위법으로 취소를 면할 수 없다.

(2) 이 사건 난민재결은 이 사건 불인정 처분이 취소되어 소의 이익이 부족한 것으로서 기각되어야 한다.

(3) 이 사건 강제퇴거재결에 관하여, 송환처가 미얀마가 된 것은 X가 난민이 아니라는 판단을 전제로 한 것이므로 판단의 기초에 중대한 사실의 오인이 있었다. 또한 고문등금지협약 제3조(농르풀망 원칙) 등의 취지에 비추어 재량권의 일탈 내지 남용에 해당하여 위법이므로 취소를 면할 수 없다.

개인

(4) 강제퇴거를 목적으로 하는 이 사건 퇴거명령처분도 위법으로서 취소되어야 한다.

III. 해설

1. 일본에서의 비호신청 및 난민인정 상황

UNHCR에 의하면 2008년의 전 세계의 비호 신청자수는 82만 8,723명으로 인정난민수는 14만 8,241명이며 일본에서는 각각 1,599명과 57명이다. 신청자수가 적은 이유는 지리적 요인 및 언어나 문화 등의 사회적 환경에 의한 것이 크다고 하겠지만, 2004년의 법 개정 이후부터는 신청자수가 눈에 띄게 증가하고 있으므로 종래의 일본 난민인정제도의 미비도 일본에 대한 비호신청을 방해하고 있던 한 요인이었다고 생각할 수 있다. 법의 개정으로 개선된 것은 재판에서도 자주 다루어지고 있던(도쿄지방법원 판결 12·2·24, 도쿄고등법원 판결16·1·28 등) 60일 규칙(난민인정에 관한 신청을 상륙일 또는 난민이 되는 사유의 발생을 안 날로부터 각각 60일 이내에 하여야 한다)의 폐지, 신청자에 대한 임시체류허가 및 난민에 대한 정주자자격의 보장(이러한 보장의 부여는 상기의 60일 규칙 및 일본으로 직접입국 등을 조건으로 한다), 항소심사절차에서 난민심사참여원 제도의 창설이다. 인정난민수가 적은 것은 이하에서 살펴보는 바와 같이 엄격한 입증책임이나 입증기준에 관한 문제에 있다.

2. '박해를 받을 우려가 있다는 충분한 이유가 있는 공포'에 대해

난민협약의 초안자는 굳이 '박해'를 정의하지 않았다. 일본에서는 이 판결에서도 채택하고 있는 '통상인이 수인할 수 없는 고통을 가져오는 공격 내지 압박이며, 생명 또는 신체의 자유에 대한 침해나 억압을 가져오는 것'이라는 협의의 정의가 주류를 이루지만, UNHCR의 편람에는 '기타 중대한 인권침해'도 포함되며 대표적인 학자인 Hathaway는 '국가에 의한 보호의 해태를 밝히는 기본적 인권의 지속적 또는 조직적 침해'라고 정의를 내린다. 박해의 주체(준국가적 조직 등에 대해)나, 박해의 이유(여성, 양심적병역허락 여부 등에 대해)에 관해서도 국제적인 기준이 확립되어 있지 않은 부분이 있다.

'박해를 받을 우려가 있다는 충분한 이유 있는 공포'를 입증할 때 고려하는 요소로서 이 판결에서는 상기의 편람에 나타난 기준의 일부(주관적 요소와 객관적 요소의 양면을 고려, 지인이나 같은 단체의 구성원의 경험 고려, 유효한 여권의 보관·유지 등)가 이용되고 있다. 신청자가 단체가 아닌 개인일 경우에 그가 박해대상이라는 점을 특별히 당국에서 인지하고 있지 않는다는 이유로 빈번하게 난민 해당성이 부정되고 있지만(이 사건 원심 오사카지방법원판결 16·7·15, 도쿄지방법원판결 20·2·21 등), 이 판결은 그러한 점에서 난민을 충분히 배려하여 고등법원판결에서 처음으로 난민해당성이 인정된 사례가 되었다.

3. 입증책임, 신빙성, 입증기준에 관하여

통상인이 그 사람의 입장에 놓일 경우에도 박해를 받을 공포를 느끼는 '객관적 사정'의 존재에 대한 입증책임에 관하여 난민인정의 경우에는 일정한 책임을 인정기관 측에 부담하게 하는 국가도 있지만, 이 판결은 '난민인정이 수익처분에 해당하므로 원칙적으로 신청인에게 있다'는 입장을 취하고 있으며, '의심스러운 부분은 신청자의 이익으로'의 원칙, 즉 회색의 이익(benefit of doubt)은 모든 구할 수 있는 자료가 입수되어 검토되어야 하고 심사관이 신청인의 일반적 신빙성에 대해 납득한 경우로 한정이 되어야 할 것이며, 그로 인하여 입증책임의 전환이나 입증의 부담이 경감되는 것은 아니라고 한다. 이러한 입장이 판결의 주류를 이루지만, 법무부장관의 보충적 조사를 법적 의무로 파악한 판결도 있다(도쿄지방법원 판결 5·4·9). 신빙성 판단의 요소로는 신청인의 진술의 일관성, 개연성, 일반적으로 알려진 사실에 대한 적합성이며 신청자의 자료수집의 어려운 사정을 충분히 고려한 다음, 난민이라는 것에 근거가 되는 주장에 대한 사실을 인정할 수 있는지를 판단하여야 한다고 한다.

어느 정도로 박해의 발생 가능성을 입증할 수 있어야 하는지에 관해서는 각국마다 종종 '명백한 개연성', '상당한 개연성', '합리적 가능성'이라는 판단기준들이 논의되어 왔지만, 일본에서는 행정사건소송법의 규정에 따라 민사소송법의 원칙, 즉 고도의 개연성이 적용되는 것이 원칙으로 되어있는 것에 대한 비판이 많다.

개인

4. 농르풀망 원칙(Principle of Non-refoulement)에 대하여

농르풀망 원칙은 난민협약 제33조 1항에서 '난민을 […] 그 생명이나 자유가 위협에 노출될 우려가 있는 영역의 국경으로 추방하거나 송환하여서는 안 된다'고 규정하는 난민협약의 가장 중요한 원칙이지만, 고문등금지협약에서는 난민뿐만 아니라 '그 사람에 대한 고문이 행해질 우려가 있다고 믿을 만한 상당한 근거가 있는 다른 국가'로 추방, 송환 또는 인도를 금지하고 있다. UNHCR은 농르풀망 원칙은 인정된 난민뿐 아니라 난민으로 인정되기 전이나 임시적인 피난민 수용의 경우에도 준수되어야 한다는 견해를 취하고 있다. 난민인정절차와 강제퇴거절차는 별도의 절차이므로 이전의 일본에서는 신청자가 재류자격을 취득하지 못한 경우에는 심사결과가 나오기 전에 퇴거처분을 받아 송환될 가능성이 있었지만, 현재는 상기 서술한 바와 같이 임시체류허가가 마련되어 이를 받을 수 없는 경우에도 최종적인 결론이 나올 때까지 송환이 중지되는 것이 보장된다. 항소인이 난민이 아니라는 점을 전제로 한 강제퇴거재결에 대해, 농르풀망 원칙을 감안하여 법무부장관의 재량권의 일탈 내지 남용이라는 이 판결의 견해는 최근 많은 판결에서 채택되고 있다(나고야지방법원 판결 18·3·23, 도쿄지방법원 판결 19·3·23 등). 또한 세계적으로 보면 공해상에서의 귀환에 농르풀망 원칙의 적용 문제나, 안전한 제3국을 통해 들어온 자를 본국으로 송환하는 것이 간접적으로 농르풀망 원칙에 대한 위반을 발생시킬 가능성 등 각국의 난민법과 실무의 전개에 따라 이 원칙의 위반이 우려되는 경우도 증가하고 있다.

[나카사카 에미코 (中坂恵美子)]

20. 니부타니댐 사건

[삿포로지방법원] 원고(카야노 시게루(萱野茂)), 피고(홋카이도수용위원회)
판결 (1997년(平成 9년) 3월 27일) 판시 1598호 33면, 判 タ938호 75면

I. 사실관계

사루가와(沙流川)는 홋카이도 히다카(日高)지방에 위치한 1급 하천이다. 1급하천 관리자인 건설부장관은 1978년에 이전부터의 치수사업을 이어가고 유역의 안전도를 높일 필요가 있다고 판단하여 사루가와 수계공사실시기본계획을 변경하였다. 또한 1983년에는 특정다목적댐법 제4조에 근거하여 댐건설에 관한 기본계획을 책정하였다. 홋카이도개발국은 이 기본계획을 받아들여 댐 용지의 토지소유자와 용지취득교섭에 들어갔으나, 가격에 불만을 가진 사람들과 아이누족들에 대한 보상 등을 요구하는 원고들로 인해 교섭에 어려움을 겪었다. 그러한 상황에서 홋카이도개발국은 1986년 4월에 주무장관인 건설부장관의 대리인으로서 인정관청인 건설부장관에게 토지수용법 제16조에 근거하여 사루군 비라토리쵸(町)의 아자니부타니(字二風谷) 등을 사업지로 하는 댐 건설을 위한 사업인정을 신청하였다.

건설부장관은 신청을 받고 비라토리쵸(町)장에게 사업인정신청서 등을 송부하고 비라토리쵸장은 사업계획서류를 열람하였다. 건설부장관은 1986년 12월에 사업을 인정하고 (이하 '니부타니댐 사업인정') 이를 고시하였지만, 소송제기기간 내에 그 취소소송은 제기되지 않았다. 피고인 홋카이도수용위원회는 권리취득재결 및 명도재결(이하'이 사건 수용재결')을 하였다. 원고는 1989년에 건설부장관을 상대로 토지수용법 제129조에 의거하여 심사청구를 하였으나, 건설부장관은 1993년에 이 심사청구를 기각하는 재결을 내렸다.

원고는 재결의 대상이 된 토지의 소유자이자 상속인이며 또한 아이누족이었다. 원고는 재결에 앞서 니부타니댐 사업인정이 댐 건설에 의한 아이누족과 아이누문화에 대한 영향을 고려하지 않았으며, 또한 토지수용법 제20조 3호의 '사업계획이 토지의 적정하고 합리적인 이용에 기여하는 것일 것'이라는 요건을 충족하고 있지 않으므로 위법이며, 이 사건 수용재결은 그 위법성을 승계하는 것이라는 것을 이유로 그 취소를 요구하였다.

II. 판결요지

원고는 니부타니댐 사업인정이 토지수용법 제20조 3호의 요건을 결여했다고 주장하고, 피고는 주장에 맞서고 있다. 이 요건은 '해당 사업의 사업지가 그 사업에 제공됨으로써 얻는 공공의 이익과 그 토지가 그 사업에 제공됨으로써 상실하는 공적·사적 이익을 비교형량하여 전자가 후자보다 우월하다

고 인정되는지의 여부에 따라 판단되어야 한다고 해석한다. 그리고 앞의 비교형량은 사업계획책정에 도달한 경위, 사업인정에 관련된 사업계획내용, 사업계획의 달성에 따라 얻을 수 있는 공공의 이익, 사업계획의 실시로 상실하는 이익 내지 가치, 이 사업에 의해 잃는 가치들에 대한 배려 등을 종합하여 실시하여야 한다.' 이 판단에 따라 행정청에 재량권이 인정되지만 당연히 하여야 할 고려를 하지 않았거나, 특정사항을 과대평가하여 판단에 영향을 주는 경우는 "재량판단의 방법 내지 과정에 과오가 있는 것이므로 위법이 된다." 이 점에서 사업계획에 의해 상실하는 이익인 소수민족인 아이누족의 문화를 논의할 필요가 있다.

일본이 1979년에 비준한 자유권규약에서 아이누족의 문화향유권과 관련한 조문은 제2조 1항(체약국의 의무이행에 따른 비차별), 제26조(법 앞에서의 평등), 제27조(소수민족의 권리)이다. 참가인인 국가는 자유권규약위원회 국가보고제도 제3회 보고에서 아이누족을 자유권규약 제27조에서 말하는 소수민족이라고 하기에 지장이 없다고 하였으며 이 사건의 소송에서도 이를 인정하고 있다. 자유권규약은 '소수민족에 속하는 자에 대하여 그 민족 고유의 문화를 향유할 권리를 보장함과 동시에, 체약국의 소수민족문화 등에 영향을 미칠 우려가 있는 국가의 정책 결정 및 수행에 대해서는 이에 충분한 배려를 할 책무를 각 체약국에 부과하였다.' '그리고 아이누족은 문화의 독자성을 보유한 소수민족으로서 그 문화를 향유할 권리를 B규약인 '자유권규약' 제27조에서 보장받고 있으므로, 일본은 일본 헌법 제98조 2항의 규정에 비추어 이를 성실히 준수할 의무가 있다. 다만, B규약 제27조에 의거한 권리라고 하여도 무제한적이지 않으며, 헌법 제12조와 제13조의 공공복지에 의한 제한을 받는 것은 피고의 주장대로 이나,' 자유권규약 제27조의 '제정의 취지에 비추어보면 그 제한은 필요최소한에 그쳐야 한다.'

일본 헌법 제13조는 개인주의와 민주주의의 원리를 표명하고 다양한 사회를 구성하고 유지함으로써 전체적으로 발전하여 행복 등을 추구하고자 하였다. 소수민족에 속하는 개인이 '민족고유의 문화를 향유할 권리는 자기의 인격적 생존에 필요한 권리라고 할 수 있는 중요한 것으로 이를 보장하는 것은 개인을 실질적으로 존중하는 것에 해당하며 다수자가 사회적 약자의 그러한 입장을 이해하고 존중하려는 것이 민주주의의 이념에 맞다.' 이러한 해석이 '국제사회의 흐름에 합치한다고 할 수 있고' 원고는 일본 헌법 제13조에서 이에 속하는 소수민족인 아이누족 고유의 문화를 향유할 권리를 보장받고 있으며 '그 제한은 필요최소한에 그쳐야 한다.'

자유권규약 제27조는 '소수민족'이라고만 규정하지만, 선주(先住)소수민족의 고유문화 보호는 선주가 아닌 소수민족문화의 보호 이상으로 중요하며 '이는 국제적인 선주민족에 대해 토지, 자원 및 정치 등에 관한 자결권인 이른바 선주권까지 인정할지의 여부는 별개로 하더라도,' 보호하는 움직임이 강화되는 점만 보아도 명백하다. 개념자체는 통일되어있지 않지만 '선주민족이란 역사적으로 국가의 통치가 미치기 전에 그 통치권에 포함된 지역에 국가의 지지기반인 다수민족과는 다른 문화와 정체성을 가진 소수민족이 거주하고 그 후 앞서 언급한 다수민족의 지배를 받으면서도 여전히 종전과 연속성 있는 독자문화 및 정체성을 상실하고 있지 않은 사회집단이라고 할 수 있다.' 이러한 점에서 아이누족들은 그 역사나 현상에 비추어 볼 때, '앞서 기술한 바와 같이 정의한 '선주민족'에 해당한다고 보아야 한다."

건설부장관은 비교형량을 위하여 '필요한 조사, 연구 등의 절차를 게을리하고, 본래 가장 중시해야 할 여러 요소와 가치를 부당하게 경시하거나 무시하고 이에 따라 그러한 판단이 되지 않음에도 불구하고 아이누문화에 대한 영향을 최소화하려는 등의 대책을 강구하지 않은 채 안이하게 전자의 이익이 후자의 이익보다 우월하다고 판단하여 결국 니부타니댐의 사업을 인정한 것이 되므로 토지수용법 제20조 3호의 인정관청에 부과된 재량권을 일탈한 위법이라고 할 수밖에 없으며,' '그러한 위법은 이 사건 수용재결에 승계된다.' 그러나 '이미 니부타니 댐의 본체가 완성되어 담수(湛水)하고 있는 현재의 상황에서 이 사건의 수용재결을 취소하는 것은 공공의 이익에 현저한 장해를 낳는다고 할 수 있으므로,' 행정사건소송법 제31조 1항(사정판결)이 적용된다.

III. 해설

1. 선주민족성

자유권규약에 선주민족의 규정이 없으므로 본 판결에서는 제27조의 소수자(minorities, 공식 번역은 '소수민족')의 적용·해석을 통하여 아이누족들의 권리를 문제삼고 있다. 게다가 논쟁이 있는 선주민족 개념을 적극적으로 정의하려고 함으로써 아이누족을 선주민족이라고 인정한 획기적 판결이 되었다. 일본정부의 입장변화는 자유권규약 국가보고제도에 대한 입장에서도 알 수 있듯이 제1회 보고(1980년)에서는 소수민족의 존재를 부정하였으나, 판결문에도 언급되어 있는 제3회 보고(1991년)에서는 제27조에서 말하는 소수민족으로서의 문제가 없다고 결정하였다. 이 판결 직후인 1997년 5월에는 동화가 아닌 다양성의 존중을 취지로 하는 아이누 신법(新法)도 제정되었다.

이 판결에서는 '이른바 선주권까지 인정할 것인가의 여부'에 대해서 판단을 보류하고 있으므로 그러한 면에서 적용범위는 한정적이다. 그렇다고 하더라도 판결문의 틀을 구성하는 비교형량에서 아이누족들의 선주성이 단순한 소수자보다 중요하게 고려되고 있는 것은 확실하다. 2007년 9월에 UN선주민권리선언이 UN총회에서 채택되었다. 이는 법적 구속력은 없으나 일본에서는 이 선언을 받아들여 2008년 6월에 중의원과 참의원 '양원'에 의하여 '아이누족의 선주민족 요구 결의'가 만장일치로 채택되었다. 관련자간담회가 마련되고 아이누족이 선주민족이라는 인식 및 헌법과 상기 UN선언에 기초한 정책의 전개가 제언되었다.

2. 조약의 국내적용

조약의 국내적용은 일반적으로 조약을 더 이상의 조치 없이 적용하는 직접적용과 국내법을 해석할 때에 조약을 참조하여 조약에 적합하도록 해석하는 간접적용의 두 가지를 들 수 있다. 판결문의 문언을 형식적으로만 파악한다면 본 판결은 간접적용의 사례라고 할 수 있다. 한편, 국내법이 제공한 것은 비교형량이라는 틀일 뿐이므로 그 중에서 결정적인 영향을 미친 것은 자유권규약이다. 이 규약은 국내법을 해석할 때 참조로서 다른 것과 묶어서 취급할 수 없다. 그러므로 해당 부분을 직접적용이라 해도 된다는 견해도 있다. 이러한 주장은 이를 테면 '실질적인 직접적용'이라고 하는 적용방법을 지적하는 것이지만, 애매한 형태로서의 '간접적용'이라고 지적되는 상황에 대한 유형화도 필요할 것이다. 나아가 적용을 직접적용과 간접적용의 두 가지로 포괄적으로 분류하는 종래의 국내적용론의 재구성이 요구된다고 판단된다.

3. '공공복지'에 의한 인권의 제한

본 판결의 국내적용을 어떻게 분류하든지 간에 실질적인 문제가 되는 것은 자유권규약 제27조에 근거한 권리를 어떠한 논리로 제한하고 있는가이다. 인권보장이 무제한적인 것이 아니라는 것 자체는 일반적으로 인정되고 있으며, 그러므로 법원은 피고의 주장을 인정하고 있다고 볼 수 있다. 그러나 자유권규약 제27조를 일본 헌법 제12조와 제13조의 공공복지에 의해 제한한다는 논리는 형식적으로 볼 때 국제조약의 해석에 관하여 국내법의 개념을 그대로 적용하고 있다고 할 수 있다. 국제조약의 해석권의 소재와 관련해서는 유보의 허용성에 관한 자유권규약 일반논평 24와 이에 대한 영국, 미국, 프랑스의 반론이 잘 알려져 있으나 그러한 경우에도 자국 국내법을 그대로 적용하는 것처럼 보이는 논리가 주장되지는 않는다. 이 문제는 이 부분에 관하여 자유권규약이 직접적용되었다고 할 경우에 한층 명확한 논리의 파탄이 될 것이며, 간접적용이라고 하더라도 국제조약의 해석이 전제되기 때문에 마찬가지이다.

또한 실제로 적용된 국내법 논리인 '공공복지'도 최근의 자유권규약위원회 국가보고제도 제5회 총괄소견(2008년)에서도 지적되었듯이 애매하다. 댐 건설에 의한 공공이익과 선주민족의 문화공유권이 무릇 비교가 가능한 이익인지에 대한 의문을 남긴다. 게다가 아이누족을 선주민족으로 인정한 점에서 획기적이라 여겨지는 판결도 결국 개별사안의 해결점에서 공공복지론에 의한 사정판결로 처리되었다. 이는 과도한 제한이 아닌가라는 의문이 남는다. 한편, 자유권규약도 제한논리를 명문화하고 있지 않다는 사실을 지적하는 것이 공평할 것이다. 자유권규약에는 사회권규약 제4조와 같은 공공복지조항이 없고, 제4조의 긴급사태의 예외를 제외하면 개별조문에 제한사유를 열거하는 형식으로 되어있다. 그러나 제27조에는 이러한 내용이 없다.

[테라야 코우지 (寺谷 広司)]

21. Al-Adsani 사건

[유럽인권재판소] Al-Adsani v. 영국
전원재판부판결 (2001년 11월 21일) (2002) 34 EHRR 11

I. 사실관계

쿠웨이트와 영국의 이중국적을 가진 알 아드사니(Al-Adsani)는 1991년 5월에 쿠웨이트에서 받은 고문과 그 후에 영국 내에서 받은 협박에 쿠웨이트 정부가 관여하였다고 하면서 고문과 협박으로 발생한 손해의 배상을 쿠웨이트에 요구하는 소송을 영국법원에 제기하였다.

국내법원이 외국국가에 관할권을 행사해서는 안 된다는 '주권면제(국가면제)'에 관하여, 영국 국가면제법은 외국국가가 영국재판의 관할권에서 면제되는 것을 원칙으로 면제가 제한되는 소송의 유형을 열거하고 있다. 이 사건과 같은 인적 손해의 경우 면제를 제한한다는 규정(제5조)이 있으나 면제의 제한은 '영국 내에서의 작위 또는 부작위에 의한 손해'에 관한 경우에 한정된다. Al-Adsani는 고문금지규칙이 국제법상의 강행규범이며 주권면제규칙에 우선하므로 쿠웨이트의 면제는 인정되지 않는다고 주장하였으나 항소법원은 Al-Adsani의 주장을 받아들이지 않고 쿠웨이트에 면제를 부여하였다. 영국 상원도 상소를 각하하였다.

이에 따라 Al-Adsani는 유럽인권위원회에 청원을 제기하였고, 이 청원은 후에 유럽인권재판소로 이송되었다. Al-Adsani는 영국법원이 고문에 대한 소송에서 쿠웨이트에 면제를 부여한 것이 유럽인권협약 제3조(고문금지)와 제6조 1항(재판을 받을 권리)에 위반된다고 주장하였다. 청원을 수리한 유럽인권재판소는 영국이 제3조뿐만 아니라 제6조 1항도 위반하지 않았다고 판시하였다. 이 판결에는 두 개의 개별의견과 세 개의 반대의견이 있다.

II. 판결요지

영국이 쿠웨이트에 면제를 부여함으로써 청원인이 고문에 대한 실효적 구제를 보장하지 않았기 때문에 유럽인권협약 제3조에 위반된다고 청원인은 주장한다. 그러나 청원인은 고문이 영국의 관할 내에서 이루어졌다거나, 영국이 고문의 발생에 어떠한 인과관계를 가지고 있다고는 주장하고 있지 않다. 쿠웨이트에 의한 고문에 관하여 영국이 청원인에게 민사구제를 해줄 의무를 부담하고 있었다고 할 수 없기 때문에 제3조의 위반은 없다.

청원인은 쿠웨이트를 상대로 한 청구에서 '재판을 받을 권리'를 부정한 영국이 유럽인권협약 제6조 1항을 위반한다고 주장한다. 제6조 1항은 체약국의 실체법상의 '민사상 권리 및 의무'에 관하여 특정

내용을 보장하는 것이 아니라, 국내법상 주장할 수 있는 '민사상의 권리 및 의무'에 관한 '분쟁'에만 적용된다. 국내법상 소송이 가능한 청구권이 개인에게 있는가의 여부에 관해서는 국내법이 정하는 민사상의 실체적인 권리뿐만이 아니라 그 청구를 국내법원에 제소할 가능성을 제한하는 절차적인 장애에도 근거하여 판단한다. 피고국이 면제를 포기할 때에 소송이 진행되기 때문에 면제의 부여는 실체적인 권리를 제한하는 것이 아니라 국내법원의 권한을 제한하는 절차적인 장애이다. 따라서 민사상의 권리에 관한 분쟁이 존재하며 제6조 1항은 이 사건에 적용 가능하다.

제6조 1항이 보장하는 '재판을 받을 권리'는 절대적이지 않고 제한적이다. 그러나 재판을 받을 권리의 제한이 정당한 목적에 합치하지 않을 경우에 제한하는 수단과 달성해야 할 목적 사이에 합리적인 균형성이 없는 경우에는 제6조 1항과 양립하지 않는다. 주권면제는 국제법상의 개념이며, 민사소송에서 국가에 주권면제를 부여하는 것은 외국국가의 주권존중을 통해 국가 간의 예양과 우호적인 관계를 촉진하기 위하여 국제법을 준수한다는 정당한 목적을 추구하는 것이다. 또한 유럽인권협약은 다른 국제법규칙과 조화되도록 해석하여야 한다. 국가면제에 관해 일반적으로 승인된 국제법규칙에 따른 체약국의 조치가 제6조 1항에서 정한 '재판을 받을 권리'에 대한 불균형한 제한을 부과하고 있다고 간주하는 것은 원칙적으로 불가하다. 법정지국 밖에서의 인적손해에 대한 배상을 위한 민사소송에서의 면제를 인정하는 영국국가면제법의 규정은 유럽국가면제협약 및 일반국제법에 합치한다.

그러나 청원인은 고문금지규칙이 국제법상의 강행규범이며, 국제법상의 주권면제규칙에 우선한다고 주장한다. 당 재판소는 고문금지규칙이 국제법상의 강행규범이라는 것을 인정한다. 그러나 이 사건은 고문에 의한 개인의 형사책임이 문제가 된 사건이 아니라, 법정지국 밖에서 일어난 고문의 손해배상을 요구하는 민사소송에 관한 사건이다. 이러한 민사소송에서도 국가가 면제를 부여받지 않는다는 원칙이 국제법으로 확립되어있다고 증명할 수 없다. 따라서 영국법원이 쿠웨이트에 면제를 부여한 것이 청원인의 '재판을 받을 권리'에 대한 부당한 제한에는 해당하지 않으므로 영국이 제6조 1항을 위반한 바가 없다.

III. 해설

1. 유럽인권협약의 장소적 적용범위

1953년에 발효된 유럽인권협약은 자유권을 중심으로 수많은 인권의 보호를 규정하는 협약이다. 생명에 대한 권리, 고문 혹은 비인도적 취급·형벌의 금지, 재판받을 권리, 사상·양심의 자유, 표현의 자유를 비롯하여 이후에 추가된 의정서에 근거하여 재산권, 교육에 대한 권리, 사형의 폐지 등도 규정한다. 유럽인권협약의 가장 큰 특징은 협약의 이행조치이며 그 많은 역할을 맡고 있는 것이 유럽인권재판소이다. 판결은 법적 구속력이 있으며 체약국은 이를 이행할 의무가 있다.

유럽인권재판소가 국가 간의 사건만을 관할하는 것은 아니다. 협약에서 정해진 권리를 체약국에 의해 침해당하였다고 주장하는 개인이나 집단으로부터 제기된 소송도 다룬다. 유럽인권협약 제1조는 '체약국은 그 관할 내에 있는 모든 사람들에 대해 이 협약 제1절에서 정의하는 권리와 자유를 보장한다'라고 규정하며, 그 '관할 내'란 우선적으로 체약국의 영역을 가리킨다. 그러나 동 재판소의 판례에 따르면, 영역 밖에서 수행되는 행위에도 협약이 적용되는 경우가 있다. 예를 들어 1996년 *Loizidou v. Turkey* 사건의 판결에서는 영역 밖에서의 군대의 행위라도 관련 지역과 주민에 대한 실효적 지배를 하고 있는 경우에 발생한 조약위반은 '관할 내'의 조약위반이라고 간주하도록 하였다. 또한 1989년 *Soering v. United Kingdom* 사건의 판결에서는 사형존치국으로 범죄인을 인도한 후에 인도지에서 비인도적인 취급 등의 조약위반이 발생할 현실적 위험이 있는 경우에는 영역 내에서의 인도 자체를 조약위반으로 간주하도록 하였다.

이 사건에서는 영국영역 밖에서 일어나는 고문에 의해 발생한 손해에 대한 구제를 요구하는 재판을 영국이 주권면제를 이유로 각하한 것을 문제로 삼았다. 영국은 영역 밖에서 발생한 인적 손해의 배상을 요구하는 소송에 대하여 관할권에서 면제할 것을 국제법이 요구하고 있으므로 이 사건은 영국의 '관할권 밖'이라고 주장하였다. 그러나 재판소는 이러한 영국의 주장에 답하지 않았다. 영국에서의 재판은 영국영역 안에서 일어난 정신적 고통의 구제를 요청하는 재판으로 간주하여 이 사건에서는 영국의 '관할 내'에서의 조약위반이 문제가 된다고 판단하고 주권면제를 '재판을 받을 권리'의 절차적인 장애라고 평가하고 있다.

2. 주권면제규칙은 '재판을 받을 권리'에 우선한다

'주권면제(국가면제)'란 국내법원이 외국국가에 관할권을 행사해서는 안 된다는 국제법상의 규칙이라 할 수 있다. 국내법원에 외국국가를 피고로 하는 소송을 제기하려는 개인의 입장에서 보면 주권면제가 장벽이 되어 재판을 받지 못할 가능성이 있다. 또한 제소를 당하는 법정지국의 입장에서 보면 주권면제는 자국의 관할권 행사를 제한하는 규칙이 된다. 한편, 자유권규약이나 유럽인권협약은 체약국에 '재판을 받을 권리'를 모든 사람들에게 보장할 것을 의무화하였다. 그렇다면 주권면제규칙과 인권협약상의 '재판을 받을 권리' 중 어느 쪽이 우선하는가.

이 사건에 관해 유럽인권재판소는 근소한 차이지만 '재판을 받을 권리'보다 주권면제규칙이 우선된다고 판단하였다. 이 판결은 첫째, 판단기준으로서 '정당한 목적의 추구' 및 '제한수단과 달성하여야 할 목적의 균형성'이라는 기준을 충족하는 경우는 제6조 1항이 제한된다고 하였다. 둘째, 외국국가의 주권존중을 통해 국가간의 예양과 우호적인 관계의 촉진을 목적으로 하는 국제법상의 주권면제규칙을 준수하는 것은 유럽인권협약의 '정당한 목적의 추구'에 해당한다고 하였다. 셋째, 법정지국 밖에서 발생한 인적 손해의 배상을 요구하는 소송에서 면제를 부여하는 것은 국제법상의 주권면제규칙을 따르고 있으므로 '제한수단과 달성하여야 할 목적과의 균형성'을 충족한다고 하였다.

그러나 영국이 고문에 대한 배상을 확보할 적극적인 의무가 없다고 하여 관할권을 행사하지 않는다면 원고에게는 어떠한 구제가 남는가. 쿠웨이트의 국내법원에는 구제를 기대할 수 없다. 유럽인권협약의 체약국이 아닌 쿠웨이트를 유럽인권재판소에 제소할 수도 없다. 유럽인권재판소는 국제기구의 면제가 문제가 된 사건(1999년 *Waite and Kennedy v. Germany* 사건)에서 국내재판에 대체할 구제수단의 유무를 고려하였다. 이 판결에서도 그러한 고려가 필요하지는 않았을까. 이 사건에서 다툰 문제는 유럽인권협약에 한정된 것은 아니다. 자유권규약 제14조 1항이 '민사상의 권리'의 '분쟁에 대한 결정'에 관해서 '재판을 받을 권리'를 보장하고 있으므로 주권면제규칙과 충돌할 소지가 있다.

3. 국제법상의 강행규범과 주권면제규칙과의 관계

고문금지규칙은 국제법상의 강행규범이라고 한다. 이 사건과 같이 '재판을 받을 권리'와 주권면제규칙의 관계가 문제시된 두 가지 사건(2001년 *Fogarty v. The United Kingdom* 사건, 2001년 *McElhinney v. Ireland* 사건)에서도 동일한 판결이 내려졌으나 이 판결이 주목을 받은 이유는 고문이라는 중대한 인권침해가 문제시되고 있기 때문이다. 고문금지규칙이 강행규범이라는 점에서 재판관들의 의견이 일치하였지만, 고문금지규칙이 주권면제규칙보다 우선시되는지의 여부에 대해서는 견해가 나뉘었다. 소수의견은 고문금지규칙이 강행규범인 이상, 민사소송 및 형사소송에서도 주권면제를 이유로 고문의 책임을 회피할 수는 없다고 하였다. 문제는 고문금지규칙을 강행규범이라고 하여도 주권면제규칙과 모순되는지에 대한 여부다. 고문금지규칙은 통상적으로 국가 및 국가기관의 지위에 있는 개인에 의한 고문을 금지하는 것으로 고문의 피해를 받은 개인의 구제에 관한 내용까지 포함하고 있다고는 생각되지 않는다. 한편, 주권면제규칙은 법정지국의 관할권행사를 제한하는 규칙이다. 강행규범인 고문금지규칙에 '외국국가에 의한 고문으로 피해를 입은 개인에게 재판에 의한 구제를 해줘야 한다는 의무'까지 포함되는지 신중하게 검토해 볼 필요가 있다.

국제법상의 강행규범이 주권면제규칙에 우선하는지에 대한 문제는 UN주권면제협약의 기초과정에서도 논의되었으나 시기상조라고 하여 협약에는 반영되지 않았다. 차후에 고문금지규칙에 '외국국가에 의한 고문으로 피해를 입은 개인에게 재판에 의한 구제를 해야 할 의무'도 포함하게 된다면 UN주권면제협약, 일본의 주권면제법(외국 등에 대한 일본의 민사재판권에 관한 법률(2009년(平成21年)법률 제24호)과의 충돌이 문제될 가능성도 있다.

[마츠이 아키히로 (松井 章浩)]

개인

22. 체포영장 사건

[국제사법재판소] Democratic Republic of Congo v. Belgium
잠정조치 (2000년 12월 8일) ICJ Reports 2000, 182
판결 (2002년 2월 14일) ICJ Reports 2002, 3

I. 사실관계

2000년 4월 11일에 벨기에 1심 재판소의 Damien Vandermeersch 예심재판관은 Abdulaye Yerodia Ndombasi에 대하여 그가 1998년에 한 연설이 1949년 제네바제협약과 추가의정서의 중대한 위반을 구성하는 범죄 및 인도에 대한 죄라는 혐의로 '(국외에 있는 용의자에 대한) 국제체포영장'을 발부하였다. 당시 Yerodia는 콩고민주공화국(이하 '콩고')의 외무부장관이었다. 체포영장은 같은 해 6월 7일에 콩고로 송부되어 콩고 당국이 7월 12일에 수령하였다. 체포영장은 동시에 국제형사경찰기구에도 송부되어 이 기관을 통하여 국제적으로 유포되었다.

이에 대하여 콩고는 2000년 10월 17일에 벨기에에 대하여 체포영장의 무효를 명하는 선언을 요구하는 청구와 잠정조치 청구를 함께 ICJ에 요청하였다. 콩고는 Yerodia의 체포영장 발부의 근거가 된 벨기에법(1999년 2월 19일 '국제인도법의 중대한 위반의 처벌에 관한 법'으로 개정된 '1949년 8월 12일 국제제네바협약과 1977년 6월 8일 추가의정서 1·2의 중대한 위반의 처벌에 관한 법', 이하 '벨기에법')이 다음의 두 가지 이유로 국제법 위반이라고 주장하였다. 첫째, 벨기에법에서 규정하고 있는 보편적 관할권은 용의자의 신병이 자국에 있는 것을 전제로 하고 있지 않아(제7조), 이는 국제법 위반이다. 둘째, 현직 외무부장관의 면제를 인정하지 않는 것은(제5조) 판례나 1961년 외교관계에 관한 비엔나협약이 인정하고 있는 주권국가의 외무부장관에 대한 외교(특권)면제와 절대적 불가침성에 대한 위반이다.

II. 명령·판결요지

1. 명령

2000년 11월 20일에 콩고에서는 개각이 단행되어 Yerodia는 교육부장관으로 취임하였고 외무부장관직은 사임하였다. 따라서 재판소는 '개각으로 인해 콩고에 의한 청구가 그 목적을 상실하여 총사건명부에서 제거해야 하는지 여부를 검토'하여야 하였다. 그런데 이번 콩고의 청구 목적은 '재판소가 벨기에에 대하여 체포영장을 무효로 하여야 한다고 선언하는 것'이다. 그러나 현재까지 Yerodia에 대한 체포영장은 취소되지 않았고 재판소로서는 콩고의 청구가 현재에도 그 목적을 상실하였다고 할 수 없다는 결론에 이르러 총사건명부에서 삭제하여 달라는 벨기에의 주장을 받아들이지 않는다. 다음으로 잠정조치명령은 당사국의 권리를 보호하고 회복할 수 없는 침해를 피하기 위한 것으로 이러한 조치는 긴급성에 의하여만 정당화된다. 콩고에 따르면 체포영장으로 인해 외무부장관이 그 직무를 위하여 외국에 가는 것을 방해하고 있다고 한다. 그러나 2000년 개각으로 외무부장관직에서 물러난 Yerodia는 외국에 나갈 필요성이 낮아졌다. 그러므로 권리의 비회복성이 입증되지 않고 잠정조치에 의한 보호가 필요하다는 긴급성도 없다.

이러한 이유로 총사건명부에서 삭제되어야 한다는 벨기에의 주장을 각하하며, 또한 콩고의 잠정조치 청구를 각하 한다.

2. 판결

콩고는 본안에 관한 최종변론에서 벨기에 예심재판관이 Yerodia에게 체포영장을 발부하고 이를 타국에 유포한 것은 현직 외무부장관의 형사절차로부터의 면제와 절대적 불가침성에 관한 국제관습법상 원칙의 위반이라고 주장하였지만, 당초 청구된 사안 중 하나인 벨기에법에 규정되어 있는 보편적 관할권 문제에 대해서는 언급하지 않았다. 따라서 ICJ는 벨기에가 제출한 선결적 항변을 모두 배척하고 본 사안에 대한 재판소의 관할권과 수리가능성을 긍정한 다음 국제법상 외교면제에 대한 문제만을 검토한다.

우선, 현직 외무부장관의 형사관할권으로부터의 면제와 불가침성의 성질과 범위에 대해 검토한다. 이 문제에 대하여 외무부장관에게만 특화된 조약규정은 없기 때문에 재판소는 국제관습법에 근거하여 다음과 같이 판단한다. '국제관습법상 외무부장관에게 부여되는 면제는 개인적인 이익을 위해서 주어지는 것이 아니라 각 국가를 위해 그들의 직무를 효과적으로 수행할 수 있도록 보장하기 위한 것이다.' '그 또는 그녀의 행위는 대표하는 국가를 구속하므로 외무부장관은 그 지위로부터 국가를 위해 행사할 수 있는 전권이 있는 것으로 추정된다(조약법에 관한 비엔나협약 제7조 2항(a)).' 따라서 이러한 직무수행을 위하여 필요한 경우에 외무부장관은 언제든 여행이 가능하여야 하며, 정부, 외교사절단 및 타국의 대표와 언제든 연락이 가능해야 한다. 외무부장관의 이러한 직무상 특성을 감안할 때 '외무부장관은 그 임기 중 그 또는 그녀가 외국에 있는 동안에는 형사관할권으로부터의 완전한 면제와 불가침성을 향유하는 것으로 결론내릴 수 있다.' 이러한 면제와 불가침성에 예외는 없다. 즉, 외국에 공적으로 또는 사적으로 방문한 것인지, 체포된 용의자의 행위가 공적 자격으로 행해진 것인지 또는 사적으로 행해진 것인지, 문제된 행위가 외무부장관으로 취임하기 이전에 한 행위에 대해서인지 또는 재임기간 중에 한 행위에 대해서인지에 구별하지 않는다. 어떠한 경우라도 만약 외무부장관이 타국에서 체포되었다면 장관은 이로 인해 직무수행을 명백히 방해받은 것이 되기 때문이다. 또한 재판소는 국가관행을 주의 깊게 검토해 보았으나 국제관습법상 현직 외무부장관에 대하여 전쟁범죄 또는 인도에 반하는 죄를 물었다 하더라도 형사관할권으로부터의 면제와 불가침성에 대한 예외를 인정할 수 없다.

이러한 전제 하에 재판소는 2000년 4월 11일에 벨기에가 Yerodia에 대하여 체포영장을 발부하고 이를 국제적으로 유포한 것이 현직 외무부장관이 향유하는 형사관할권으로부터의 면제를 위반하였는지 여부를 검토하였는데, 먼저 벨기에가 체포영장을 작성하고 이를 Yerodia에게 발부하면서 그가 콩고의 외무부장관인 것을 알고 있으면서도 외무부장관인 것이 관할권과 집행으로부터의 면제를 포함하는 것은 아니라고 주장하고 있는 것에 주목하였다. 물론 체포영장이 발부되었을 뿐 실제로 그 집행에 대해서는 제한이 있더라도 체포영장의 성질과 그 목적을 고려했을 때 체포영장의 발부 그 자체로 현직 외무부장관으로서 Yerodia가 향유하는 면제를 위반하는 것으로 판단하지 않을 수 없다. 따라서 재판소는 체포영장의 발부는 외무부장관의 면제권을 존중하지 않은 것이며, 또한 그가 국제법상 향유하는 형사관할권으로부터의 면제와 불가침성을 침해한 것이므로 벨기에는 콩고에 대한 의무 위반을 구성한다. 나아가 벨기에가 체포영장을 국제적으로 유포한 것은 현직 콩고의 외무부장관으로서 Yerodia가 향유하는 면제권을 실효적으로 침해함으로서 콩고의 국제관계를 위한 외무부장관의 직무수행에 영향을 주었으므로 벨기에는 이에 대하여 책임을 져야 한다고 판시하였다. 예컨대 재판소는 비록 체포영장을 실제로 집행하기 위한 추가적인 절차가 취해지지 않았다고 해도 Yerodia가 외국에 있는 경우 체포영장을 국제적으로 유포함으로서 바로 체포로 이어질 가능성이 있다. 따라서 체포영장의 국제적 유포는 외무부장관의 면제권을 존중하지 않은 것이며, 그가 국제법상 향유하는 형사관할권으로부터의 면제와 불가침성을 침해하는 것이므로 벨기에는 콩고에 대한 의무의 위반을 구성한다.

마지막으로 콩고에 대한 구제의 문제를 검토한다. 벨기에가 콩고에 대하여 체포영장을 발부하고 이를 국제적으로 유포한 행위는 의무의 위반을 구성하며 국가책임을 발생시켰다. 이에 재판소는 벨기에가 위법행위를 인정함으로써 콩고의 정신적 손해를 해소시키는 만족(satisfaction)이 될 것이라고 생각한다. 나아가 Yerodia가 외무부장관에서 물러난 후에도 체포영장은 여전히 유효하여 그 위법상태가 계속되고 있다. 따라서 벨기에는 자신이 원하는 방식으로 체포영장 발부를 취소하고 체포영장이 보내진 각국에 통지하여야 한다.

III. 해설

1. 외무부장관에 대한 면제의 성질과 범위

ICJ는 국제관습법상 현직 외무부장관은 외국의 형사관할권으로부터의 면제를 향유하므로 용의에 관련된 범죄가 국제법상의 범죄라 하여도 현대 국제법은 이에 대한 예외를 인정하지 않는다고 하면서도 면제(immunity)가 처벌을 받지 않는 것(impunity)을 의미하는 바는 아님을 강조하였다. 즉, 형사관할권으로부터의 면제와 개인의 형사책임은 완전히 별개의 개념으로, 관할권으로부터의 면제가 성질상 절차적인 것이라면 형사책임은 실체법의 문제라는 것이다. 또한 국제법상 인정되는 관할권으로부터 면제된다고 하더라도 다음과 같은 경우에는 형사소추를 할 수 있다고 하였다. 즉, ① 자국내 법원에 소추된 경우, ② 자국에 의해서 면제가 포기되었을 경우, ③ 외무부장관직을 사임한 후, 취임 전이나 후에 행해진 행위와 재직 중에 개인으로서 저지른 행위에 대해 외국의 재판소에 소추되는 경우, ④ 국제적인 형사재판소에 소추되는 경우가 그러하다. 특히 ICJ는 현직 외무부장관이 용의자인 경우, 국제형사재판소(ICC)에 의한 소추와 재판에 큰 가능성을 비치고 있다.

2. 보편적 관할권

보편적 관할권은 보편주의에 근거한 형사관할권의 행사이며 보편주의는 범행지, 그리고 범인이나 피해자의 국적에 관계없이 형사관할권을 행사할 수 있다는 국내 형법의 관할권 적용기준이다. 전통적으로 국가는 범인의 신병구속이라고 하는 사실을 전제로 보편적 관할권의 행사를 주장해 왔지만 본 사안에서 벨기에와 콩고 간 분쟁의 원인이 된 벨기에법은 용의자의 신병구속이라는 사실을 전제로 하지 않고 벨기에 국내 법원이 형사관할권을 갖는다는 내용이었다.('용의자 부재' 보편적 관할권(universal jurisdiction in absentia)). 콩고는 당초 이 벨기에법의 합법성에 대해 다투었지만 본안에서는 이를 채택하지 않았다. 관할권의 존재가 인정되어야 비로소 면제에 대한 문제를 다룰 수 있으며, 재판소 스스로가 벨기에에 관할권이 있다는 것을 전제로 하여 판단하고 있어 관할권과 관련된 문제에 대해서도 답을 해야 한다는 비판이 있다. 이 문제에 대해서는 개별의견을 통해 여러 의견이 표명된 바 있는데, 특히 Guillaume 재판소장은 이런 종류의 관할권은 국제법상 허용되지 않는다는 견해를 밝힌 바 있다. 또한 이 사건에 대한 판결이 내려진 뒤 해당 벨기에법은 한 차례 개정되었으며('2003년 4월 23일 법'), 이후 수정을 거쳐 형법과 형사소송법이 더 추가적으로 개정되어 새로운 법이 성립되었다(2003년 8월 5일 '국제인도법의 중대한 위반에 관한 법').

3. 책임해제

ICJ는 벨기에가 행위의 위법성을 인정하는 것 그 자체가 위법행위로부터 발생한 책임해제의 한 형식이라고 판단하였으며, 또한 이에 더하여 콩고가 입은 정신적 손해에 대한 배상으로 벨기에에 체포영장을 취소할 것을 명하였다. 당시 재판소는 PCIJ의 *Chorzów Factory* 사건(1927년)을 인용하여 이를 마치 원상회복인 것 같이 명령한 것에 대해서는 Yerodia가 외무부장관직을 사임하였으므로 인정된 위법행위가 발생하기 이전의 상황으로 회복될 수는 없었을 것이다. 게다가 일국의 외무부장관이었던 Yerodia에게 타국인 벨기에가 형사관할권을 행사하려고 했던 것이 벨기에에 귀속되는 국제위법행위라면 Yerodia가 외무부장관직에서 사임함으로서 이러한 위법성과 관계되는 사실이 없어지기 때문에 계속적인 위법행위의 중지라고 하여도 체포영장의 취소는 적절하지 않았다는 비판이 있다.

[코 게이코 (洪 惠子)]

23. La Grand 사건

[국제사법재판소] Germany V. United States of America
잠정조치명령 (1999년 3월 3일) ICJ Reports 1999, 9
판결 (2001년 6월 27일) ICJ Reports 2001, 466

Ⅰ. 사실관계

Karl과 Walter라는 La Grand형제는 미국에서 자란 독일인이다. 1982년 1월에 형제는 애리조나주에서 은행강도를 시도하여 지점장을 살해하였고, 다른 은행원에게도 중상을 입힌 혐의로 체포되었다. 1984년 2월에 주(州)법원에서 유죄판결이 내려지고, 같은 해 12월에는 사형이 선고되었다. 그 후 상소하였지만 기각되었다. 그러나 그 과정에서 미국 당국은 형제에게 독일영사기관에 통보할 권리 등에 관하여 고지하지 않았고, 영사기관은 형제의 체포사실을 알지 못하였다. 독일영사기관이 사건을 알게 된 것은 형제 자신들로부터의 통지가 있었던 1992년 6월이다. 그 이후 연방지방법원에 인신보호영장에 의한 구제청구를 하면서, 청구이유의 하나로 영사에 대한 통보불이행을 들었지만, 청구는 절차적 해태규칙(procedural default rules, 주(州)의 형사피고인을 연방법원에서 구제하기 위한 전제로 주법원에 대한 청구를 요구하는 연방규칙)에 의해서 기각되었다. 1998년 12월이 되어 미국 당국은 형제에게 영사접견권이 있다는 것을 정식으로 고지하였으나 1999년 1월에는 애리조나주 대법원이 형제의 사형집행일을 결정하였다(Karl: 2월 24일, Walter: 3월 3일). 독일의 다양한 집행저지 노력에도 불구하고, Karl의 사형은 예정일에 집행되었다. 이에 독일은 Walter의 사형집행예정일 전날에 영사관계협약 선택의정서 제1조를 관할권의 기초로 하여 본 분쟁을 ICJ에 부탁하였다. 또한 부탁과 동시에 독일은 사형집행정지를 요구하는 잠정조치를 부탁하였다. 다음 날인 3월 3일에 재판소는 사형집행정지를 위한 모든 조치를 취할 것을 미국에 명하는 명령을 내렸다. 그러나 Walter의 사형은 같은 날 늦게 예정대로 집행되었다. 본안에 관한 청구사항은 아래와 같다. (i) 미국은 형제에게 영사관계협약 제36조 1항(b)에 의거한 그들의 권리를 체포 후 지체 없이 고지하지 않았고, 독일로부터의 영사원조 가능성을 박탈하여 그 결과 형제의 사형집행에 이르게 되었으므로 독일 자신의 권리와 자국민의 외교적 보호권에 관한 동 협약 제5조 및 제36조 1항에 의거한 독일에 대한 국제법상의 의무를 위반하였다. (ii) 미국은 특히 절차적 해태규칙을 적용하여 이미 사형을 집행하였으므로, 제36조 2항에 의거하여 독일에 대하여 부담하는 국제법상의 의무를 위반하였다. (iii) 미국은 잠정조치명령을 준수하고, 사법절차 계속 중에 분쟁주제를 해칠 수 있는 어떠한 행동도 삼가야 한다는 국제법상의 의무를 위반하였다. (iv) 미국은 위법행위를 반복하지 않고, 어떠한 장래의 독일 국민의 구금 또는 형사절차사건에 있어서도 제36조의 권리의 실효적 행사를 법적으로 그리고 실무적으로도 확보하려는 보장을 독일에게 부여하여야 한다. 특히 사형과 관계되는 경우에는 제36조의 권리침해에 의해 피해를 입는 유죄판결의 실효적 재심사와 구제의 부여가 요구된다.

II. 명령 · 판결요지

1. 명령

이 사건의 분쟁에 관하여 일응 관할권의 존재를 인정한다. 긴급을 요하는 경우에는 구두절차를 실행하지 아니 하여도 좋다. 이 사건의 상황에 비추어보면 극히 긴급을 요하는 문제로서 먼저 어떠한 다른 절차도 없이 ICJ규정 제41조 및 ICJ규칙 제75조 1항에 따라서 잠정조치를 내릴 필요가 있다. (i) 미국은 종국판결까지 Walter La Grand가 사형집행당하지 않을 것을 확보하기 위한 모든 조치를 취해야 한다(should). 그리고 이 명령 이행에 관하여 취한 모든 조치를 본 재판소에 통지해야 한다. (ii) 미국정부는 이 명령을 애리조나주지사에게 송부하여야 한다.

개인

2. 판결

제1청구사항의 수리가능성을 부정하는 근거의 하나로서 미국은 국내구제절차의 미완료를 주장하였다. 그러나 1992년에 영사관계협약상의 권리를 알게 된 후, 형제가 미국의 국내법원에 당해 권리침해에 관한 구제를 받으려고 하였지만 절차적 해태규칙에 의해 완료할 수 없었다. 분명히 형제의 변호인은 권리침해에 대해서 처음부터 제기하지 않았지만, 미국은 이 사실에 의존할 수는 없다. 왜냐하면 미국이야말로 형제의 권리고지의무 이행을 태만히 하였기 때문이다.

본안에서는 첫째, 미국은 독일 및 형제에 대하여 영사관계협약 제36조 1항의 의무를 위반하였나. 미국은 제1항 가운데 (b)호의 위반만을 인정하고 있지만 이 (b)호 위반의 결과로서 독일은 1992년까지 형제의 구금 등에 대하여 알지 못하였으므로 제1항(a) · (c)호에 따라 부여되어 있는 독일의 권리 행사도 방해되었다. 아울러 다음의 이유로 형제 개인의 권리도 침해당하였다. 다시 말해, (b)호는 구금된 자의 청구가 있는 경우에 영사기관에 지체 없이 통보할 의무와 구금된 자로부터 영사기관에의 통신이 지체 없이 송부되어야 한다는 의무규정으로 '당해당국은 그자가 이 (b)호의 규정에 근거하여 가지는 권리에 대하여 지체없이 그 자에게 알려야 한다'고 한다. 나아가 (c)호는 구금된 자에게 영사 조력을 부여할 국적국의 권리는 당해 구금된 자가 명시적으로 반대하는 경우에는 행사할 수 없다고 규정한다. 이러한 문언에 비추어보면 제36조 1항은 개인의 권리를 창설하고, 영사관계협약 선택의정서 제1조에 의해 구금된 자의 국적국은 그 권리를 원용할 수 있다. 또한 독일은 이러한 개인의 권리가 오늘날에는 인권의 성질까지 띠고 있다고 주장하였는데 이 보충적 주장에 대한 검토는 필요하지 않다. 둘째, 미국은 제36조 2항상의 의무도 위반하고 있다. 분명히 절차적 해태규칙 자체는 제2항에 위반되지 않는다. 그러나 이 사건에서는 미국 당국에 의한 제36조 1항(b)의 의무불이행에 따라 유죄판결이나 형의 선고에 대한 이의 제기는 절차적 해태규칙에 의해 방해받았다. 이러한 사정하에서는 절차적 해태규칙이 '이 조에서 정한 권리의 목적을 충분히 달성할 수 있어야 한다'는 것을 방해하였으므로 제36조 2항에 위반된다. 셋째, 미국은 잠정조치명령에 의하여 부담하는 의무를 위반하고 있다. 이는 ICJ규정 제41조의 해석에 관한 문제이므로 조약법에 관한 비엔나협약 제31조에 반영되고 있는 관습법에 따라 해석한다. 제41조의 불문텍스트에 의하지 않고도 조치의 명령적 성격을 보이는 문언이 포함되어 있는가에 관하여, 미국은 영문텍스트에서는 이러한 성격이 도출되지 않는다고 한다. 협약 정본간 차이가 있고 이에 대한 당사국의 의견의 일치가 없는 경우에는 국제관습법을 반영하는 조약법에 관한 비엔나협약 제33조 4항에 따라 협약의 대상 등의 목적을 고려하고 모든 본문에 있어 최선의 조화를 도모하는 의미를 채택하여야 한다. 이러한 ICJ규정의 대상과 목적은 구속적 결정에 따른 국제분쟁의 사법적 해결을 확보하는 것이다. 제41조의 문맥은 이 임무수행에 대한 장해를 제거하는 것이다. 규정의 대상과 목적이나 문맥에 비추어 제41조의 문언을 읽으면, 잠정조치는 구속력이 있어야 함이 함의되어 있다. 이러한 결론은 ICJ규정의 준비작업의 검토에 있어서도 배제되지 않는다. 따라서 잠정조치명령은 구속력을 가진다. 그리고 미국은 이 명령을 준수하지 않았다. 독일의 네 번째 청구사항에 대해서 재판소는 제36조 1항(b)상의 의무의 이행에서 구체적 조치의 실시를 확보한다는 재판절차 중의 미국의 약속과 준수달성 노력에도 불구하고, 협약위반이 생긴 경우에는 그 위반에 대처하는 미국의 의무를 적어두어야 한다. 전자에 대해서 재판소는 미국이 제36조의 준수확보를 위하여 대규모적이고 상세한 계획을 실시하고 있다고 반복하여 언급한 사실에 유의한다. 본 재판소의 절차에서 국가가 협약의무 준수를 위하여 실천하고 있는 실질적 활동을 반복하여 언급하는 경우는 준수 노력을 계속적으로 나타내고 있는 것이다. 미국이 표명한 제36조 1항(b)의 의무이행을 위한 구체적 조치 실시확보의 약속은 재발방지의 일반적 보장에 대한 독일의 청구에 합치한다. 후자에 대하여는 유죄판결·형의 선고를 받은 경우에 미국에는 영사관계협약의 위반을 고려한 결정의 재심사·재검토를 인정할 의무가 있다고 할 것이다. 이런 의무는 다양한 방법으로 이행될 수 있다. 그 수단의 선택은 미국에 맡겨야 한다.

III. 해설

1. 이 사건 분쟁의 주요쟁점과 다른 유사 사례

사형제도의 시비는 높은 관심을 모으는 문제이지만 이 사건에서는 문제가 되지 않았다. 이 사건의 주요한 논점은 영사기관과의 통신접촉을 확보하기 위한 영사관계협약 제36조에 대한 미국의 위반 문제였다. 이런 문제를 둘러싸고 독일인뿐만 아니라 파라과이인 및 멕시코인 사형수에 대한 사건도 ICJ에 부탁되었다(*Vienna Convention on Consular Relations* 사건, *Avena* 사건). 모두 이 사건과 유사한 잠정조치명령이 내려졌다. *Vienna Convention on Consular Relations* 사건은 명령을 무시한 사형집행 후에 소가 취하되었지만, *Avena* 사건에서는 처음으로 사형집행 전에 판결이 내려졌다(2004년).

2. 영사관계협약 제36조에서의 개인의 권리와 외교적 보호

재판소는 제36조 1항이 개인의 권리도 창설한다고 해석하였다(인권까지 포함하는지에 대한 답변은 회피). 한편, 개인의 권리까지 인정하는 해석에는 이견이 있다(ICJ부소장인 Shi 재판관의 개별의견). 독일은 형제 개인의 권리 침해를 전제로 그러한 외교적 보호를 주장하였으나 외교적 보호에 있어 국가는 국가자신의 권리를 행사하는 것인지, 그 국민의 권리를 행사하는 것인지 그렇지 않으면 이 두 권리 모두를 행사하는 것인지 하는 논쟁이 있다(ILC 외교적 보호 조문의 초안(제2회독) 제1조 주석 참조). 이 사건에서도 재판소가 이에 대한 입장을 명확히 하고 있다고는 할 수 없다. 한편 재판소는 *Diallo* 사건의 선결적 항변 판결(2007년)에서 외교적보호의 사항적 범위에 국제적으로 보장되고 있는 인권도 포함하게 되었다고 판시하였다.

3. 잠정조치명령에 관하여

잠정조치명령의 법적 구속력의 유무에 관하여는 긴 논쟁이 있었지만, 이 사건 판결이 최초로 구속력을 인정한 것이 주목된다. 이 판단을 반영하여 이후의 *Avena* 사건 잠정조치명령(2003년)에서는 "should"가 아니라 "shall"을 사용함으로써 논쟁은 매듭지어졌다고 할 수 있다. 다만 구속력의 존재를 인정하는 판결이유의 논리에는 다른 견해도 있다. 더욱이 이 사건에서 재판소는 직권으로 잠정조치지시의 필요성을 심사한다(ICJ규칙 제75조 1항)는 입장으로부터 사형집행 예정일 직전이라는 긴급성을 감안하여 양당사국에 변론의 기회를 부여하지 않고 명령을 내렸다. 여기에는 당사국으로부터 잠정조치 신청이 있는 때에도 제75조 1항은 적용되는지, 독일의 신청 지연으로 인하여 미국에게 변론의 기회가 부여되지 않은 것이 정당한지에 대한 문제가 있다.

4. 위법행위의 재발방지의 보장에 관하여

재판소는 미국이 표명한 제36조 1항(b) 준수의 약속이 재발방지의 일반적 보장에 관한 독일의 청구에 합치한다고 하였다. 미국에 재차 보장을 요구하지는 않았지만, 위법행위의 재발방지의 보장을 요구하는 국가의 권리는 인정되고 있는 것이다. 그러나 어떠한 경우에 재발방지의 보장을 의무로 할 수 있는지, 배상(특히 satisfaction)과의 관계를 어떻게 해결할 것인가 등의 기본적인 문제는 검토되지 않은 채로 남아있다.

[야마다 타쿠헤이 (山田 卓平)]

조 약

24. 제노사이드협약유보 사건
(국제사법재판소)

25. Upper Savoy-Gex 자유지대 사건
(상설국제사법재판소)

26. 아이슬란드 어업관할권 사건
(국제사법재판소)

27. 가시키리/세두두섬 사건
(국제사법재판소)

24. 제노사이드협약유보 사건

[국제사법재판소] (요청기관: UN총회)
권고적 의견 (1951년 5월 28일) ICJ Reports 1951, 15

I. 사실관계

1948년 UN총회는 '집단살해죄의 방지와 처벌에 관한 협약(Convention on the Prevention and Punishment of the Crime of Genocide: 이하 '제노사이드협약')'을 채택하고 서명을 위하여 개방하였으며, 1950년까지 협약의 발효에 필요한 20여국의 비준서 또는 가입서가 기탁되었다. 그런데 구소련 등 8개국이 이 협약 제9조를 중심으로 유보를 하고 이에 대하여 일부 서명국들이 이의를 제기하자 협약의 기탁자인 UN사무총장은 UN총회에 유보가 첨부된 비준서 및 가입서에 대해 어떠한 법적 효과를 부여하여야 하는지에 대한 판단을 요청하였다.

이에 UN총회는 1950년 11월 16일 총회결의 478(v)에 의해 다음 사항에 대하여 ICJ에 권고적 의견을 요청하였다. 즉, 제노사이드협약에 관하여 국가가 비준, 가입 또는 비준을 조건으로 하는 서명 시에 첨부된 유보를 조건으로 동 협약을 비준 또는 동 협약에 가입하는 경우, (i) 하나 또는 둘 이상의 당사국에 의해 이의가 제기되고 있지만 다른 당사국은 이의를 제기하지 않는 경우, 해당 유보를 유지한 채로도 협약의 당사국으로 간주될 수 있는가, (ii) 협약 당사국으로 간주되는 경우에 유보국과 (a) 유보에 대해 이의를 제기한 국가 및 (b) 유보를 수락하는 국가와의 관계에서 해당 유보는 어떠한 효과를 가지는가, (iii) (a) 협약에 서명은 하였지만 비준하고 있지 않은 국가 및 (b) 서명 또는 가입할 자격이 있지만 아직 서명 또는 가입하지 않은 국가로부터 유보에 대한 이의가 제기되었을 경우 어떠한 법적 효과를 가지는가.

재판소는 각각 다음과 같이 답변하였다. (i) 해당 유보가 협약의 대상 및 목적과 양립하고 있는 경우에는 협약의 당사국으로 간주될 수 있다. (ii) (a) 해당 유보에 대해 이의를 제기한 국가는 유보국을 협약의 당사국으로 간주하지 않을 수 있지만 (b) 해당 유보를 협약의 대상 및 목적과 양립한다고 수락하는 국가는 유보국을 협약의 당사국으로 간주할 수 있다. (iii) (a)와 관련된 국가에 의한 이의제기는 비준 시에 한하여 (i)에 대한 응답에서 제시한 법적 효과를 가질 수 있다. (b)와 관련된 국가에 의한 이의제기는 일체의 법적 효력을 발생시키지 않는다.

II. 의견요지

조약관계에서 국가는 그 동의 없이 구속되지 않는다. 따라서 어떠한 유보도 그에 대한 합의가 없으면 어느 국가에 대해서도 유효하게 성립될 수 없으며, 이는 조약의 통일성이라는 관념에도 부합되는 원칙이다.

계약의 관념에서 비롯된 이 개념은 하나의 원칙으로서 논란의 여지가 없는 가치를 가진다. 그러나 제노사이드 협약에 관해서는 다양한 사정에 의하여 이 원칙이 유연하게 적용되어야 한다. 다만 이러한 사정 속에서도 이 협약이 명확하게 보편적인 성격을 갖는 UN의 후원하에 체결된 점과 이 협약 제11조가 국가의 매우 광범위한 참가를 의도하고 있음은 주목할 만하다.

유보에 관한 명시적인 규정이 존재하지 않는 경우에 유보를 할 수 있는지 여부와 그 유효성이나 효력을 결정할 때 고려하여야 하는 것은 다자조약의 성질과 그 목적 등이다.

어떠한 종류의 유보를 하는 것이 가능한지와 유보에 대해 어떠한 종류의 이의를 제기할 수 있을지 등의 문제는 제노사이드 협약의 특별한 성질에 비추어 해결되어야 한다. 협약의 기원으로 거슬러 올라가보면, 제노사이드를 '국제법상의 범죄'로서 비난하고 이를 처벌하는 것이 UN의 의도였음을 명확히 알 수 있다. 따라서 이 협약의 바탕에는 협약상의 의무가 없는 경우조차 국가들을 구속하는 것으로 문명국들에 의해 승인된 원칙이 있다. 이와 같이 UN총회 및 협약의 당사국은 제노사이드협약이 보편적으로 적용되는 협약이 되기를 의도하였던 것이다.

협약의 목적도 고려하여야 한다. 동 협약이 순수하게 인도적이고 계몽적인 목적을 위하여 채택된 것임은 분명하다. 또한 이 협약에 대하여 당사국은 고유의 이익을 가지지 않는다. 따라서 당사국은 모두 협약의 존재 이유인 숭고한 목적의 달성이라는 공통의 이익만을 가지므로 이러한 종류의 조약에 대해서는 국가의 개별적 이익이나 불이익을 주장할 수 없고, 또한 계약과 같이 권리와 의무 사이의 균형이 완전하게 유지되고 있다고도 할 수 없다.

제노사이드 협약의 대상 및 목적으로부터 이 협약을 채택한 UN총회 및 국가는 가능한 한 다수의 국가를 참가시키려는 의도가 있었다고 생각할 수 있다. 하나 또는 둘 이상의 국가를 협약으로부터 완전히 배제하는 것은 협약의 적용범위를 제한할 뿐만 아니라 협약의 바탕을 이루는 도덕률이나 인도의 원칙들의 권위를 해치게 될 것이다. 당사국이 유보에 대한 이의라는 사소한 문제로 인해 이러한 결과가 발생하는 것을 쉽게 인정할 수 있었다고는 생각되지 않는다. 그러나 당사국은 또한 협약의 목적을 희생시키면서까지 무리하게 참가국을 늘리고자 하였던 것도 아니다. 이와 같이 협약의 대상 및 목적은 유보의 자유와 유보에 대해 이의를 제기하는 자유 모두를 제한하는 것이다. 따라서 협약의 대상 및 목적과의 양립성은 유보의 허용성을 개별적으로 그리고 독자적인 관점에서 각국이 평가를 실시할 때 고려하여야 하는 행위규범이다.

위에서 설명한 바와 같이 유보의 유효성을 평가하는 것은 협약의 당사국이다. 어떠한 국가도 스스로 동의하지 않은 유보에는 구속되지 않기 때문에 특정 유보에 대하여 이의를 제기한 국가는 상술한 협정의 대상 및 목적이라는 기준의 범위 내에서 개별적으로 평가를 실시한 후 유보국을 협약의 당사국으로 간주할지 여부를 결정하게 된다. 통상적으로 이러한 결정의 효과는 유보국과 해당 유보에 대하여 이의를 제기하는 국가 사이에만 있다.

해당 유보가 협약의 대상 및 목적과 양립하지 않는다고 주장하지 않으면서 유보에 대해 이의를 제기하는 국가가 나타나는 경우도 생각해 볼 수 있지만, 이러한 경우에는 해당 이의를 제기한 국가와 유보국간 상호 양해에 따라 유보의 영향을 받는 조항을 제외한 협약의 나머지 부분에 대해서만 효력이 발생하게 될 것이다.

III. 해설

1. 전통적인 유보의 허용성 기준

유보는 국가간 상호의존성이 높아지면서 다자조약이 현저하게 증가한 19세기 후반에 국제법상 제도로서 확립되었다고 여겨진다. 본래 국내법상 제약 등의 이유로 일부 규정에 동의할 수 없는 국가를 참가시킴으로서 조약의 보편성을 확보하기 위하여 고안된 수단이었다.

따라서 조약의 규정을 배제 또는 변경시키는 효과가 있는 유보의 허용성 기준을 두고 논의가 이루어져 왔다. 한편으로는 모든 당사국이 동의하지 않는 한 유보국은 조약의 당사국이 될 수 없다는 관행이 존재하였다. 이는 국제연맹이 조약의 기탁자로서의 역할을 수행할 때에 채택하고 있던 것으로 소위 연맹관행이라고 한다. 다른 한편으로 거의 동시기에 유보국과 해당 유보를 수락한 국가와의 관계에서 조약의 효력이 발생하지만 해당 유보를 수락하지 않았던 국가와의 관계에서는 조약의 효력이 발생하지 않는다는 관행이 있었다. 이는 범미관행이다.

2. 양립성의 기준

이러한 상황에서 ICJ는 이 사건의 권고적 의견에서 조약의 대상 및 목적과의 양립성이라는 기준을 유보의 허용성을 판단하는 기준으로 제시한 후에 연맹관행은 '행정관행'에 지나지 않는다고 하였다. 양립성 기준은 국가관행은 물론 학설에 의하여 지지받지 못한, 그야말로 느닷없이 제시된 것이었기 때문에 적지 않은 비판을 받았다. 특히 4명의 재판관이 제시한 공동의 반대의견에서는 ① 연맹관행이야말로 '법규칙'이고, ② 각국이 개별적으로 양립성을 판단하게 된다면 유보국의 지위가 불안정하게 되어 관련국 간에 극도의 혼란을 일으킬 가능성이 있는 등 양립성 기준을 실제로 적용하는 것은 매우 어려우며, ③ 제노사이드 협약과 같은 목적의 다자조약이야말로 조약의 통일성을 추구해야 한다는 등의 이유로 다수의견의 주장을 강하게 비판하였다. 같은 시기에 유보의 문제에 대한 연구를 부탁받은 ILC도 같은 결론에 이르고 있다.

3. 그 후의 전개

그러나 이러한 비판을 받으면서도 양립성기준은 서서히 그 지지기반을 확대해 나갔으며, 조약법의 법전화 작업을 하고 있던 ILC도 1962년에 기존의 방침을 전환하여 이 기준을 초안에 채택하였다. 오늘날에는 조약상의 규칙(조약법에 관한 비엔나협약 제19조)일 뿐만 아니라 국제관습법상의 규칙(UN자유권규약위원회 일반적 의견 24)이 되었다고까지 할 수 있다.

무엇보다 유보에 대한 이의의 효과에 관하여 ICJ의 권고적 의견과 조약법에 관한 비엔나협약은 미묘하게 다른 부분이 있다. 권고적 의견은 조약의 대상 및 목적에 반한다는 이의가 제기된 유보국에 대해서는 조약의 당사국으로 간주할 수 없고, 그 외의 이유로 제기된 유보에 대한 이의의 경우에 관련국 간에 유보와 관련되는 규정은 적용되지 않지만 조약의 효력은 발생한다고 하였다. 이에 대하여 조약법에 관한 비엔나협약은 어떠한 이유에서라도 이의가 제기될 수 있고, 이의를 제기한 국가가 특별한 의사를 명확히 표명하지 않는 한 조약의 효력발생을 방해할 수는 없다고 규정하고 있다(제20조 4항). 그리고 이의를 제기한 국가가 특별한 의사를 표명하지 않은 경우, 유보에 관련된 규정은 그 유보의 범위 내에서 양국 간에 적용되지 않는다(제21조 3항). 이와 같이 조약법에 관한 비엔나협약이 적용될 경우에 적어도 조약규정의 적용을 배제하는 유보(예를 들면 일본의 국제인권규약에 대한 유보)에 대한 이의에 대하여 이의를 제기한 경우에 이의를 제기한 국가가 유보를 한 국가와의 관계에서 조약의 효력이 발생하는 것에 반대하지 않는 이상, 유보의 양립성은 이의의 효력에 차이를 가져오지 않는다. 이러한 이해할 수 없는 결론으로 인하여 조약법에 관한 비엔나협약이 규정하고 있는 것은 양립하는 유보에 대한 이의의 효과이며, 양립하지 않는 유보 및 그러한 유보에 대한 이의의 효과는 해결되지 않은 문제라고 보는 견해도 있다. 유럽인권협약의 이행기관이나 UN자유권규약위원회는 유보가 무효로 판정되었을 경우에 해당 유보국은 유보가 없었던 것으로 하여 계속해서 이러한 조약에 구속된다는 입장을 취하고 있으며, 또한 일부 국가도 이의제기 시 동일한 것을 명시하도록 하고 있지만 이러한 입장이 보편적으로 확대되었다고는 볼 수 없다.

[나카노 테츠야 (中野 徹也)]

25. Upper Savoy-Gex 자유지대 사건

[상설국제사법재판소] 스위스/프랑스
명령 (1929년 8월 19일) PCIJ Series A, No. 22
명령 (1930년 12월 6일) PCIJ Series A, No. 24
판결 (1932년 6월 7일) PCIJ Series A/B, No. 46

I. 사실관계

1815년 비엔나회의 관련 조약들에 따라 스위스령 제네바(Geneva)의 북측에 인접한 프랑스령 젝스(Gex)의 일부분이 프랑스에서 스위스로 할양되어 제네바에 통합되었다. 그리고 할양된 지역과 인접한 프랑스령 상부 사보이(Upper Savoy)와 젝스의 경제적 통일을 유지하기 위하여 프랑스의 관세선을 젝스의 국경선까지 후퇴시켜 그 사이에 있는 지역을 관세 등을 부과하지 않는 자유지대로 하였다.

스위스와 프랑스가 새롭게 지위를 결정하기로 합의한 내용을 담고 있는 1919년 베르사유조약(Treaty of Versailles) 제435조 2항은 '체약국은 상부 사보이, 젝스의 자유지대에 관한 1815년 조약들[…]의 규정이 현재의 상황에 적합하지 않다는 것을 인정하고, 프랑스와 스위스가 합의하는 조건에 따라 상기 지역의 지위를 결정하기 위한 협정의 체결을 승인한다'고 규정하였다. 본안에 대하여 스위스는 공문으로 '본안을 승낙하였으므로 자유지대의 폐지를 승인하는 것으로 추정되는 것을 바라지 않는다'는 의사를 표시하였다.

결국 양국은 베르사유 조약 제435조 2항 등 그 부속서의 해석에 관하여 합의하지 못하고, 또한 동조에 규정되어 있는 협정을 체결하지도 못했기 때문에 이 사건을 PCIJ에 부탁하였다.

부탁합의 제1조 1항은 '베르사유조약 제435조 2항 등의 부속서가 […] 상부 사보이, 젝스의 자유지대[…]에 관한 1815년 11월 3일 파리회의 의정서[…]의 규정들을 폐지하였는지 또는 폐지를 목적으로 한 것인지'에 관하여 결정을 하도록 규정하고 있다. 또한 제1조 2항은 재판소가 판결을 내리기 전에 이들 지역에 적용되는 새로운 제도에 대하여 당사국이 합의할 수 있는 타당한 유예기간을 부여한다고 하고 있다. 나아가 제2조 1항은 지정된 기간 내에 양 당사국이 협정을 체결하지 못하였을 경우에는 재판소가 제2조가 정한 문제에 대한 판결을 내리는 한편 베르사유조약 제435조 2항의 실시에 관한 모든 문제를 해결한다고 규정하고 있다.

재판소는 1929년 8월의 명령에서 베르사유조약 제435조 2항 및 그 부속서는 자유지대를 폐지하기 위한 것이 아니며 폐지를 목적으로 하는 것도 아니라고 해석하고 다음 협정을 성립시키기 위하여 필요한 유예기간을 9개월로 정하였다. 교섭 결과, 양국은 협정을 체결하지 못하였고 이 사건은 다시 재판소에 부탁되었다. 재판소는 1930년 12월 6일의 명령으로 다시 8개월의 교섭기간을 부여하였으나 실패로 끝났다. 그리하여 1932년 6월 7일의 판결에서 재판소는 베르사유조약 제435조 2항 및 그 부속서에 관한 위의 해석을 확인한 후에 자유지대를 회복하기 위하여 관세선을 후퇴시킬 것을 프랑스에 명하였다.

II. 명령 · 판결요지

1. 명령 (1929년 8월 19일)

베르사유조약 제435조 2항으로부터는 자유지대에 관한 종래의 규정들이 현재의 상황에 적합하지 않고, 프랑스와 스위스는 양국 간에 자유지대의 지위를 결정하여야 한다는 것의 결론을 이끌어낼 수 있다는 것에 불과하다.

여하튼 베르사유조약 제435조는 스위스 자신이 수락한 범위 내가 아닌 한, 이 조약의 당사국이 아닌 스위스를 구속하지 않는다. 이 범위는 본안의 부속서를 구성하는 스위스의 공문에 의해 결정된다.

따라서 만약 제435조가 상기 제도의 폐지를 포함하는 것이라고 해석하는 것이 가능하다고 할지라도 이러한 폐지에 스위스의 동의가 필요하다면 동조는 프랑스와 스위스 간에도 유효할 수 없다.

스위스의 동의 없이 자유지대제도를 폐지할 수 있는가에 관한 점에 대하여는 제435조의 문언이 종래의 규정들로부터 스위스의 권리가 발생하고 있다는 것을 전제로 하고 있는 것으로 생각된다. 또한 실제로 제435조는 스위스의 동의를 요구하고 있다. 마지막에 체약국은 제435조의 뒤에 상기의 스위스의 공문을 삽입하였는데 이는 스위스에 이러한 권리가 있다는 것에 근거가 되는 행위이다.

아울러 자유지대에 관한 규정들을 볼 때 당사국의 의도가 자유지대의 권리를 창설하는 것에 있던 것은 분명하다.

재판소는 이러한 결론에 도달하였으므로 국제법이 어느 정도 '제3국을 위한 규정'의 원칙을 인정하고 있는지를 결정할 필요가 없다.

2. 판결

'폐지를 목적으로 한다'는 것은 강제적으로 폐지시키는 것을 의미한다. 이와 같은 의무는 다음의 몇 가지 경우에만 고려될 수 있을 것이다. 즉, ① 유보를 조건으로 제435조를 묵인하였으므로 스위스가 자유지대제도의 폐지를 포함하는 협정에 협력할 것을 약속하였고, ② 스위스는 자유지대에 대하여 권리가 없으므로 이를 폐지하는 데 스위스의 동의는 필요하지 않다고 하는 둘 중 하나의 경우이다. ①에 관하여 제435조는 자유지대의 지위를 해결하기 위하여 양국이 협정을 체결한다고 하고 있는 것에 지나지 않고, 협정의 내용을 미리 결정하는 것은 아니다. ②에 관하여 제435조는 스위스의 권리가 존재하는 것을 전제로 하고 있어, 베르사유조약의 서명국이 스위스의 동의가 필요하지 않다고 간주한다면, 왜 독단으로 자유지대는 폐지되었다는 선언을 하지 않았던 것인지 이해하기 어렵다.

조약

이러한 결론에 도달하여 제3국을 위한 규정인지 아닌지의 관점에서 자유지대의 법적 성질을 심사할 필요는 없다. 그러나 다음의 점을 지적하고 넘어갈 필요가 있다. 제3국을 위한 규정은 제3국을 위해 진정한 권리를 창설하기 위하여 채택한 것으로 가볍게 추정할 수는 없다. 제3국을 위한 규정을 만드는 국가들은 제3국을 위한 진정한 권리를 창설하는 경우에는 제3국도 그것을 수용할지 아닌지를 확인하여야 한다.

부탁합의 제2조에 따라 위임된 문제를 검토하도록 한다.

프랑스는 '사정의 변경'에 따라 자유지대를 창설하는 규정들은 이미 유효하지 않다고 주장하고 있다. 그러나 이 주장을 입증하는 충분한 증거는 없다. 따라서 사정의 변경으로 파리조약이 실효하였다는 이론에 관하여 발생하는 원칙상의 문제, 예컨대 어느 정도 이 이론이 국제법의 규칙으로 인정되는가, 만약 인정된다면 이 이론이 어느 경우에 어떠한 방법으로 실시될 수 있는 것인가, 나아가 1815년 및 1816년의 조약들로부터 스위스가 얻은 권리를 창설하는 조약에 적용되는 것인가의 여부에 관한 문제에 대하여는 검토할 필요가 없다.

재판소는 스위스에 자유지대를 유지할 권리가 있다는 것을 인정하였으나, 프랑스는 1923년에 스위스의 동의 없이 관세선을 국경선으로 옮겼으므로 종래의 규정에 따라 관세선을 후퇴시켜야 한다. 이는 프랑스가 국경선에 비상선을 마련하여 국경에서 관세의 성질을 갖지 않는 조세를 징수할 권리를 침해한다는 것은 아니다. 그러나 프랑스가 비상선이라고 칭하는 관세장벽을 마련하여 자유지대를 유지할 의무를 회피하도록 하는 일이 있어서는 안 되기 때문에 권리남용의 경우에 대한 유보를 하여야 한다. 그렇다고 하더라도 재판소는 남용을 추정해서는 안 된다.

III. 해설

1. 조약과 제3자

이 사건은 조약과 제3국에 관한 고전적인 사례이다. 무엇보다 재판소는 앞에서 서술한 바와 같이 이 문제를 정면으로 다룬 것은 아니다.

'합의는 제3자를 해하지도 이익을 주지도 않는다'는 로마법의 격언이나 국가의 주권과 독립으로부터 조약의 효력은 원칙적으로 당사국에 미친다. 그러나 '제3국을 위한 규정'이 제3국에 권리를 창설하는 것은 조약당사국의 의도만으로 충분하고, 제3국의 동의는 불필요하다고 하는 '제3자를 위한 계약' 이론이 주장되었다. 이에 대하여 1929년 명령 및 판결은 모두 이런 관점에서 이 사건의 부탁사항을 심사할 필요가 없다고 하면서, 판결은 일반론으로서 제3국에 권리를 창설하려면 당사국의 의도와 더불어 제3국의 동의가 필요하다고 하였다. 따라서 재판소가 권리를 창설하는 의도와 당해 권리를 수락하는 제3국의 동의에 따른 양자간의 '부수적 합의'가 성립하고 그것이 비로소 제3국에 대한 권리를 창설할 만한 법적 근거가 성립된다는 '부수적 합의'의 이론에 입각해 있었는지의 여부에 상관없이, 여하튼 적어도 '제3자를 위한 계약' 이론을 지지한다고는 할 수 없다.

조약법에 관한 비엔나협약은 의무를 창설하는 경우에는 '부수적 합의' 이론(제35조)을 수용하였고 권리를 창설하는 경우에도 기본적으로 이 이론에 입각하여 '제3자를 위한 계약' 이론의 요소를 수용하여 동의하지 않는다는 명확한 의사표시가 없는 한 제3국의 동의는 존재하는 것으로 추정된다고 하고 있다(제36조 2항).

2. 사정변경의 원칙

프랑스는 사정의 변경에 따라 자유지대를 창설한 제 규정이 효력을 잃었다고 주장하였으나, 재판소는 이 주장을 입증할 수 있는 충분한 근거가 없으므로 국제법에서 사정변경원칙의 존부와 그 적용 방법 등의 문제에는 개입하지 않았다. 조약의 종료원인으로 사정변경원칙이 인정될 것인지는 당시 격렬한 논쟁이 있었지만, 재판소는 프랑스의 주장을 배척하고서 사정의 변경이 없다는 것을 인정한 것을 볼 때, 사정변경의 원칙 자체를 부정하지는 않는다는 것은 확실하다.

조약법에 관한 비엔나협약은 조약의 종료원인으로서 '사정의 근본적 변화'를 인정하였지만, 그것의 원용에는 대단히 엄격한 요건을 부과하고 있다(제62조). 사정변경원칙은 여러 차례 원용되어 왔지만 PCIJ 및 ICJ가 조약의 종료를 정당화하는 데 충분한 '사정의 근본적 변화'의 존재를 인정한 것은 아니다. 또한 ICJ는 1974년 아이슬란드 어업관할권 사건(본서 사건 26번 참조)과 1997년 가브치코보-나지마로스 프로젝트 사건(본서 사건 31번 참조)에서 조약법에 관한 비엔나협약 제62조가 많은 관점에서 국제관습법을 반영하는 규정이라는 것을 인정하였다.

3. 권리의 남용

재판소는 '권리남용의 경우에 관하여 유보를 하여야 한다'는 것으로 권리남용금지원칙이 법의 일반원칙으로서 국제재판에 원용될 수 있다고 판시하였다. 한편 '남용은 추정할 수 없다'고 하고 있어 입증책임은 이를 주장하는 측에 있다는 것을 시사하고 있다.

[나카노 테츠야 (中野 徹也)]

조약

26. 아이슬란드 어업관할권 사건

[국제사법재판소] United Kingdom of Great Britain and Northern Ireland v. Iceland
잠정조치명령 (1972년 8월 17일) ICJ Reports 1972, 12
관할권판결 (1973년 2월 2일) ICJ Reports 1973, 3
본안판결 (1974년 7월 25일) ICJ Reports 1974, 3

I. 사실관계

아이슬란드는 1958년 국내법령을 제정할 때 어업수역을 12해리로 확대하였다. 그러나 영국은 그 법령의 효력을 인정하지 않고 계속해서 당해수역에서 조역을 함으로써 많은 사건이 발생하였다. 이에 따라 양국은 1961년에 교환각서에서 영국은 아이슬란드 주변의 12해리 어업수역에 이의를 제기하지 않을 것, 이후 어업관할권의 확대에 대하여 분쟁이 발생하는 경우에는 ICJ에 문제를 부탁할 것을 합의하였다. 1971년에 아이슬란드는 교환각서의 종료와 어업수역을 50해리까지 확대한다는 것을 영국에 통보하였고, 이에 영국은 이듬해 재판소에 이 문제를 부탁하였다. 1972년의 아이슬란드 신(新)규칙(이하 '1972년 규칙')은 같은 해 9월부터 어업수역을 50해리로 확대하고 모든 외국어선의 조업을 금지한다고 규정하였으므로 영국은 즉시 재판소에 잠정조치를 신청하였다. 같은 해 8월에 재판소는 일방당사자의 불출석은 잠정조치의 지시를 방해하지 않고, 또한 이 사건에서는 1961년 교환각서의 분쟁부탁조항이 일응 관할권의 기초를 제공하고 있다는 점에 근거하여, (i) 양국은 분쟁을 악화·확대시키는 조치를 취하지 않을 것, (ii) 아이슬란드는 12해리 어업수역 외의 영국 어선에 대한 실시조치를 삼갈 것, (iii) 영국은 지정해역에서의 연간 어획고를 17만톤으로 제한할 것을 명령하였다.

아이슬란드는 시종일관 재판에 결석하였지만, 재판소는 1973년에 관할권의 존재를 확인하는 판결을 내렸다. 같은 해 양국은 '어업분쟁잠정협정'을 체결하고, 분쟁해결까지 계쟁수역 내에서의 영국어획에 대한 일정량의 어획을 인정하는 것에 합의하였다. 영국은 본안의 진술서에서 다음과 같이 주장하였다. (i) 아이슬란드가 주장하는 50해리의 배타적 어업관할권은 국제법상의 근거를 결여한 것으로 무효이다. (ii) 아이슬란드는 교환각서에서 합의된 범위를 넘어 공해에서 영국어선에 대하여 일방적으로 배제 혹은 제약을 부과할 권리를 가지고 있지 않다. (iii) 보존을 이유로 공해에서의 어업에 제약을 부과하는 경우에는 공동으로 조사를 하여 양국의 입장이 양립할 수 있는 어업제도의 확립을 위한 교섭을 할 의무가 있다. 1974년에 ICJ는 아이슬란드의 일방적인 조치가 영국에 대항할 수 없다는 것에 근거하여 분쟁의 형평에 맞는 해결을 달성하기 위한 교섭을 양국에 명하는 판결을 내렸다. 아울러 구(舊)서독도 같은 문제로 아이슬란드에 대하여 ICJ에 제소하였는데 이 사건과 같은 날에 거의 동일한 내용의 명령과 판결이 내려졌다.

II. 판결요지

1. 관할권판결

아이슬란드에 의하면 교환각서는 영국해군의 무력행사에 따른 '극단적으로 곤란한 상황하에' 체결되었다고 한다. "UN헌장에서 합의되고 또한 조약법에 관한 비엔나협약 제52조에서도 규정되고 있는 것과 같이 현대 국제법하에서는 무력에 의한 위협 또는 무력행사에 따라 체결된 조약이 무효가 된다는 것은 의심의 여지가 없다." 그러나 재판소는 이러한 중대한 주장을 단지 일반적 비난을 기초로 심사할 수 없다. 아이슬란드는 어업자원개발의 증대에 따른 '변화된 사정'에 근거한 조약종료의 원칙에도 근거하고 있다. 이 원칙은 조약법에 관한 비엔나협약 제62조에 구체화되는데, "그것은 여러 면에서 사정의 변화를 근거로 조약관계의 종료라는 주제에 관한 국제관습법의 법전화로 간주할 수 있다." 제62조에 구체화된 기본적인 요건의 하나는 사정의 변화가 근본적이어야 한다는 것이다. 이 변화는 의무이행의 부담을 본질적으로 다른 정도까지 증대시키지 않으면 안 되는데 이 요건은 전혀 만족되지 않았다. 사정의 변화가 교환각서에서 부과된 재판의무의 범위를 근본적으로 변경시켰다고는 할 수 없다. 이 법리는 교환각서의 종료를 요구할 때 다툼이 발생한 경우에 권한있는 기관에 분쟁을 부탁하는 권리를 부여하는 것에 그친다. 이 사건에서는 이 법리에 대한 절차적 수단이 이미 교환각서에 규정되어 있어 그로부터 분쟁이 발생할 때는 본 재판소에 제소할 것이 요구된다. 이러한 이유에 따라 재판소는 본안심리를 할 관할권이 있다고 인정한다.

2. 본안판결

본 재판소는 잠정협정의 체결을 이유로 재판을 거부하여서는 안 된다. 또한 이 분쟁에서 양국의 의견불일치는 교환각서의 재판부탁조항이 규정한 분쟁요건에 해당한다. 제2차 UN해양법회의 이후, 두 개의 개념이 관습법이 되었다. 첫째, 어업수역에 대한 개념에 관하여 기선에서 12해리까지 어업수역이 확대되는 것은 오늘날 일반적으로 승인되고 있다. 둘째, 연안어업에 특히 의존하고 있는 연안국을 위한 인접수역에서의 우선적 어업권의 개념에 대하여 우선은 동일한 어장의 개발에 종사하는 타국에 대해 일정한 효력을 가진다. 그러나 1972년 규칙은 배타적 권리를 요구하는데, 이는 우선적 권리의 개념을 넘어서고 있다. 이러한 개념은 타국의 경합하는 권리를 배제하는 것이 아니다. 아이슬란드의 일방적 행위는 영국의 어업권을 무시하는 것으로 1958년 공해협약 제2조의 원칙에 반한다. 따라서 1972년 규칙은 "영국에 대항할 수 없다."

이 사건에 대한 분쟁의 형평한 해결을 위해서는 아이슬란드의 우선적 어업권과 영국의 전통적 어업권을 조화시키는 것이 필요하고 가장 적절한 분쟁해결방법은 교섭이다. 우선적 권리의 개념에는 교섭의 요청이 포함되어 있다. "교섭의무는 당사국 각각의 권리의 성질 그 자체로부터 발생하므로 교섭을 명하는 것은 사법기능의 적절한 행사이다." 양국은 상대국의 법적 권리에 대해 타당하게 고려하면서 성실하게 교섭하고, 어업자원의 형평한 배분을 실현해야 한다. 이상의 이유에 따라 재판소는 ① 영국정부에 1972년 규칙은 대항할 수 없고, ② 아이슬란드 정부는 계쟁수역으로부터 영국어선을 배제 또는 활동에 제한을 부과할 수 없다고 결정하였다. 나아가 ③ 양국에게는 분쟁을 형평하게 해결하기 위해 성실히 교섭을 행할 의무가 있다. 특히 ④ 그러한 교섭 시에 (a) 아이슬란드의 우선적인 배분권, (b) 어업자원에 대한 영국의 확립된 권리, (c) 타국의 이익을 타당하게 고려할 의무, (d) 해당 수역에 있어 어업자원의 보존과 개발 및 타국의 이익, (e) 자원의 보존이나 이용을 위해 필요한 조치를 공동으로 검토할 의무를 고려할 것을 결정한다.

III. 해설

1. 강제에 의한 조약

조약법에 관한 비엔나협약 제52조는 무력(force)에 의한 위협 또는 무력행사의 결과로 체결된 조약의 무효를 규정하고 있다. 국가의 대표자에 대한 강제에 의한 조약이 무효가 되는 것은 오랫동안 인정되어 왔지만, 국가 그 자체에 대한 강제에 대해서는 전통적 국제법의 시대에는 강화조약이나 불평등조약의 유효성을 확보하기 위하여 무효의 원인이 되지 않았다. 그러나 무력행사금지원칙의 확립에 따라 조약법에 관한 비엔나협약에서는 제51조(국가대표의 강제) 및 제53조(일반국제법의 강행규범과 충돌하는 조약)와 제52조를 절대적 무효원인으로 규정하기에 이르렀다. 이 사건에서 아이슬란드는 재판소에 제출한 서한 중에 영국 측의 무력행사에 따른 교환각서의 무효를 시사하고 있었다. 재판소는 동조의 유효성을 재확인하였으나, 충분한 증거가 보이지 않는 것을 이유로 이 문제를 검토하지 않았다.

2. 사정변경의 원칙

이 사건에서 아이슬란드는 어업자원의 개발의 증대로부터 발생한 '변화된 사정'에 따라 교환각서의 종료를 주장하였다. 조약법에 관한 비엔나협약 제62조는 조약체결시의 사정에서 당사국이 예견하지 못하였던 정도의 중대한 변화가 생긴 경우에는 당사국이 당해 변화를 조약의 종료, 조약으로부터의 탈퇴 또는 조약의 운용정지의 근거로 원용하는 것을 인정하고 있다. 다만, 이 원칙의 남용에 따른 법질서의 동요를 방지하기 위하여 이 요건은 엄격하게 설정되어 있다. 이 사건에서 재판소는 동조가 사정변경에 관한 국제관습법을 법전화한 것을 인정하기는 하였으나 동조가 규정하는 요건들이 만족되지 않았다고 하여 아이슬란드의 주장을 각하하였다. 나아가 동조는 일방적인 폐기를 인정하고 있는 것은 아니며 절차상의 제한에 따른다고 판시하였다. 일반적으로 재판소는 사정변경의 원칙의 원용에 의한 조약의 종료에 대해서는 신중한 태도를 보인다고 할 수 있다. 이 원칙은 1997년 가브치코보-나지마로스 프로젝트 사건(본서 사건 31번 참조)에서도 종료원인의 하나로서 원용되었으나 마찬가지로 각하되었다.

3. 법적 동요기의 사법판단

이 사건에서 아이슬란드가 배타적인 어업수역을 일방적으로 설정한 점이 문제가 되어 영국은 이 조치가 국제법상의 근거를 결여하여 무효라고 주장하였다. 이는 연안국의 우선권에 입각한 어업자원의 보존·관리의 요구(법의 개변(改變)의 시도)와 공해에서의 어획의 자유라고 하는 전통적 입장의 유지(법적 안정성의 확보)라는 두 입장의 대립이었다고도 할 수 있다. 재판소는 이 사건에서 '12해리 어업수역'과 '우선적 어업권'이라는 개념의 관습법화를 인정하였다. 그러나 재판소는 당해조치의 합법성·위법성에 대해서는 직접 판단을 내리지 않고, 아이슬란드의 규칙이 영국에 '대항할 수 없다(not opposable)'고 하는 데 그쳤다. 이러한 판단의 배경에는 당시 서서히 일반화되고 있던 200해리 배타적 경제수역(이하 'EEZ')에 대한 고려가 있었다고 할 수 있다. 즉, 재판소는 종래의 해양법질서가 다원화되어 가는 과정에 있다는 것을 인식하고 있었기 때문에, 아이슬란드의 일방적 행위의 평가를 대항가능성이라는 양국 간의 상대적인 유효성의 차원에서 처리하였다고 생각된다(대항가능성에 대해서는 1951년 노르웨이 어업 사건 참조). 이후 UN해양법협약의 성립과 EEZ의 관습법화 인정(1985년 리비아 몰타대륙붕 사건 참조)과 함께 어업수역과 우선적 어업권의 개념은 스스로 창출해 낸 EEZ제도 안에서 해소되어 갔다.

조약

4. 교섭명령판결

재판소가 최종적인 권리의무를 확정하지 않고 분쟁의 구체적인 문맥에 비추어 해결기준과 법적 구조를 제시하고, 분쟁당사국에 대하여 성실한 교섭의 의무를 부여한 판결을 '교섭명령판결'이라고 한다. 다른 판례에서 재판소는 교섭의무의 근거를 분쟁당사국에 의한 사전동의에 더하여, 대륙붕이라는 법제도(1969년 북해대륙붕 사건(본서 사건 2번 참조))와 조약에 의한 제도(regime)의 설립(1997년 가브치코보-나지마로스 프로젝트 사건 판결)(본서 사건 31번 참조))을 들고 있다. 이 사건의 특징은 교섭명령판결이 일방의 소송당사국에 의해 요구되었다는 점과 교섭의무가 '당사국 각각의 권리의 성질 그 자체'에서 발생하고 있다고 판시하였다는 점에 있다. 우선적 어업권과 전통적 어업권은 타국의 권리와 자원보존의 필요성을 고려하는 의무라는 내재적인 제약(형평성확보의 요청)이 존재하였으며, 그것으로부터 교섭의무가 도출되었다고 할 수 있다. 향후 국제적인 분쟁이 기술적 및 경제적으로 적절한 대응이 촉구되는 자원배분문제와 관리문제로서 나타나는 사례가 증가하게 된다면 분쟁당사자 간에 형평한 이익형량을 달성하기 위한 수단으로서 교섭명령판결은 증가할 가능성이 있다. 이러한 교섭명령판결이 재판소 본래의 사법적의무의 관점에서 타당한지 여부는 문제가 되지만, 이 사건에서는 당사자에게 교섭을 지시하는 것은 '사법기능의 적절한 행사'라는 입장을 나타내었다.

[니시타니 히토시 (西谷 齊)]

27. 가시키리/세두두섬 사건

[국제사법재판소] Botswana / Namibia
판결 (1999년 12월 13일) ICJ Report 1999, 1045

I. 사실관계

이 사건은 아프리카 남서부의 보츠와나와 나미비아의 국경선을 둘러싸고, 양국간에 흐르는 Chobe강 중앙에 위치하는 약 3.5평방킬로미터의 섬(나미비아에서는 가시키리섬, 보츠와나에서는 세두두섬이라고 부름, 이하 'KS섬')의 귀속에 관한 분쟁이다. 19세기말 보츠와나령(당시 베추아나랜드)은 영국에 의하여, 나미비아령(당시 남서아프리카)은 독일에 의하여 식민지 지배를 당하고 있었다. 양국은 식민지의 경계선을 획정하기 위하여 1890년 7월 1일에 영독협정(이하 '1890년 조약')을 체결하였다.

보츠와나는 1966년에 영국으로부터 독립하였다. 나미비아는 제1차 세계대전 후 국제연맹하에서 남아프리카를 수임국으로 하는 위임통치령이 되었다. 남아프리카가 제2차 세계대전 후에도 UN총회나 ICJ의 권고를 무시하고 위임통치를 계속하였기 때문에 나미비아의 독립달성은 1990년이 되어서야 가능하였다.

나미비아 독립 후 보츠와나와 나미비아의 사이에서 KS섬의 귀속을 둘러싼 분쟁이 발생되었다. 양국은 UN헌장 및 아프리카통일기구헌장에 따라 평화적 수단에 의해 해결할 것을 합의하고, 1992년 카나세성명에서 분쟁해결을 위한 기술전문가 공동그룹을 설치하였으나 결론을 내리지는 못하였다. 1995년에 주선(good office)을 위해 짐바브웨 대통령이 참여한 3개국 정상회의가 개최되었고, 이 회의에서 보츠와나·나미비아 양국이 이 문제에 대한 최종적이고 구속력있는 결정을 위하여 ICJ에 부탁할 것을 합의하였다.

1996년 2월 15일에 서명된 특별합의에 의해 '1890년 7월 1일 영독협정, 국제법 규칙 및 원칙에 기초하여 KS섬 주변의 나미비아와 보츠와나의 국경선 및 이 섬의 법적 위치를 결정할 것(제1조)'이 ICJ에 요청되었다. 재판소에서 양당사국은 각각 Chobe강의 주된 수로가 KS섬의 북부수로인지(보츠와나 주장), 남부수로인지(나미비아 주장)를 중심으로 답변하였다.

II. 판결요지

이 사건에서의 적용법은 1890년 조약이다. 조약해석에 관하여는 *Libyan Arab Jamahiriya/Chad Territorial Dispute* 사건 ICJ판결(1994년)을 비롯하여 지금까지의 판례에서 시사하듯이 조약법에 관한 비엔나협약 제31조는 국제관습법으로서 이 조약의 비체약국인 양국에도 적용된다.

1890년 조약은 Chobe강의 '주된 수로의 중앙(centre of the main channel)'을 양당사국의 영향력이 미치는 범위의 경계선으로 규정하고 있다. 따라서 재판소의 최초 작업은 강의 '주된 수로'의 '중앙'을 결정하는 것이다. 독일어 '탈베그(thalweg)'의 개념은 국경획정조약에서 다양한 정의를 가지고 있으며 영어의 '중앙(centre)'과는 동의어가 아닌 점에는 유의하여야 하지만, 1890년 조약 체결 당시에 수로의 '탈베그'는 '중앙'으로 대체가능한 용어로서 사용된 것으로 생각된다.

다음으로 재판소는 주된 수로가 보츠와나가 주장하는 Chobe강의 북부수로인지, 나미비아가 주장하는 Chobe강의 남부수로인지를 검토한다. 주된 수로를 확인하기 위한 근거로 수심, 수폭, 수량, 강바닥의 구조, 항행가능성 등에 대하여 검토한 결과, Chobe강의 북부수로를 주된 수로로 보아야 할 것이다.

양당사국은 1890년 조약을 해석하기 위하여 '추후의 관행(subsequent conducts or practice)'에 의거하였다. 보츠와나는 양국 및 그 선행국에 의한 Chobe강 조사보고서 등 3개의 보고서를 제출하였지만, 이들 문서가 양당사국의 합의를 형성하는 것은 아니다. 또한 나미비아는 나미비아에 속한 마수비아족이 이 섬을 관리 및 사용하여왔던 사실과 나미비아당국에 의한 이 섬에 대한 관할권행사, 그리고 보츠와나 및 그 선행국에 의한 상기 사실의 묵인이 '추후의 관행'으로 인정된다고 주장하였지만, 재판소는 이 사실들이 조약법에 관한 비엔나협약 제31조 3항(b)의 '추후의 관행'을 뜻하는 것은 아니며 동항 (a)의 '추후 발생한 합의'도 아니라고 결론지을 수 있다.

양당사국이 제출한 몇몇 지도는 비공식적일 뿐만 아니라 양당사국간 합의도 존재하지 않았으며 자료 역시 불확실한 것이어서 1890년 조약 해석의 결론을 바꾸는 것은 아니다.

대체수단으로 나미비아는 KS섬에 대하여 취득시효를 권원으로 하는 주장을 하였다. 이에 대하여 보츠와나는 시효에 대한 주장은 특별합의에 근거하여 재판소에 부탁한 문제의 범위에 포함되지 않는다고 반론하였다. 재판소는 분쟁에 적용가능한 국제법 규칙 및 원칙은 ICJ규정 제38조 1항에 명기된 것으로 보는 양국간 특별합의 제3조에 비추어 체약국은 이 사건에서 적용가능한 법규칙 및 원칙이 단순히 조약해석에 관한 국제법 규칙 및 원칙에 한정되지 않는다는 의사를 가진다고 해석된다.

나미비아는 취득시효가 성립하는 근거로서 국가의 점유가 ① 주권의 행사로 행하여질 것, ② 평화적 그리고 중단없이 이루어질 것, ③ 공연히 행해질 것, ④ 일정기간 지속할 것의 모든 요건이 필요하다고 주장하였다. 나미비아는 ①에 관하여 카프리비인(마수비아족)의 수장 및 정치조직에 의한 간접통치를 주장하였지만, 재판소는 카프리비인에 의한 이 섬의 점거는 주권의 행사라고는 할 수 없고, 필요요건을 충족하지 않는다고 판단한다.

마지막으로, 양국의 대통령이 1992년 5월 24일 공식성명에서 특히 여행자의 자유이동을 포함한 항행의 보장에 관하여 합의한 사실 및 이 사건에서 이 합의의 해석에 비추어 볼 때 KS섬의 수로에서 양국 국민의 선박 및 양국 국기를 게양하는 선박의 항행을 방해해서는 안 된다는 것을 양당사국이 서로 받아들인 것으로 결론내린다.

이상에서 재판소는 양당사국의 국경선은 Chobe강의 북부수로의 최심선(最深線)에 따를 것, KS섬은 보츠와나의 영토의 일부를 구성할 것과 KS섬 주변의 2개의 수로에 관하여 양국 국민 및 양국 국기를 게양한 선박이 동등하게 내국민대우를 향유하여야 한다고 판결한다.

III. 해설

1. 영토문제의 성질

1980년대부터 비식민지화의 결과로 독립한 개도국(특히 아프리카 국가들) 사이의 국경획정 및 영토귀속을 둘러싼 분쟁을 ICJ에 부탁하는 사례가 증가하고 있으며, 이 사건도 그 중 하나이다. 당시 이 지역을 지배하고 있었던 영국, 독일 양국이 1890년 조약에 의하여 지극히 특이한 국경선을 그은 결과 '카프리비 회랑(回廊)'을 발생시켰고 이것이 이번 분쟁의 전제가 되었다. ICJ는 1986년 *Burkina Faso-Mali Frontier Dispute* 사건에서 영토귀속분쟁과 국경분쟁은 구별된다는 당사국의 주장을 받아드리지 않았고, 그 후 1994년 *Libyan Arab Jamahiriya/Chad Territorial Dispute* 사건에서도 그 입장을 그대로 유지하였다. 이 사건에서는 당사국 스스로가 이 구별에 대하여 다투지 않고 있어 재판소의 견해가 판례로 정착하였다고 볼 수 있다.

2. 조약의 해석

재판소는 이 사건에서 조약법에 관한 비엔나협약 제3부 제3절 조약의 해석에 관하여 몇 가지 중요한 사실들을 확인을 하였다.

첫째, 조약해석의 기본원칙으로서 재판소는 *Libyan Arab Jamahiriya/chad Territorial Dispute* 사건이나 1995년 *Oil Platform* 사건에 대한 판결의 입장을 그대로 유지하였고, 1890년 조약의 해석원칙으로서 조약법에 관한 비엔나협약 제31조가 국제관습법임을 재확인하였다. 둘째, 1890년 조약의 정문인 영어와 독일어의 복수언어에 의한 해석에 관해서도 당시 국제법학회의 하천항행에 관한 국제규칙초안을 인용하고, 조약의 준비과정에 대해서도 언급하면서 '각 정문(正文)에 있어서 동일한 의미를 가진다고 추정'(조약법에 관한 비엔나협약 제33조 3항)하였다. 한편 재판소는 1890년 조약을 해석하는 데 있어 "당사국에 의하여 재판소에 제출된 서류에 반영되는 '현단계'에서의 과학적 지식을 고려하는 것을 막을 수 없다"고 하면서 조약 체결 당시의 상황을 반드시 고집하지는 않는 태도를 취하였다. 셋째, 추후의 합의(조약법에 관한 비엔나협약 제31조 3항)에 관하여 재판소는 양당사국이 각각 제출한 증거에 대하여 양당사국의 합의를 뜻하는 것은 아니라는 점을 중시하며 신중한 태도를 보였다. 마지막으로 지도의 증거능력에 관하여 재판소는 양당사국이 제출한 지도에 관하여, 1962년 *Temple of Preah Vihear* 사건을 참고하여 당사국의 합의가 존재하지 않는 지도의 증거능력을 부정하였다. 모두 분쟁당사국의 합의 여부를 판단근거로 하는 것으로 그런 의미에서 조약법의 기본원칙인 *pacta sunt servanda*의 취지에 따른 것이라고 할 수 있다.

3. 취득시효

재판소는 보츠와나와 나미비아가 국제법상의 취득시효의 존재 및 취득시효에 의한 영역 취득권원의 조건에 관하여 합의가 존재한다는 점을 확인하면서도, "국제법에서 취득시효의 지위 또는 취득시효에 의한 영역취득권원의 조건에 관하여 관여할 필요는 없다"고 하고 있어 취득시효가 국제법상의 영역취득권원이라는 점에 대해서도 신중한 태도를 취하였다. 한편, 재판소는 취득시효에 관한 검토가 양당사국의 특별합의의 범위를 넘었다고 주장하는 보츠와나의 주장을 배척하고 재판소가 개별적으로 국제법규칙을 적용할 수 있다는 점을 근거로 "특별합의는 재판소가 나미비아가 주장하는 (취득)시효에 관한 주장의 검토를 배제하는 것은 아니다"라고 하고 있어 적어도 취득시효가 국제법상의 영역취득권원으로서 검토가능하다는 점을 전제로 하고 있다고 해석된다. 취득시효의 개념은 명확히 국내사법의 유추로 생각될 수 있으나, 여하튼 1928년 팔마스섬 사건(본서 사건 12번 참조)을 시작으로 취득시효가 주장된 사례가 몇몇 존재하기는 하지만 판례는 대체로 이 권원의 심리에 신중한 자세를 취하고 있다.

4. 하천의 자유항행

재판소는 KS섬의 귀속과는 별개로 섬 주변하천의 자유항행에 관하여 판단하였다. 재판소의 다수의견은 1992년 5월 24일 카나세성명에 의거하고 있으나, 그렇다면 이는 1890년 조약에 근거한 판단을 구한 양당사국의 특별합의에서 일탈하고 있다는 비판을 피할 수 없다. 이에 관하여 특별합의를 해석할 때 '관련한 성명이나 상황'을 고려하여야 한다는 Kooijmans 재판관의 의견, 섬의 법적 지위에는 섬주변의 하천 및 물의 법적 지위가 포함된다고 해석하는 Fleishhauer 재판관의 의견 등 소수의견이 존재한다. 실제 판결에서 섬의 귀속을 인정받은 보츠와나가 스스로 하천의 자유항행을 인정하고 있던 사실을 중시한 것으로 생각된다.

[니시무라 도모아키 (西村 智郎)]

국가책임

28. 바르셀로나 트랙션 전력회사 사건
(국제사법재판소)

29. 테헤란주재 미국대사관 사건
(국제사법재판소)

30. Rainbow Warrior호 사건
(UN사무총장결정, 중재판정부)

31. 가브치코보-나지마로스 프로젝트 사건
(국제사법재판소)

32. 제노사이드협약적용 사건
(국제사법재판소)

28. 바르셀로나 트랙션 전력회사 사건

[국제사법재판소] 벨기에 v. 스페인
제2단계판결 (1970년 2월 5일) ICJ Reports 1970, 3

I. 사실관계

바르셀로나 트랙션사(Barcelona Traction, 이하 'BT사')는 1911년에 캐나다법을 근거로 토론토(캐나다)에 설립되어 토론토에 본점을 둔 지주회사이며, 발전·송전사업을 위하여 스페인에 복수의 자회사를 설립하였다. 제1차 세계대전 후 이 회사의 주식은 대부분 벨기에 국민 및 법인이 소유하고 있었다. BT사는 페세타(peseta) 및 파운드(pound)화 사채(社債)를 발행하였지만 스페인 내전과 함께 1936년 사채이자의 지불이 정지되었다. 1948년 BT사로부터 파운드(pound)화 사채를 취득하였던 스페인 채권자가 이자의 미지급을 근거로 파산선고를 청구하였고 스페인 재판소가 이 회사의 파산을 선고하였다. 1949년에 파산관재인이 스페인 국외의 BT사 주식을 무효로 하고, 1952년에는 자회사의 주식을 신주발행의 형태로 경매하였다. 여기서 신주를 구입한 스페인계 회사가 스페인에서 BT사의 완전한 경영권을 가지게 되었다.

일련의 파산절차에 관하여 BT사로부터 제기된 소송은 소용이 없었다. 판결 후, 캐나다는 재판거부와 양자간 조약의 위반을 주장하여 외교적 보호를 개시하였지만, 1955년 이후로는 개입을 중단하였다. 스페인이 UN에 가입한 후 벨기에는 1927년 양국간의 분쟁해결조약에 의거하여 부탁합의의 체결을 시도하였으나 실패하였고, 이에 1958년 BT사의 손해배상을 청구하며 관할권의 근거로서 1927년 조약 제17조 및 ICJ규정 제37조를 원용하여 ICJ에 일방적으로 제소하였다. 한편, 스페인은 4개의 선결적 항변을 제기하였다. 1964년 판결(제1단계판결)에서 ICJ는 제1선결적항변(소송취하에 의한 제소(提訴)자격의 상실)에 관하여는 ICJ규정 제68조, 제69조에 따라 취하는 소송포기를 의미하지 않는다고 하고, 제2선결적항변(관할권 근거의 결여)에 관하여는 1927년 조약상의 PCIJ 재판관할권이 ICJ부탁의 근거가 된다고 판단하였다. 제3선결적항변(주주보호를 위한 청구권의 결여)과 제4선결적항변(국내구제절차 미완료)은 본안에 병합되었다. 이하에서 검토하는 1970년 판결(제2단계판결)은 병합된 제3선결적항변에 대한 판단이다.

II. 판결요지

'영역 내 외국투자나 외국인을 받아들인 경우 국가는 법률상의 보호를 부여하고 그 대우에 대하여 일정한 의무를 부담하지만 이 의무는 절대적이거나 무제한적인 것은 아니다. 국제사회 전체에 대한 국가의 의무와 외교적 보호의 틀 안에서 타국에 대하여 부담하는 의무는 본질적으로 구별하여야 한다. 전자는 모든 국가가 당해 권리의 보호에 법적이익을 가진다는 것으로 대세적인(*erga omnes*) 의무이다. 오늘날 국제법상 대세적 의무에는 침략이나 제노사이드의 금지, 기본적 인권의 보호 등이 있다.' 한편 '외교적 보호가 보장하려는 의무에 대하여 그 위반에 기초한 배상청구를 제기하기 위해서는 이를 청구하는 권리를 증명하여야 한다'(1949년 UN손해배상 사건 권고적의견, 본서 사건 7번 참조). 이 사건에서는 BT사(캐나다 국적)의 주주(벨기에 국적)에 대한 권리침해에 의해 벨기에의 권리가 침해되었는지 여부가 문제된다. 외교적 보호는 국적관련성을 근거로 하여 국가에 인정되는 것이기 때문이다.

회사제도는 본질적으로 국가가 그 관할권에 근거하여 설정하는 것이지만 '회사나 주주의 대우에 관한 국가의 권리에 관하여 법적 문제가 발생한 경우, 국제법이 고유의 규칙을 정하지 않으면, 국내법의 관련규칙을 참조하지 않을 수 없다.' 국내법상 회사는 고유의 권리와 의무를 가진다. 주식회사의 경우 회사와 주주의 권리는 엄격하게 구별되어, 회사가 존속하는 한 주주는 회사 자산에 대한 권리를 일절 가지지 못한다. 따라서 회사와 주주가 각각 손해를 입었다고 하더라도 양자가 함께 배상청구권을 가지는 것은 아니다. 회사로의 손해가 주주에게 손해를 끼치는 경우도 있지만, 손해발생만으로 외교적 보호를 행사할 수 없다. "책임은 권리침해의 경우에만 발생하는 것이며, 단순히 이익침해로부터 발생하는 것은 아니다." 그리고 주주의 고유한 권리가 침해된 경우에는 주주가 독립된 청구권을 가지지만 벨기에는 이 점을 주장하지 않고 있다. 국내법상 법인의 존재는 절대적인 것은 아니며, 특정의 상황에서는 '법인의 베일(veil)을 벗기거나' '법인격을 부인'하는 경우가 있다. 이 법리는 국제법상으로도 유사한 역할을 하고 있다. 이 사건에서는 다음의 두 가지 경우에 해당하는지 여부를 검토한다. 즉, 회사가 소멸한 경우 또는 회사의 국적국이 주주의 보호를 위하여 행동할 자격을 잃은 경우이다. 첫째, BT사는 경제적으로는 완전히 마비되어 있었지만 법적으로 소멸한 것은 아니기 때문에 소송을 제기할 수 있으며, 회사 자신의 권리나 주주의 이익을 보호할 수 있었다. 둘째, '전통적 규칙에 의하면 회사의 외교적 보호권을 가지는 것은 회사의 설립지국 및 본점 소재지국이기' 때문에 진정한 관련성(1955년 *Nottebohm* 사건)은 지지되지 않는다. 이 사건에서는 캐나다는 BT사의 설립지국 및 본점 소재지국으로 1948년 이래 BT사에 대한 외교적 보호를 행사하고 있다. 국제법상 외교적 보호권은 국가 고유의 권리이며, 국가가 적당하다고 생각하는 수단과 방법에 의하여 외교적 보호권을 행사할 수 있다. 이 사건의 소송에도 불구하고 캐나다는 외교적 보호권을 가진다.

국제법의 일반규칙상 외자기업에 대한 위법행위에 관하여 청구를 제기할 수 있는 것은 회사의 국적국뿐이다. 지난 반세기 동안 대외투자의 확대나 회사의 국제적 활동이 증대를 보인다고는 하나 주주를 보호하기 위해서는 조약 또는 투자자와 투자유치국 간의 특별합의에 기댈 수밖에 없다. 다만, 이 사건에서 이러한 종류의 합의는 당사국 간에 없다.

형평을 고려하여 주주의 국적국에 외교적 보호를 인정하면 외교적 보호의 경합적 청구에 길을 열고 국제경제관계에 혼란과 불안정을 발생시킨다. 주주의 국적국이 2차적인 외교적 보호권을 가진다고

국가책임

하여도 회사의 국적국에 의한 외교적 보호권이 존속하는 이상 주주의 국적국이 부차적인 보호권을 행사하는 것은 인정되지 않는다. 국제적 활동을 목표로 하는 회사의 설립자는 국가가 외교적 보호의 행사 여부에 관하여 재량권을 가진다는 것을 고려하여야 한다. 통상적으로 외국에서의 회사 설립은 유치국에서의 대우조치를 고려하여 행하여지지만, 이 경우에 역으로 회사의 보호를 주주의 국적국 이외의 국가에 위임한다는 리스크를 동반한다. 이상과 같이, 벨기에의 원고적격이 증명되지 않았기 때문에 스페인의 제3선결적 항변을 인용하여 이 사건의 청구를 기각한다.

III. 해설

1. 판결의 의의

이 사건은 회사가 손해를 입은 경우에 주주의 국적국이 외교적 보호을 행사할 수 있는지의 여부에 관한 것이며 판결의 요점은 다음과 같다. 첫째, 주주 고유의 권리가 침해된 경우에 주주의 국적국에 의한 외교적 보호 청구가 인정된다(이는 후에 2006년에 채택된 ILC의 외교적 보호에 관한 제2초안 제12조에 도입되었다). 둘째, 주주가 이익에 손해를 보았다고 하더라도 회사의 권리만이 침해된 경우에 주주의 국적국에 의한 외교적 보호 청구는 인정되지 않는다. 다만, 예외적인 상황에서 이와 같은 청구가 인정될 가능성이 있지만(piercing the corporate veil) 이 사건은 그 사례에 해당하지 않는다.

본 판결은 첫째로 국제투자법의 촉진에 영향을 미쳤다. 판결에서는 주주의 국적국에 의한 주주보호가 인정되는 것은 조약 또는 투자자 개인과 투자유치국간 특별협정이 있는 경우에 한정된다고 하고 있기 때문에 전통적인 외교적 보호 제도가 주주보호의 관점에서 충분히 기능하지 않는다는 점이 드러났다. 따라서 본 판결 이후 투자보호협정이나 투자보호제도(ICSID 등)에 의한 주주보호의 경향이 급속도로 확대되어 오늘날 국제투자법 형성으로 연결되었다. 둘째, 본 판결은 판례상 처음으로 '대세적 의무(obligation *erga omnes*)'라는 개념을 명시적으로 언급한 점에서 주목된다. 이 개념은 외교적 보호의 행사를 위해서는 자국의 권리가 침해될 것이 요구된다는 취지에서 방론적(傍論的)으로 언급된 점에 지나지 않았지만, 이해당사자간 책임으로만 인정되어오던 종래의 이변적 국가책임론을 전환시킬 만한 영향력(impact)을 가지고 있었다. 이후 이 개념은 강행규범, 민중소송 및 국제범죄개념의 전개에 큰 영향을 끼쳤다. 또한 판례상 민족자결권(1995년 동티모르 사건, 본서 사건 39번 참조)이나 제노사이드협약상의 권리의무(1996년 제노사이드협약적용 사건에서 관할권 판결, 본서 사건 32번 참조)에 관하여도 대세적 성질이 인정되고 있다.

2. 회사의 고유성과 그 국적결정기준

이 사건에서 ICJ는 국제법 규정이 없는 부분에 대하여 국내법을 '참조'하여 회사의 권리와 주주의 권리를 구별하였다. 회사의 권리가 침해된 경우, 간접적으로 주주의 이익이 침해되지만 그렇다 하더라도 주주에 대한 책임은 발생하지 않는다. 다만 외교적 보호의 문맥에서 이러한 구별은 불필요하다는 견해도 있다(Tanaka 재판관 개별의견). 본 판결에 의하면 회사의 권리 침해가 발생한 경우, 외교적 보호 청구는 회사의 국적국이 행사할 수 있지만, 국적국인지 여부에 대한 결정기준으로는 진정한 관련성(*Nottebohm* 사건 판결)이 아니라 설립지국과본점 소재지국이라는 형식적인 요건이 채택되고 있다. 이 경우는 주주의 국적국에 의한 외교적 보호를 인정하는 양자조약이 존재할 때에는 특별히 문제가 되지 않는다. 실제로 1989년 *Elettronica Sicula S.p.A* 사건 판결에서는 미국·이탈리아 우호통상항해조약에 의거하여 미국의 청구가 인정되었다.

3. 법인격 베일 벗기기 (Piercing the corporate veil)

원칙적으로 회사에 대한 외교적 보호는 회사의 국적국에만 인정된다. 그러나 법인격을 기준으로 한다면 주주보호가 불충분 또는 불가능한 경우 법인격의 베일을 벗기고, 그 배후에 있는 주주를 직접적으로 구제하려는 것이 '법인격 베일 벗기기(piercing the corporate veil)'이다. 다만 ICJ는 회사의 국적국(캐나다)에 의한 외교적 보호가 존속하는 이상 이 법리에 의거하여 주주의 국적국(벨기에)에 의한 외교적 보호를 인정할 필요는 없다고 판단하였다. 또한 그 후 이 법리는 ILC의 외교적 보호에 관한 초안 제11조에 채택되었는데, 그 배경에는 이 사건의 판결이 결정적인 영향을 주고 있다. 아울러 2007년 *Diallo* 사건의 선결적 항변에 대한 ICJ 판결에서는 원고 기니가 피고 콩고민주공화국 국적의 회사(주주의 국적은 기니)를 보호하기 위하여 조문 초안 제11조에 의거하여 법인격 베일 벗기기 법리의 적용을 주장하였다. 그러나 ICJ는 제11조(b)항 후단의 요건(위법행위국에서 회사설립의 강제성요건)을 충족하지 않는다는 것을 이유로 이 청구를 기각하고 원고 기니의 제소적격을 부인하고 있다. ICJ는 제11조가 관습법으로 확립하였는가 여부에 관한 판단에 대해서는 회피하고 있다.

[타마다 다이 (玉田 大)]

29. 테헤란주재 미국대사관 사건

[국제사법재판소] 미국 v. 이란
판결 (1980년 5월 24일) ICJ Reports 1980, 3

I. 사실관계

1979년 11월에 학생을 중심으로 한 무장집단이 테헤란주재 미국대사관을 습격·점거하여 대사관 직원과 미국인을 인질로 삼고, Tabriz와 Shiraz에 있는 미국영사관도 습격·점거하였다. 일련의 습격·점거·인질행위가 발생하였을 때 이란정부에서 파견된 경비요원은 사건 직전에 자취를 감춰 습격을 저지하지 않았고, 미국대사관이 재차 구조요청을 하였으나 이란정부는 어떠한 조치도 취하지 않았다. 그뿐만 아니라 이란 최고지도자인 Khomeini는 무장집단의 행위를 승인하고 대사관과 영사관의 점거 및 인질행위를 계속할 것을 결정하였다.

미국은 당해 사건에 관하여 이란정부가 상기의 습격·점거·인질행위를 묵인·조장하고 무장집단의 처벌을 태만히 하였다고 하면서 외교관계에 관한 비엔나협약과 영사관계에 관한 비엔나협약 등을 근거로 ICJ에 ① 이란에 의한 국제의무위반의 존재, ② 대사관·영사관의 원상회복·인질의 석방·책임자의 소추 내지 인도, ③ 미국에 대한 금전배상의 지불을 판결해줄 것을 요청하였다. 아울러 미국은 인질의 신속한 석방과 함께 대사관·영사관의 명도 등을 요구하는 잠정조치도 요청하였다.

이에 대하여 이란은 ICJ에 출석하지는 않았으나 두개의 서한을 제출하였다. 1979년 12월 9일자 서한에서 이란은 사건의 배경으로 특히 미국의 CIA(중앙정보국)가 실행한 1953년 쿠데타, Mossadegh 박사의 정통국민정부의 전복(転覆) 그리고 미국의 지원을 통해 이루어진 국왕(Shah) 정권의 부활 등 25년간에 달하는 이란 국내문제의 계속적인 간섭을 언급하며, 이 사건은 조약의 해석 및 적용의 문제가 아니라 미국의 간섭이라는 전반적 문제의 주변적 그리고 이차적인 측면을 나타내는 것에 불과하기 때문에 ICJ가 이 사건을 전체적인 정치적 문맥에서 떨어져 심리하는 것은 불가능하다고 주장하였다.

이와 같이, 이 사건은 (i) ICJ는 분쟁의 정치적 배경을 이유로 관할권의 행사를 거부할 수 있는가, (ii) 무장집단이라는 사인의 행위를 이란의 행위로 간주하여 국가책임을 인정할 수 있는가, (iii) 미국의 계속적인 간섭을 이유로 대사관 등의 습격·점거나 대사관 직원 등의 인질행위가 정당화될 수 있는지 여부가 쟁점이 되었다.

또한 잠정조치단계에서 ICJ는 (i)에 관하여 부정적인 답변을 한 후에 이 사건은 관련된 사람들의 생명과 건강이 위기에 처하고 회복불능한 손해가 발생할 가능성이 심각하다고 보아 이란에 대하여 미국의 대사관 및 영사관에 대한 지배권 회복과 인질의 즉시석방 등을 명하였다.

II. 판결요지

이 사건의 소송에 이란은 출석하지 않았으므로 ICJ규정 제53조에 근거하여 재판소는 직권에 의해 선결적 문제를 다루어야 한다. 이란은 서한에서 미국이 주장하는 외교법 및 영사법의 위반은 25년간 미치는 국내문제에의 계속적 간섭이라는 전반적 문제와 분리하여 심리할 수 없다고 주장하였다. 그러나 재판소에 부탁된 법률적 분쟁이 정치적 분쟁의 일면에 지나지 않는다는 이유로 재판소가 당해 분쟁의 해결을 거부하여야 한다는 견해에 대한 근거는 UN헌장 또는 ICJ 규정 어디에도 존재하지 않는다.

본안에 관한 주요한 사실은 두 가지 관점에서 검토되어야 한다. 첫째, 문제가 되는 행위가 이란에 귀속되는지에 관한 여부이고, 둘째, 당해 행위가 조약 이외의 국제법 규범에 근거한 이란의 국제의무와 양립이 가능한지에 관한 여부이다.

사건의 제1단계는 1979년 11월 14일의 무장집단에 의한 미국대사관·영사관의 습격·침입, 거주자의 인질행위, 미국재산 및 공문서의 무단점유와 이들 문제에 직면하여 취한 이란당국의 행동이 문제된다. 무장집단은 이란의 직원이나 기관으로서 공적인 지위(official status)를 가졌던 것은 아니므로 이러한 무장집단의 행위를 이란에 귀속시킬 수는 없다. 무장집단이 이란의 권한있는 당국에 의해 특정 공작의 수행임무를 부여받아 국가를 대신하여 행동한 일이 증명되는 때에만 그들의 행동이 직접 이란에 귀속될 수 있다. 그러나 이 결론은 이란이 이 사건에 관하여 어떠한 책임도 없다는 것을 의미하는 것은 아니다. 이란은 외교관계에 관한 비엔나협약·영사관계에 관한 비엔나협약에 의해 접수국으로서 대사관·영사관, 그 직원, 공문서, 통신수단을 보호하고 직원의 이동의 자유를 확보하기 위하여 적당한 조치를 취하여야 할 명백한 의무를 가지고 있다. 재판소가 인지하고 있는 사실에 의하면 이란은 자신의 의무도, 당국으로서 행동하여야 할 긴급의 필요성도 인지하고 의무이행을 위한 수단도 가지고 있었지만 무장집단의 습격 등을 저지하기 위한 적당한 조치를 전혀 취하지 않았다. 이러한 사실은 이란의 해태의 원인이 단순한 부주의나 적당한 수단의 결여만은 아니란 것을 나타낸다. 이러한 이란정부의 부작위는 그 자체로 미국에 대한 이란의 의무의 명백하고 심각한 위반을 구성한다.

사건의 제2단계는 무장집단에 의한 미국대사관·영사관의 점거 완료 후에 발생한 일련의 사실을 모두 포함한다. 이란은 대사관·영사관, 공문서, 외교·영사직원의 불가침에 대한 침해를 즉시 종료시키고 원상회복을 위해 모든 적당한 조치를 취하여야 할 의무가 있었지만, 그러한 조치를 취하지 않았다. 대사관·영사관의 점거나 거주자를 인질로 한 억류·유지에 대해서는 1979년 11월 17일 Khomeini의 명령과 그 후 이란당국의 행동을 통하여 최종적으로 정부에 의해 공식적으로 승인되어 계속결정이 내려졌다. 이는 사태의 법적 성질을 근본적으로 바꾸는 것으로 Khomeini에 의한 승인과 계속결정은 대사관·영사관의 점거와 인질 억류의 계속을 국가의 행위로 변질시키는 것에 이르렀다. 이러한 결정은 방지의무위반보다 한층 심각하게 조약의 반복적 그리고 다양한 유형의 위반을 발생시켰다.

이란은 25년에 달하는 미국으로부터의 간섭이 이란국민에 대한 죄에 해당한다고 주장하였지만 이는 증명되지 않았다. 증명되었다 하더라도 이란의 행동을 정당화하는 이유가 되지는 않는다. 사절단의 임무남용에 대하여는 외교관계에 관한 비엔나협약 제9조나 영사관계에 관한 비엔나협약 제23조에 기피인물선언(*persona non grata*)이 규정되어 있고, 한층 더 근본적인 구제로서 접수국이 자유재량으로 파견국과의 외교관계를 단절하는 권리가 인정되고 있다. 요컨대 외교법은 자기완비적제도(self-contained regime)로서, 한편에서는 외교사절단에 부여하여야 할 편의나 특권면제에 대하여 접수국의 의무를 정하고, 다른 한편으로는 사절단의 구성원에 의한 임무 위반을 예견하고 이러한 위반에 대항하기 위하여 접수국이 자유롭게 사용하는 수단을 특정하고 있는 것이다.

재판소는 이란은 일반 국제법 및 양자간에 효력있는 조약상의 의무를 위반하였고, 미국에 대한 국가책임을 진다고 결정한다. 또한 이란에게 인질 억류의 종료와 석방, 출국의 보장, 대사관·영사관의 명도 등을 명하고 미국에 발생한 손해에 대하여 배상할 의무가 있다고 결정한다.

III. 해설

1. 분쟁의 정치적 성격과 사법재판

이란은 이 사건의 분쟁이 미국과 이란과의 25년간의 '정치기록'과는 분리하여 생각할 수 없기 때문에 사법판단으로 해결할 수 없다고 주장하고 있다. 이는 전통적인 정치적 분쟁이론에 의거한 주장이라고 생각할 수 있지만 재판소는 다수의 사건에서 주권국가 간의 법률적 분쟁은 광범위하고 장기적인 정치적 분쟁의 일면에 불과하지 않는다는 것을 인정하며, ICJ의 역할은 법률상의 계쟁문제를 해결하는 것에 있다고 하였다. 국제분쟁의 양면적 성격에서 정치기관과 사법기관에 분쟁이 동시에 (소송)계속될 가능성은 있지만, 이 사건의 분쟁에서도 안전보장이사회가 인질의 즉시석방을 명하는 결의 457을 채택하고, ICJ도 잠정조치와 본안에서 모두 인질의 석방을 명하였다. 재판소는 UN총회에 대한 안전보장이사회의 우위성을 인정하는 UN헌장 제12조에 해당하는 명문규정이 안전보장이사회와 ICJ와의 관계에 관해서는 존재하지 않으므로 동시에 소송계속도 인정된다고 한다.

2. 사인행위의 국가귀속

원칙적으로 사인의 행위는 국가에 귀속되지 않고 국가는 스스로의 행위만을 책임진다. 이 사건에 있어 재판소는 국가의 행위에 관하여 행위자가 국가의 '공적인 지위'를 가질 것이 필요하다고 하였다. 또한 사인의 행위라고 하여도 국가의 권한있는 기관에 의해 특정활동을 수행하도록 명령을 받은 형태에서 사인이 국가를 대신하여 행동한 경우, 그 사인의 행위는 국가에 귀속한다고 한다. 아울러 사인의 행위를 국가가 승인한 경우에는 당해 행위가 국가에 귀속된다는 것이 명확해졌다. 국가에 의해 승인·채택된 사인행위의 국가귀속에 관하여, ILC 국가책임에 관한 초안 제11조는 소급적 효과를 일단 인정하고 있지만, 어느 시점까지 소급하여 책임이 발생하는 것인지에 관하여는 불명확한 부분이 남아 있다.

3. "적절한 조치를 취해야 할" 의무의 위반 인정

이 사건에서 재판소는 국가책임의 발생요건에 관하여 행위의 국가로의 귀속과 국제의무위반의 존재라는 두 가지 요건설을 채택하고, 통설 및 국가책임초안과 같은 입장을 취하고 있다. 그러나 의무위반의 인정에 관하여는 고의, 과실 등의 주관적 요인을 고려하지 않는 객관책임주의에 완전히 의거한 것은 아니다. 이 사건에서 이란은 전혀 대사관에 대한 습격을 방지하거나 저지하지 않아 완전한 부작위가 인정된 것인데, 재판소가 이란 측의 사건의 인식, 사태의 긴급성, 취할 수 있는 수단의 보유 등의 주관적 사정을 고려한 후에 의무위반을 인정한 것은 주목할 만하다.

4. 외교관계법과 자기완비적제도

자기완비적제도는 책임국의 일정한 국제법규범의 위반에 대하여 피해국은 당해 규범이 그 일부를 구성하는 조약 등에 사전에 규정된 대응만을 취하도록 하는 제도이다. 이 사건에서는 설사 25년간에 달하는 미국의 간섭이 국제위법행위라고 인정되더라도, 당해 행위에 대한 대항조치로서 이란이 미국 대사관·영사관과 그 직원의 특권면제를 침해하는 행위는 정당화되지 않는다는 문맥에서 문제가 되었다. 그러나 재판소는 외교관계에 관한 비엔나협약, 영사관계에 관한 비엔나협약의 자기완비적 성격을 사절단 구성원의 불법활동에 대한 접수국의 대항조치를 한정하여 검토하고 있는 것으로도 보여, 어디까지 일반법상의 대항조치를 배제할 수 있는가에 관하여는 명확하지 않은 문제로 남아 있다. 또한 재판소는 외교·영사관계의 중요성을 강조하며 사절단의 불가침 원칙의 근본적 성격을 자기완비적제도의 근거에서 찾았다. 한편 외교관계에 관한 비엔나협약은 외교특권면제의 근거를 국가위엄설과 기능설에서, 영사관계에 관한 비엔나협약은 영사특권면제의 근거를 기능설에서 찾고 있지만, 국가책임에 관한 초안 제50조도 외교·영사사절단으로의 대항조치의 금지에 관하여 그 근거를 기능설에서 찾고 있다. 이와 같이, 자기완비적제도의 근거와 적용범위에는 견해의 상위나 불명확한 점이 있어 현단계에서 일반화하는 것은 어렵다고 할 수 있다.

[반자이 히로유키 (萬歲 寶之)]

30. Rainbow Warrior호 사건

[UN사무총장 결정, 중재판정부] 뉴질랜드/프랑스
UN사무총장 결정 (1986년 7월 6일) 19 RIAA 197; 74 ILR 241
중재판정부 판정 (1990년 4월 30일) 20 RIAA 215; 82 ILR 499

I. 사실관계

1985년 7월, 뉴질랜드의 오클랜드(Aukland)항에 정박 중이던 선박 Rainbow Warrior호가 폭파되어 침몰하였다. 이 선박은 환경보호단체 그린피스가 소유하는 선박으로 프랑스의 핵실험에 항의하기 위해서 입항하고 있었다. Alain Mafart 소령(남성), Dominique Prieur 대위(여성) 두 명의 프랑스 군인이 뉴질랜드 당국에 의하여 용의자로 체포되었고 재판에서 10년의 구금형을 받았다. 프랑스는 사건의 책임을 인정하면서 한편으로 두 군인의 석방을 요구하였으나 뉴질랜드는 이를 거부하였다. 프랑스는 뉴질랜드상품의 수입을 일시 제한하는 등의 조치를 취하고 분쟁은 심화되었다.

양국은 이 사건에 관한 일체의 문제를 UN사무총장에게 맡기고 그 결정에 따르기로 합의하였다. UN사무총장은 양국에 서면에 의한 의견 제출을 요구하였고 결정을 내렸다.

양국 간 결정실시를 위하여 세 가지 협정이 체결되었다. 이에 따라 두 명의 프랑스 군인을 남태평양의 아오섬(Island of Hao)으로 이송하여 뉴질랜드의 동의 없이는 최소한 3년간은 섬을 떠날 수 없도록 하였다.

프랑스가 이 두 명을 뉴질랜드의 동의 없이 프랑스 본토로 이송함에 따라 중재가 제기되었다. 1987년 12월 프랑스는 Mafart 소령의 복통을 아오섬의 의료설비로는 검사 및 치료할 수 없다고 주장하였고, 뉴질랜드는 자국의 의사에 의한 진료를 요구하였으나 프랑스는 지체 없이 그를 본토로 이송하였다. 그 후에도 프랑스는 소령을 프랑스 본토에 머무르게 하였다. 다음해 5월에 프랑스는 Prieur 대위가 임신한 사실을 통보하고, 고령출산이기도 하고 아오섬의 설비로는 불충분하기 때문에 프랑스 본토에 이송할 필요가 있음을 주장하였다. 뉴질랜드는 자국의 의사에 의한 진료를 요구하였으나, 프랑스는 대위의 아버지가 위독한 상태에 있다는 이유로 이송하였다. 대위는 프랑스 본토에서 출산하였고, 이후 아오섬으로 돌아가지 않았다.

뉴질랜드는 두 명을 아오섬으로 복귀시킬 것을 요구하며, 협정에 따라 중재판정부의 설치를 요구하였다. 세 명의 재판관으로 구성된 판정부가 판정을 내렸다.

II. 결정 및 판정요지

1. UN사무총장결정

프랑스 수상은 뉴질랜드 수상에게 정식으로 무조건적인 사죄(satisfaction)를 하여야 한다.

양국은 뉴질랜드가 입은 손해에 대한 금전배상의 지불의무가 있다는 것에 의견이 일치하고 있다. 그러나 금액에 있어서 뉴질랜드는 미화 900만 달러를, 프랑스는 미화 400만 달러를 주장하고 있다. 프랑스는 미화 700만 달러를 지불하여야 한다.

두 명의 프랑스 군인에 대하여, 프랑스가 즉시석방을 주장하는 것에 대해 뉴질랜드는 두 명의 석방은 뉴질랜드의 사법제도를 침해하는 것이라고 반론하는 한편, 국외에서의 형 집행을 인정할 용의가 있다고 하였다. 뉴질랜드는 두 명의 신병을 프랑스에 인도하고 프랑스는 두 명을 유럽 외의 고도(孤島)에 있는 프랑스 군시설(아오섬의 시설이 최적이다)에 3년간 격리시켜야 한다.

무역문제에 대하여, 프랑스는 뉴질랜드산 상품의 유럽공동체(EC)로의 수입을 방해해서는 안 된다. 결정을 이행하기 위하여 양자간 협정을 체결하여야 하며, 또한 협정의 해석 및 적용에 관한 분쟁은 중재판정에서 해결하는 것을 정하는 협정도 체결하여야 한다.

2. 중재판정부의 판정

적용법규에 관하여, 뉴질랜드는 조약위반 시 조약법이 적용되며 조약의 종료원인에 해당하지 않는 한 이행의무를 면할 수 없다고 주장한다. 프랑스는 조약위반의 결과에 국가책임법이 적용된다고 주장한다. 조약위반 시 상기의 법이 모두 적용가능하며 조약법은 조약을 성실하게 준수할 의무 위반의 여부, 특히 중대한 위반의 여부 결정에 적용되나, 위법성조각사유 및 위반의 구제를 포함한 조약위반의 결과에는 책임법이 적용된다.

위법성조각사유에 대하여, 이 사건에서 문제가 되는 것은 조난이다. 불가항력은 비의도적인 행위로서 이행을 절대적 혹은 물리적으로 불가능하게 하는 사유이므로 이 사건에는 해당하지 않는다. 조난은 극단적인 상황에서 국가의 행위를 수행하는 자 또는 보호를 위탁하는 자의 생명이나 신체를 구하기 위하여 국제의무에 부합하지 않는 행위를 취하는 것이다. 프랑스의 행위가 조난으로서 정당화되기 위해서는 의학적 혹은 기타의 극단적인 긴급상황이 존재할 것, 해당상황이 종료되면 즉시 당초의 상황을 회복할 것, 뉴질랜드의 동의를 얻기 위하여 성실히 노력할 것이라는 세 가지 조건이 충족될 필요가 있다.

1987년 12월에 소령을 이송한 것에 대하여, 프랑스 본토에서 진찰한 뉴질랜드 측 의사도 이송의 필요성을 묵인하고 있으므로 이는 프랑스의 의무위반이 아니다. 그러나 다음 해 12월에는 건강을 회복하였고 이에 따라 프랑스는 소령을 아오섬으로 돌려보내야 할 의무가 있으나 협정을 계속적으로 위반하였다. 대위에 대하여서는, 임신이 특별한 간호를 필요로 하고 타히티섬의 시설로는 불충분하다는 점이 증명되지 않았다. 이에 프랑스 본토로의 이송에 대하여 뉴질랜드의 동의를 성실하게 구하지 않은 점 및 이송 후 아오섬으로의 복귀를 명하지 않은 점을 볼 때 프랑스는 협정의 중대하고 계속적인 위반을 하였다.

뉴질랜드는 협정이 3년간의 격리를 규정하고 있으며 중단이 있으면 남은 기간만큼 프랑스는 두 명을 격리할 의무가 있다고 주장한다. 그러나 협정을 해석하면, 격리기간은 3년 후인 1989년 7월 22일

종료되고 프랑스의 의무도 종료된 것으로 인정된다. 프랑스의 협정위반이 뉴질랜드의 위엄 및 위신에 대한 정신적·법적 손해를 발생시켰다고 인정된다. 뉴질랜드는 협정의 특정이행으로서 두 명을 아오섬으로 복귀시킬 것을 요구하고 있으나, 이는 원상회복이 아닌 위법행위의 정지에 해당한다. 정지를 명하기 위해서는 위반이 계속적이고 의무가 판결일 당시 유효할 필요가 있으나, 프랑스의 의무는 이미 종료되었으므로 뉴질랜드의 청구를 기각한다. 뉴질랜드는 정신적·법적 손해에 대하여 금전배상을 요구할 권리를 가지지만 뉴질랜드가 금전배상청구를 하지 않으므로 금전배상지급은 명하지 않는다. 프랑스가 국제의무를 위반하였다는 선언이 뉴질랜드가 받은 정신적·법적 손해에 대한 사죄(satisfaction)를 구성한다. 금전배상의 논란을 고려하여 양국이 우호관계를 촉진하기 위한 기금을 설립하여 프랑스에 미화 200만 달러 상당을 갹출할 것을 권고한다(판결에는 Keith재판관의 반대의견이 있다).

III. 해설

1. UN사무총장 결정의 성격

국제분쟁의 평화적 해결수단에는 중개, 조정 등의 비사법적 해결수단과 중재판정 및 사법재판의 사법적 해결수단이 존재한다. 양자를 구별하는 것은 분쟁당사자에 대한 구속력의 여부이다. 중개나 조정에서 제3자가 제시하는 해결안은 당사자를 구속하지 않는다. 중재판정에는 판정이유를 기재하지 아니하거나 '형평과 선,' 즉 법이 아닌 것을 판정준칙으로 하는 것이 존재하지만 이 또한 중재판정으로 분류되어 왔다.

따라서 이 사건에 대한 결정을 중재판정으로 분류하는 것이 다수설이다. 다만 결정에는 이유의 제시가 없을 뿐 아니라, 두 명을 아오섬으로 격리시키는 등 국제법 규칙에 기초할 수 없는 정치적 타협으로 보이는 부분도 있어 순수한 법에 근거한 재판으로 생각하기 어렵다. 한편, 의무적 중개라는 개념을 인정하여 결정을 여기에 귀속시킨다는 견해도 있다.

2. 조약법과 책임법의 관계

조약법에는 후발적 이행불능, 사정의 근본적 변화 등의 조약의 운용정지 또는 종료를 인정하는 사유(조약의 종료원인)가 존재하며, 국가책임법에도 위법성조각사유가 존재한다. 조약의 위반이 있을 경우 어느 쪽의 정당화 사유를 적용할 것인가가 문제이며, 조약의 위반 시 조약법만이 적용된다는 학설도 있다.

이 사건 중재판정은 조약위반의 결과에 대하여 중대한 위반에 따른 종료를 제외하고는 책임법이 적용된다고 하였다(본서 사건 31번의 1997년 가브치코보-나지마로스 프로젝트 사건 ICJ판결 참조). 책임법은 위반의 여부 및 위반으로 인하여 발생하는 결과(위반행위의 정지, 배상 및 대항조치)를 취급하며, 조약의 종료원인은 조약의 장래에 대한 효력을 다루고 있다고 생각된다. 그러나 위반의 정당화를 위하여 조약의 종료원인도 원용할 수 있는 등 단순한 구별이 가능하지 않다. 중대한 위반에 따른 조약의 운용정지와 대항조치의 관계 등 미해결된 문제도 있다.

3. 위법성조각사유

중재판정은 당시 ILC에서 심의중인 국가책임조문의 잠정초안(제24조)에 의거하여 조난을 위법성조각사유로 인정하였으나, 조난이 관행상 확립되었는지 여부는 논란의 여지가 있다. 이때 고려되었던 것은 시야 확보가 어려워 부득이하게 비의도적인 침범을 하는 경우 불가항력이 인정되는 것과 같이 국가의 선박이나 항공기가 악천후 등에 의하여 인명을 지키기 위하여 불가피하게 타국영역을 침범하는 사례이다. 이 사건은 그러한 예 이외의 상황에 적용된 특이한 사례이다. 판정은 사람의 건강에 대한 위험도 조난에 해당한다고 하였으나 ILC의 해석은 사람의 생명을 위협하는 상황에 한정하고 있다.

4. 책임의 해제

중재판정은 협정의 특정이행은 배상의 한 형식인 원상회복이 아니라 위법행위의 정지이며, 정지에는 작위를 의무화하는 것과 1차 의무의 특정이행도 포함되는 것이라고 하였다. 정지와 원상회복의 구별이 반드시 명확하지는 않다. 원상회복이라면 위반이 있었던 1차 의무의 유효성에 관계없이 의무화되나 정지는 그렇지 않다는 점, 원상회복은 물리적으로 가능한 범위에서 의무화 되나(불가능한 부분은 금전배상으로 대체된다) 정지는 예외 없이 의무화 되는 점에서 차이가 있다.

배상의 비금전적 형태로는 사죄(satisfaction)가 있다. UN사무총장결정으로 프랑스에 내려진 공식적인 진사가 이에 해당한다. 중재판정에서 행위가 위법이라는 선언도 1949년의 코르푸 해협 사건 본안판결(본서 사건 17번 참조)등의 판결에서 인정되어 온 사죄의 한 형식이다. 전통적으로 사죄는 국가원수, 외교사절, 국기 등에 대한 모욕으로 인한 국가의 위엄 및 위신의 침해, 즉 국가의 정신적 손해에 대한 배상으로 여겨져 왔다. 그러나 국가의 정신적 손해 개념은 애매하며, 영역주권의 침해(UN사무총장결정)나 협정의 위반(중재재판)도 포함되는 것인지, 법적 손해 개념이 존재하는 것인지에 대한 논란도 존재한다. 국가책임조문 제36조는 국가의 정신적, 법적 손해의 개념을 언급하지 않고 사죄를 정의하였다. 다만 해석에서는 위반사실자체에서 발생되는 것을 포함한 국가의 모욕을 언급하면서 본 판결을 인용하고 있다.

사죄의 형식으로서 실제로 받은 손해액을 웃도는 금전배상(이른바 징벌적 손해배상)이 인정될지 여부는 논란의 여지가 있다. 이 사건 결정은 징벌적 배상을 지시하였다고 보는 것이 가능하나 그 근거를 제시하지는 않는다. 중재판정도 방론이기는 하나 비슷한 배상을 인정하였다. 그러나 징벌적 배상을 부정하는 판결이나 견해도 많아 국가책임조문은 잠정초안에서 사죄의 형식에 포함되어 있었으나 최종초안에서는 삭제되었다.

[유야마 도모유키 (湯山 智之)]

31. 가브치코보-나지마로스 프로젝트 사건

[국제사법재판소] 헝가리 / 슬로바키아
판결 (1997년 9월 25일) ICJ Reports 1997, 7

I. 사실관계

헝가리와 체코슬로바키아는 1950년대부터 다뉴브강을 이용한 수력발전에 관한 공동사업을 계획하고, 1977년에 기본계획을 정한 조약을 체결하였다(1977년 조약). 이 조약에서는 체코슬로바키아 영내의 가브치코보(Gabčíkovo)와 헝가리 영내의 나지마로스(Nagymaros)에 수력발전용 댐을 건설하는 것과 더불어 관계유역의 치수 및 하천 항행의 개선을 계획하였다.

이 계획에서는 헝가리가 가브치코보의 상류역에 있는 듀나키리치(Dunakiliti)에 댐을 건설하고 다뉴브강의 흐름을 가브치코보에 전류(転流)하는 것이 예정되어 있었다. 그러나 1980년대 말부터 헝가리의 민주화를 요구하는 움직임이 가속화됨과 동시에, 환경보호운동의 무시할 수 없는 정치적 압력으로 인하여 본 계획의 수정이 불가피하게 되었다. 헝가리에서는 아직 방수보의 건설이 초기의 가설상태였던 반면, 체코슬로바키아에서는 예정된 공사가 거의 종료되어 양국간의 교섭은 합의에 이르지 못하였다. 그 결과 헝가리는 기본계획의 실시를 일방적으로 포기하기에 이르렀다. 이러한 상황에서 체코슬로바키아는 헝가리가 건설하기로 예정되어있었던 듀나키리치댐 대신 자국 영내의 큐노보(Cunovo)에 잠정적인 댐을 설치하여 다뉴브강의 흐름을 전류하기로 1991년에 결정하고(바리안트 C, Variant C), 이듬해인 1992년에 다뉴브강의 흐름을 가브치코보로 유인하여 수력발전을 개시하였다. 그에 반하여 헝가리는 체코슬로바키아가 바리안트 C에 착수한 후 1977년 조약을 정식으로 폐기하는 입장을 일방적으로 통보하였다.

체코슬로바키아가 1993년에 연방을 해체하고 슬로바키아가 독립한 후, 슬로바키아와 헝가리는 이 사건을 ICJ에 부탁하는 것에 합의하고 헝가리의 1977년 조약에 근거한 기본계획정지와 포기 및 체코슬로바키아의 바리안트 C의 실시, 각각에 대하여 그 허용성에 관한 판단을 구하였다.

II. 판결요지

1. 헝가리에 의한 사업계획의 정지 및 일방적 폐기의 허용성

이 사건에 있어 헝가리는 계획을 예정대로 실시할 경우 중대한 환경손해(지하수 저장상태에 미치는 악영향과 그로 인한 음용수에 대한 영향, 수위의 저하에 따른 지류생태계에 미치는 악영향)가 발생하여, 이러한 사정에서는 기본계획을 포기할 수밖에 없었다고 주장한다. 또한 체코슬로바키아가 환경손해에 대한 영향을 적절히 고려하지 않고 바리안트 C를 실시함으로 인하여 환경상의 긴급상태가 지속됨에 따라 1977년 조약을 폐기하는 것이 불가피하였다고 주장한다.

헝가리가 자연환경보호의 관점에서 국가의 '중대한 이익'을 문제로 삼은 것은 이해 가능하다. 그러나 헝가리가 긴급피난을 원용하는 것이 인정되기 위해서는 문제가 되는 위험이 1989년 시점에 단순히 '염려'에 머물지 않고, 현실적으로 그 존재를 충분히 확인할 수 있어야 한다. 또한 해당 위험은 중대하고 절박한 것이어야 하며 아울러 헝가리가 취한 조치가 해당 위험에 대하여 취할 수 있는 유일한 조치라는 점이 증명되어야만 한다. 이러한 점에서 헝가리가 문제로 삼는 환경손해는 비교적 오랜 시간이 지나야 나타나는 것으로서 용이하게 평가할 수 있는 것이 아니며, 그러므로 아무리 중대한 사안이었다 하더라도 해당 손해의 위험이 '절박한' 것이었다고 인정하기는 어렵다. 또한 그러한 위험에 대처하기 위해서는 듀나키리치댐에 있는 전류량을 조작하는 등 기본계획의 범위 내에서 대응하는 것이 이 사건에서는 가능하였다. 어쨌든 긴급피난을 이유로 하여 단순히 책임을 면하려는 것으로 조약의 폐기를 정당화할 수 없다.

헝가리는 또한 국제환경법의 발전으로 예방원칙에 따라 타국영역으로의 중대한 손해의 발생을 방지하는 것이 헝가리에게도 보편적 의무로서 요구되는바 그 이행을 위하여 1977년 조약을 폐기하는 것이 인정된다고 주장한다. 그러나 1977년 조약은 새로운 환경규범을 적정하게 고려하면서 다뉴브강의 수질을 해치지 않는 점, 또 환경보호를 양국의 공동책임으로 의무화하는 발전적인 조항을 갖추고 있었다는 점에 주목하여야 한다. 이 사건에서는 해당 조항의 적용을 통하여 환경법의 발전에 따른 계획의 실시가 요구되고 있었으므로 해당 주장은 부당하다.

2. 슬로바키아에 의한 바리안트 C의 허용성

헝가리가 그 책무를 포기함에 따라 체코슬로바키아는 스스로 이미 건설한 댐을 예정대로 이용하지 못하였으며 그 결과 금전적, 환경적으로 심각한 문제에 직면하였다. 바리안트 C는 이러한 상황에서 헝가리가 1977년 조약의 이행을 완강하게 거부하여 취해진 조치이다. 슬로바키아는 기본계획에서 예정된 방식에 따른 수량을 전류하였기 때문에 바리안트 C는 1977년 조약에 대한 헝가리의 동의 범위 내에 속한다고 주장한다. 그러나 1977년 조약이 기본계획을 양국의 공동사업으로 하고 있고 이 계획을 일방적으로 실시할 수 없기 때문에 체코슬로바키아의 조치는 1977년 조약의 실시조치에 관한 것(조약의 유사적용)이라고 인정할 수 없다. 체코슬로바키아는 바리안트 C를 실시함으로써 스스로 1977년 조약을 위반하였다고 인정한다.

슬로바키아가 주장하는 바와 같이 바리안트 C가 대항조치로서 정당화되기 위해서는 우선, 타국에 의한 선행위반행위의 대응조치로서 해당 타국에 가한 것이어야만 한다. 또, 대항조치를 호소하기 이전에 해당국가에 대하여 위법행위의 정지나 배상을 청구하여야만 한다. 이 사건에서 바리안트 C의 실시가 헝가리에 의한 댐 건설의 위법한 포기에 대한 대응이라는 점은 확실하며, 1977년 조약에 대한 이행요구 또한 수차례에 걸쳐 이루어지고 있다.

중요한 것은 '계쟁권리를 고려하더라도 대항조치의 영향이 침해와 균형을 이루어야만 한다'는 조건에 바리안트 C가 합당한지 여부이다. 이 점에 대해서는 1929년의 *Territorial Jurisdiction of the International Commission of the River Oder* 사건(PCIJ판결)에서와 같이 국제하천에 관하여 유역국(流域國)은 이익공동관계에 근거하여 완전히 평등한 지위를 가질 것이 이전부터 지적되어 왔다는 점에 주목할 필요가 있다. 이 사건에서 체코슬로비키아는 공유자원을 일방적으로 스스로의 관리하에 두고 그에 따라 헝가리의 다뉴브강 천연자원을 형평하고 합리적으로 향유할 수 있는 권리를 박탈하였다. 이에 비추어 볼 때 체코슬로바키아는 국제법에 의하여 요구되는 균형성을 존중하지 않았다고 할 수 있다. 비록 1977년 조약에 의하여 헝가리가 다뉴브강의 전류에 동의하고 있다고는 하나 이 정도 규모의 전류조치를 일방적으로 하는 것까지 동의한 것이라고 인정할 수는 없다.

3. 쌍방이 위반한 조약의 장래적인 이행과 국가책임의 해제

이 사건에서 1977년 조약의 목적 실현을 위하여, 상황에 따른 사정을 적절히 고려하여 당사국이 협력하고 합의에 의한 해결을 모색하는 것이 양국 합의의 성실한 존중을 도모하게 되는 것이며, 이는 "합의는 구속한다"는 기본원칙으로부터 요구되고 있다.

위법행위의 결과는 가능한 한 회복되어야 하지만, 이 사건에서는 양당사국이 다뉴브강의 수자원에 관한 이용에 있어 협력하는 것이 필요하다. 따라서 큐노보댐을 1977년 조약에 적합하게 운영하는 것도 선택할 수 있는 방법 중 하나이다. 조약위반에 따른 배상청구에 대하여 이 사건에서는 상호 포기하는 것이 가능하다. 다만 큐노보댐의 운용에 헝가리가 참가할 경우에는 그 건설에 소요된 비용과 운영비에 대하여 합당한 부담을 하여야 한다.

III. 해설

1. 환경에 대한 위험과 긴급상황

본 판결은 '국가영역에 있어 생태계의 보전'을 긴급피난의 원용대상인 근본적 이익으로 인정하는 한편, 이 사건에서는 해당이익에 대하여 긴급피난 상황이 발생하였다고는 볼 수 없다고 판단하였다. 이러한 판단은 국제환경보호에 관해 높아지고 있는 규범의식을 고려하여 적용한 것으로 평가할 수 있는 반면, 긴급피난의 원용가능성을 확대하여 장래에 남용될 수 있는 계기가 될 우려도 있다. 긴급피난은 종래부터 경제·재정적 위기나 극도의 정세 불안 등 국가적 질서유지에 관한 광범위한 위험에 대하여 원용되어 왔으나, 이러한 경우 위태로워진 근본적 이익의 범위가 명확하지 않아 그러한 남용이 강하게 염려되어 왔다. ILC도 국가 책임에 관한 초안 제25조의 주석에서 근본적 이익은 개별적으로 판단되는 것이라 하여 명확하게 한정하지 않았으며, 국가의 이익은 물론 국민 또는 국제사회 전체의 이익도 대상이 된다는 견해를 제시하고 있다.

다만, 본 판단은 한편으로는 근본적 이익에 대한 위험이 객관적으로 확실하게 입증될 정도로 현실적이며 중대하고 절박할 것을 요구하여 엄격한 심사기준이 적용되어야 한다는 태도를 보이고 있다. 근본적 이익의 범위를 한정하기보다는 그것이 어떠한 것이든 긴급상태의 존재에 대한 입증을 엄격히 요구함으로써 긴급피난은 어디까지나 예외적인 위법성조각사유라는 것을 강조하여 그 적용의 남용을 배제하는 것이 합당하다는 입장을 나타낸 것이라고 할 수 있다.

2. 대항조치의 정당성

대항조치는 타국의 위법행위에 대한 대응조치로서 국제법상 인정되어 온 것이다. 그 자체가 통상적으로 위법이라 하더라도 그 위법성은 조각되며, 그 근거는 일반적으로 '위법에 대한 위법'인 점에서 찾을 수 있다. 그러나 이 사건에서의 바리안트 C가 보여주듯이 대항조치는 실제로 위법행위를 둘러싼 분쟁상황(분쟁해결과정)에서 필요에 따라 행사되는 것이다. 대항조치 정당성의 실질이나 그 조건에 대해서는 그러한 대항조치가 문제되는 구체적인 문맥에 따라 이해할 필요가 있다.

이 사건에서는 헝가리에 의한 기본계획의 포기와 체코슬로바키아에 의한 바리안트 C의 실시는 동시에 1977년 조약에 반하는 것이며, 다뉴브강의 이용에 대하여 인정된 권리를 상호간에 침해하는 것이므로, 그 점에 착안하는 한 균형성을 인정하는 사안이었다고도 할 수 있다(Vereshchetin 재판관 반대의견 참조). 그러나 판결은 바리안트 C에 의한 다뉴브강의 이용에 대하여 헝가리에 인정되는 권리가 박탈당하는 것과 같다고 지적하며, 이로 인하여 균형성이 결여되는 조치였다고 하였다. 헝가리가 조약의 이행을 완강히 거부하는 상황에 대해서는 체코슬로바키아가 다뉴브강의 전류를 포함하여 바리안트 C를 실시한 대응조치에 대하여 헝가리가 비난하기 어렵다고 할지라도, 다뉴브강의 이용에 대하여 헝가리에 인정되는 권리를 부정할 수 있을 정도로 유수량 제한을 가하는 것은 체코슬로바키아가 처한 곤경을 고려하더라도 인정할 수 없다고 하는 것이다(Oda 재판관 반대의견 참조). 이 판단은 무엇을 어떻게 고려하여 균형성을 평가할지에 대해서는 명확하게 밝히지는 않았으나, 이 사건에서 구체적 사정을 고려하여 적절한 판단을 제시한 것으로 평가된다.

[이와츠키 나오키 (岩月 直樹)]

32. 제노사이드협약적용 사건

[국제사법재판소] 보스니아 헤르체코비나 v. 세르비아 몬테네그로
본안판결 (2007년 2월 26일) 46 ILM 188

I. 사실관계

보스니아 헤르체코비나(이하 '보스니아')에서는 1992년 3월 독립선언 이후, 독립에 반대하는 세르비아인 세력과 내전이 발발하였고, 이 과정에서 세르비아인에 의한 인종청소행위가 발생하였다. 1993년 3월 20일에 보스니아는 세르비아의 행위가 유고슬라비아(이하 사건 당시에는 'FRY', 그 이후에는 '세르비아 몬테네그로'로 국가명칭을 변경함)에 의한 국제법위반에 해당하는 것이므로 제노사이드협약(이하 협약) 제9조에 기초하여 ICJ에 제소하였다. ICJ는 1993년 4월과 9월에 잠정조치명령을 지시하였고, 1996년에 피고의 선결적 항변을 기각하고 관할권을 인정하는 판결을 내렸다.

또한, FRY는 유고슬라비아 사회주의연방공화국(이하 '구유고')의 승계국으로서 UN회원국의 지위를 주장하였는데 UN은 양국의 계속성을 부인하였다. 2000년에 FRY는 세르비아 몬테네그로라는 국명으로 UN에 새로이 가입하였다. 피고는 이 가입행위를 통해 FRY가 1993년 제소당시에 UN회원국이 아니라는 것이 명백해졌으므로 1996년 판결의 재심을 청구하였으나 2003년 판결에서 ICJ는 이를 기각하였다. 그러나 1999년 NATO의 공중폭격에 대해 세르비아 몬테네그로가 NATO국가들을 제소하였던 사건(무력행사의 합법성사건)에서 ICJ는 2004년에 세르비아 몬테네그로가 UN회원국(ICJ규정 당사국)이 아니었다는 것을 근거로 관할권을 부정하였다.

II. 판결요지

2001년에 피고는 자국이 이 사건의 제소시점에 구유고의 승계국이 아니므로 협약의 체약국으로 볼 수 없고, 1992년부터 2000년까지 UN회원국으로 인정받지 못하였기 때문에 ICJ규정 당사국이 아니라는 것을 이유로 재판소는 인적 관할권을 갖지 않는다고 이의를 신청하였다. 당사자는 관할권의 문제를 본안단계에서 제기할 수 있지만, 재판소의 결정(관할권결정을 포함)은 구속력을 가지는 것으로 종결되었다. 유일한 예외는 재심청구절차이지만, 2003년 피고에 의한 1996년 판결의 재심청구는 소정의 요건을 충족하지 못하여 각하되었다. 1996년 판결에서는 FRY의 UN에서의 지위와 FRY가 재판소의 절차를 이용할 수 있을지에 대하여 어떠한 언급도 없었다. 그러나 당사국이 재판절차를 이용할 수 있을지는 사항적 관할권의 유무에 선행되는 문제로서 FRY에게 그 자격이 없었다면, 관할권이 없다고 판단되었을 것이다. 구유고와 FRY의 계속성 문제는 1993년 잠정조치명령에서 언급되었으므로 재판

소는 이를 알고 있었을 것이고, FRY가 당시 제기하지 않았다 하더라도 필요하면 직권으로 제기되어 검토되었을 것이다. 그러므로 재판소가 사항적 관할권에 대한 판단을 내리고 후에 절차를 이용할 자격에 관하여 문제를 제기하는 것은 기판력의 원칙에 반한다.

이 사건에 관련된 관할권은 협약 제9조에 기초한 것으로 전쟁범죄 등 제노사이드 이외의 국제법위반에 대해서는 그것이 어떠한 규범적 가치를 가지는 의무위반이라고 판시할 수 없다. 협약이 체약국에 부과하는 의무에는 체약국 자신이 집단살해행위(제노사이드)를 하지 않을 의무까지 포함되는 것인가. 협약의 대상 및 목적에 의하면, 제1조에서는 집단살해를 '국제법상 범죄'로 규정하고 국가는 스스로 집단살해를 하지 않을 것을 약속하였다. 국가가 집단살해방지의무를 부담하면서 이를 실행하는 것이 금지되지 않는 것은 비논리적이다. 협약 제2조가 정의하는 집단살해는 '집단의 전부나 일부를 말살하려는 의도'라는 특별한 심리적 요소를 필요로 한다. '인종청소'가 협약의 의미에서 집단살해의 한 가지 형태가 될 수 있을지 여부는 집단말살에 대한 특별한 의도가 수반되지 않는 한 그것만으로는 집단살해가 될 수 없다.

보스니아 각 지역 및 수용소에서 무슬림 주민이 대규모로 살해되었고, 조직적 학대·강간 등에 의해 무슬림주민들은 중대한 육체적, 정신적 피해를 입었다(제2조 a·b호). 그러나 이런 행위가 집단을 말살하려는 특별한 의도를 가지고 행해진 것이라고는 증명될 수 없다. 원고는 보스니아 전역에서 이루어진 대규모 잔학행위의 경향 그 자체가 말살 의도를 증명하여야 하는데 말살의 특별한 의도는 개개의 행위에 입각해서 증명되어야만 한다. 다만, ICTY가 인정한 바와 같이 보스니아·세르비아군(이하 'VRS')에 의한 Srebrenica의 학살은 협약 제2조 a·b호의 범죄에 해당하고, 같은 지역에 무슬림 집단 일부를 말살하려는 특별한 의도가 수반된 집단살해이었다.

Srebrenica에서의 집단살해행위의 책임은 피고에 귀속되는가. 우선, 국가의 어떠한 기관의 행위도 국제법상 그 국가의 행위로 간주된다. FRY군은 VRS와 함께 보스니아의 군사활동에 참가하고 있었지만, 그것만으로는 Srebrenica의 학살에 참가하였다는 증거가 되지 않는다. 또한, 보스니아·세르비아 공화국(이하 'RS')과 VRS는 FRY 법률상(*de jure*)의 기관이 아니다. FRY기관이 총괄하는 VRS지휘관도 있었지만, 이러한 사실이 자동적으로 VRS의 고위관리들이 FRY의 국가기관이라고 할 수는 없다. 니카라과 사건의 1986년 본안판결(본서 사건 44번 참조)에 따르면, 법률상 기관이 아니더라도 '그 실체가 국가에 "완전히 의존"'하고 있는 경우에는 국가기관과 동일시할 수 있지만, 사건당시 RS와 VRS가 완전히 FRY에 의존하고 있었다고까지는 할 수 없다.

국제관습법에 따르면, 개인·집단의 행위는 그것이 국가의 지시 또는 명령에 의하여 행동하고 있는 경우에 국가의 행위로 간주된다(니카라과 사건 본안판단). 이러한 관계가 존재하기 위해서는 타디치 사건에 대한 1997년 ICTY 판결(본서 사건 47번 참조)에서 말한 위반국의 '전반적 지배'가 아닌, 개개의 위반행위에 관련된 국가의 '실효적 지배'가 미칠 것을 필요로 한다. ICTY가 언급한 '전반적 지배'라는 기준은 국가책임이 자기의 행위에 의해서만 발생한다는 기본원칙을 넘어서므로 타당하지 않다.

Srebrenica 학살은 피고 국가기관의 지시에 의하거나 그 지휘하에서 행해진 것도, 그리고 피고가 학살 작전에 실효적 지배를 미쳤다는 것도 증명되지 않았다. 집단살해의 요건인 특별한 말살 의도를 수반하는 지시에 의한 것이라는 점도 증명되지 않았다. 국가책임에 관한 국제법하에서는 Srebrenica의 집단살해실행의 책임은 피고에게 귀속되지 않고 피고의 국가책임은 존재하지 않는다.

협약 제3조 e호의 '집단살해의 공범'이 되는 행위에 관해서도 FRY 당국이 집단살해가 행해지고 있음을 알았고, 집단살해를 결정하고 실행한 VRS간부에 대해 지원을 하였는지 여부에 대해서 명확하게 증명되지는 않았다. 이런 점을 고려할 때에도 피고의 국제책임은 발생하지 않는다.

피고는 Srebrenica 학살에 관한 방지의무를 다하였는가. 당시 피고는 RS나 VRS 등과의 정치·군사·재정상의 관계 때문에 집단살해의 실행자에게 영향을 미칠 수 있는 입장에 있었다. 또한 1993년의 잠정조치명령하에 재판소는 FRY의 지휘, 명령, 영향하에 있는 모든 조직·개인이 집단살해를 하지 않을 것을 요청하였다. 아울러 VRS가 Srebrenica를 점령하려고 하면 집단살해의 심각한 위험이 발생할 것을 FRY가 알아차리지 못했을 리 없었다. 그러므로 FRY는 비극을 피하기 위하여 이용 가능한 수단을 모두 사용하여야 하였음에도 어떠한 행동도 취하지 않았다면, 이는 Srebrenica의 집단살해를 방지할 의무를 위반한 것이다.

협약 제6조에 따르면, 피고는 범죄실행지국으로서 재판할 의무를 가지지 않지만, 제6조의 여러 국제형사재판소와 협력하여 처벌하는 의무를 부담한다. 피고는 Srebrenica 학살의 주요한 책임자이고, ICTY에 집단살해로 기소되어 있는 Mladić 장군이 피고국의 영역 내에 장기간에 걸쳐 체재하고 있었음에도 불구하고, 그를 체포하기 위하여 어떠한 조치도 취하지 않고 있었고, ICTY에 협력하는 의무마저 태만히 하였다. 따라서 제노사이드협약 제6조의 의무를 위반하고 있다.

피고의 방지의무위반과 Srebrenica 학살의 인과관계가 증명되지 않아서 금전배상은 적절하지 않지만, 원고는 사죄(satisfaction)의 형태로 배상을 받을 권리가 있다. 본 판결에서 방지의무위반선언이 그에 해당한다. 처벌의무위반에 관해서도 피고는 ICTY에 협력할 의무를 부담한다는 선언이 사죄에 해당한다.

III. 해설

1. 2004년 무력행사합법성사건 관할권판결과의 관계

이 판결의 가장 큰 문제는 피고가 ICJ규정당사국이 아니라는 이유로 ICJ를 이용할 수 있는 자격이 없다는 점에 관하여 2004년 무력행사합법성 사건의 관할권판결과 정합성(整合性)을 찾을 수 없다는 것에 대하여 ICJ가 충분히 설명을 하지 않았다는 것이다. ICJ는 피고의 지위를 1996년 판결에 당연히 함의되는 것으로서 기판력의 원칙에 의해 다시 문제가 되는 것을 회피하였다. ICJ는 1996년 재판부가 '상황을 알고 있었다'고 언급하고 있지만, 판결로 명확하게 판단되지 않은 것을 기판사항이라고 할 수 있는 것인가.

2. 귀속문제

니카라과 사건의 '실효적 지배'의 기준을 지지함으로서 국가책임의 귀속에 관하여 ICJ와 ICTY 사이에 있었던 판단의 차이점을 해소한 점이 주목되었다. ICTY는 보스니아 분쟁의 국제성 여부를 결정하기 위하여 '전반적 지배'의 기준이 타당하다고 생각하며, 나아가 국가책임법의 원칙으로서 일반화할 수 있다는 입장을 취하였다. 그러나 ICJ는 이 사건에서 그러한 일반화는 불필요하고 부적절하며, 무력충돌에 국제성이 존재하는지 여부에 대한 기준인지는 별론으로 하고 국가책임법의 원칙으로서는 '전반적 지배'가 아닌 '실효적 지배'의 기준이 타당하다고 하였다.

3. 집단살해의 성립

집단살해가 성립하기 위해서 '특별한 의도'의 존재가 필요하다는 것과 그 입증이 구체적인 사실에서 바로 엄밀하게 이루어져야만 한다는 것은 ICTY Darfur 사실조사위원회와 ICC에도 정착되고 있다. 이 사건도 그에 따라 논의를 전개하고 있다. 이 사건에서 ICJ는 ICTY가 소송의 실체적 문제에 관하여 내린 다양한 판단을 이미 축적하고 있다는 특수한 상황에 놓여 있고, 사실인정의 다양한 부분마저도 ICTY의 판례에 근거하여 판단을 내리고 있다. 그러나 형사재판에 있어서는 검찰관의 소송전략에 따라 조직적 범죄의 전체상이 왜곡될 가능성이 있다. 이러한 사정을 무시하고, *Srebrenica* 사건 외에는 집단살해의 성립을 인정하지 않은 것은 그 타당성이 의문시 된다.

4. 협약상 의무

Srebrenica의 집단살해의 책임이 피고에게 귀속되지 않는다고 판시하고, 방지의무와 처벌의무위반만을 인정한 것에 지나지 않는다면, 협약이 체약국에게 집단살해를 실행하는 것도 금지한다는 다소 무리한 해석은 불필요한 것으로 보인다.

[아라이 쿄 (新井 京)]

경 제

33. BP v. 리비아 사건
(중재)

34. 일본주세 사건
(WTO분쟁해결제도)

35. Metalclad 사건
(NAFTA중재)

33. BP v. 리비아 사건

[중재] 브리티시 페트로리엄 석유회사 v. 리비아
중재판정 (1973년 10월 10일) 53 ILR 297

I. 사실관계

British Petroleum 석유회사(이하 'BP')는 1955년 리비아 석유법에 따라 부여된 양허계약 65(Concession 65)에 근거하여 1960년부터 리비아의 지정구역 내에서 석유채굴, 가공, 판매사업을 전개하였다. 그런데 1971년 12월 7일에 리비아는 'BP국유화법'을 제정하여 양허계약 65에 관련된 BP의 사업과 모든 재산을 수용하였다. 안보리의 토의에서 리비아는 이 국유화에 대하여 이란이 아라비아만(灣)의 3개 섬을 점령하는 것을 당시 이 섬을 보호령으로 하고 있던 영국이 묵인한 것에 대한 보복적 조치였음을 시사하였다. 국유화법은 리비아 석유장관이 설치하는 위원회가 BP에 대한 보상액을 결정한다는 규정을 두고 있었지만, 절차의 진행은 지체되었고 보상지불의 전망도 어려웠기 때문에 BP는 양허계약 제28조의 분쟁해결조항에 따라 사안을 중재에 부탁할 것을 요구하였다. 그러나 리비아는 중재절차의 개시를 거부하고, 중재인의 선임도 하지 않았기 때문에 같은 조항의 규정에 따라 ICJ의 소장이 스웨덴 서부 항소재판소장 Lagergren을 단독중재인으로 지명하였다.

BP는 중재판정부에 대하여 (i) BP국유화법과 그 실시는 양허계약상 리비아의 의무에 위반하는 것, (ii) 양허계약은 종료하지 않고 유효하게 존속하며 BP는 양허계약상 권리가 완전히 향유되도록 회복시킬 것, (iii) 리비아에 의한 권리침해에 대해 BP가 손해배상을 받을 권리가 있다는 것 등을 선언하는 판정을 부탁하였고, 중재심리는 리비아의 결석에도 불구하고 그대로 진행되어 1973년 10월에 원고의 상기청구 중 (i), (iii)을 인정하고, (ii)를 기각하는 판정이 내려졌다.

II. 중재판정요지

1. 적용법규

양허계약 제28조의 7에서는 국제법의 원칙들과 공통되는 리비아법의 원칙들이 적용법규가 되며 특정의 문제에 대해서 관련된 공통원칙이 존재하지 않는 경우에만 법의 일반원칙이 적용법규가 된다. 원고는 양허계약 일방당사자의 행위는 리비아법과 국제법 모두에 의해 지지되는 경우에만 정당화된다는 주장을 하였지만 이는 불완전한 논의이다. 어떠한 행위나 원칙이 법의 일반원칙에 의해 지지되는 경우에도 양허계약상 정당화될 수 있다.

2. 국유화의 위법성

'BP국유화법과 그에 기초한 피고의 행위는 BP와의 양허계약합의와 그에 따라 피고가 부담하는 의무를 완전히 부인한 것이므로 당해 합의의 기본적인 위반을 구성한다.' 아울러 리비아에 의한 BP의 재산, 권리 및 이익의 취득은 '순수하게 외부적인 정치적 이유에서 행해진 것으로서 자의적이고 차별적인 성격을 가진다는 점에서 명확하게 국제공법에 위반된다. 국유화로부터 약 2년이 경과되었지만, 보상이 전혀 이루어지지 않았다는 사실은 이러한 국유화가 몰수라는 것을 의미한다.

3. 구제방법

국가와 외국인의 계약에 관한 분쟁에서 특정이행과 원상회복은 국제재판소에서 현실적으로 부여할 수 있는 구제인가. *Chorzów Factory* 사건에 관한 1928년 PCIJ 판결은 원상회복이 국제법상 확립된 구제방법인지에 관하여 논의를 하는 데 근거로 원용되지만, 같은 사건에서 원고인 독일정부는 원상회복을 청구하지 않았고 따라서 재판소가 원상회복의 이용가능성에 대하여 언급하였던 부분은 부수적인 논의일 뿐이었다. 원상회복을 긍정하는 판례는 소수에 그치고 있고, 게다가 그마저도 관련 있는 조약이나 부탁합의에서는 이러한 구제방법에 대해서 관계당사자의 특별한 동의에 기초하고 있다. 국제법 및 이러한 리비아법에는 BP 양허계약이 유효하게 존속하고, 원상회복이 이용가능한 구제라는 공통원칙은 존재하지 않는다. 법의 일반원칙을 살펴보아도 영미법이나 독일법과 같은 소수의 법체계에서조차 구제방법으로서 특정이행의 위치를 설정함에 있어 상이함을 볼 수 있다.

완전하게 실시되는 수용, 국유화 내지 접수(接收)는 국가가 외국기업을 배제하고 그 재산이나 다른 권리를 취득하기 위하여 주권적인 영역권한을 행사하는 종국적인 행위이다. 어떠한 국가도 원상회복을 부여하고 이와 같은 행위를 철회한 적은 없다. 양허계약의 보유자에 대한 유일한 구제는 손해배상을 청구하는 것이다. 그러므로 원고는 리비아로부터 손해배상을 받을 권리가 있고 이 내용은 본 법정 이후의 절차에서 산정된다.

경제

III. 해설

1. 국유화에 관한 국제법상 합법성 요건

제2차 세계대전 후, 제3세계 국가가 경제적 자립을 추구하는 정책의 일환으로 천연자원에 관한 외국자산의 체계적인 접수를 진행하는 것과 함께 수반된 이러한 국유화조치의 적법성을 판단하는 기준을 두고 논쟁이 격화되었다. 개발도상국은 국유화를 시행하는 국가가 이 합법성을 스스로 주권적으로 판단할 수 있다고 주장하였고, 이러한 견해는 머지않아 신국제경제질서(NIEO)의 구상으로 집약되었다. 한편, 선진국 측은 외국자산의 수용에 관하여 관습국제법상 합법성의 요건이 존재한다는 입장을 취하였다. 이 사건의 중재판정은 리비아의 국유화조치가 이와 같은 국제법상 요건을 만족하지 못하는 위법이라는 것을 간략하게 기술하면서도 명확하게 인정하였다는 점에서 중요한 의의를 가진다.

이런 국제법상 합법성의 요건은 다음과 같은 세 가지 요소가 있는 것으로 보인다. 첫 번째 요건은 당해 국유화가 일반적 이익 고려에 기초하여 시행되었을 것, 즉 공공목적성이다. 1962년에 UN총회에서 채택된 '천연자원에 대한 항구적 주권에 관한 결의' 제4항에서는 '국유화, 수용 또는 징발은 국내 및 외국의 순수한 개인적 또는 사적인 이익에 우선권이 인정되는 공익, 안전 또는 국익의 근거나 이유에 기초를 두어야 한다'고 규정하고 있다. 이 사건의 판단에서는 리비아의 국유화가 '순전히 외부의 정치적 이유(즉 영국에 대한 보복 의도)'에 기초한 것으로 지적하고 있고, 이는 공공목적이 결여되었음을 인정한 것이라고 생각된다. 또한, 1986년의 *LETCO* 사건(ICSID 중재)에서는 정부가 수용을 할 때 입법조치를 취하지 않았고, 정책의도도 명확하지 않았다는 점은 공공목적성을 결여한 것으로 판단하였다. 무엇보다 일반적인 공공목적의 개념은 광범위하며, 정부가 전개하는 정책의도의 공공목적성은 넓게 인정될 수 있다.

두 번째 요건은 비차별성인데, 이는 합리적인 이유가 없이 특정국적 내지 특정인의 재산을 수용하는 것은 위법하다는 것이다. 이 사건의 판단에서도 BP의 국유화에서 '자의적이거나 차별적인 성격'을 위법성에 대한 근거 중 하나로 삼고 있다. 무엇보다 합리성이 있는 차별은 허용될 여지가 있다. 1982년 *Aminoil* 사건에서는 다른 유사 기업을 수용하지 않은 것에 대하여 '충분한 이유'가 있다고 보았다. 1987년 이란-미국청구권중재판정부의 *Amoco* 사건 중재판정에서도 '동일한 경제부문의 다른 기업이 수용되지 않는 것만으로는 어떤 수용이 차별적인지에 대한 결론을 내리는 것은 어렵다. 수용되지 않은 기업이나 수용된 기업 또는 쌍방에게 특별한 이유가 있었다면, 그와 같은 다른 대우도 정당화될 수 있다'고 하였다.

세 번째 요건은 '보상의 지불'인데, 이에 대해서는 후술하도록 한다.

2. 양허계약의 법적 지위

이 사건에 대한 판단은 양허계약의 일방적인 파기를 근거로 하는 계약위반과 국유화의 태양에 근거한 국제법위반을 병렬적으로 인정하고 있다. 이에 대하여 1977년 *Texaco* 사건 중재판정에서는 국가와 사인이 체결한 계약이라고 해도 일정한 조건을 갖추면 '국제법화'할 수 있다고 언급하고 있고, 이 경우 양허계약의 일방적 파기라는 계약위반은 바로 국제법위반을 구성하는 것으로 결론을 내렸다. 이 중재판정에 의하면 계약이 국제법화되는 경우는 (i) 적용법규에 법의 일반원칙이 포함되고, (ii) 중재에 의한 분쟁해결을 규정하고 있으며, (iii) 당해 계약이 장기적으로 협력관계를 설정하는 경제개발협정의 성격을 가지는(예를 들면, 합의내용의 일방적 개폐를 금지하는 안정화조항을 포함) 등 어느 하나의 조건이 만족되는 때이다. 한편, BP의 양허계약도 이와 같은 특징을 갖추고 있지만, 이 사건의 판단에서는 계약의 국제법화이론을 채택하지 않고 계약위반과 국제법위반을 별개로 취급했다. 이 입장에 따르면 가령 계약을 위반하는 일방적인 국유화를 하더라도 그것이 국제법상 합법성요건을 충족하는 것이라면 국제법위반은 발생하지 않는다. 양허계약의 법적 지위를 둘러싼 이러한 견해의 대립은 당시의 학설에 있어서도 활발하게 논의되었지만, 계약의 국제법화를 지지하는 실제 사례는 *Texaco* 사건과 1978년 *Revere Copper and Brass Inc.* 사건에 한정되었다.

3. 구제방법으로서 원상회복의 이용가능성

위법한 국유화에 대하여 구제방법으로서 이 사건의 원고는 원상회복 및 양허계약의 존속을 요구하였지만 중재판정부는 이를 인정하지 않았다. 즉, 비록 위법한 국유화라 할지라도 이는 영역주권의 종국적인 행사로서의 성격을 가지므로 이를 저지하려는 사인이 원상회복이라는 형태로 이를 저지하여 국가에게 특정행위의 이행을 요구할 수는 없는 것이다. 이에 반하여 *Texaco* 사건의 중재판정에서는 위법한 국유화의 구제로서 원상회복을 인정하였다. 그러나 만약 계약의 국제법화에 의해 일방적인 국유화가 바로 국제법위반이 되고 더욱이 그 구제로서 원상회복이 인정된다고 한다면 국가가 국유화를 완수하는 것은 사실상 불가능해진다. 이는 위에서 언급한 항구적 주권결의 등이 국유화의 권리를 원칙적으로 승인한 것에 모순되며, 현실적으로도 국유화를 실행한 국가의 의도에 반하여 원상회복을 실행하는 것은 어렵다.

4. 보상기준

앞서 언급한 비와 같이 보상의 지불은 국유화의 합법성 요건의 하나로 볼 수 있지만, 그 액수의 결정기준을 둘러싼 남북 간의 첨예한 대립이 있었다. 선진국 측은 소위 Hull의 3원칙, 즉 충분(수용재산의 공정한 시장가치)·신속(즉시 지불하거나 이자를 포함하는 할부)·실효적(국제통용력이 있는 통화)인 보상의 지불이 국제법상의 의무라고 주창하였지만, 제3세계 국가들은 각국이 보상기준을 국내법으로 결정할 수 있다고 주장을 하였다. 이 사건의 판단은 보상이 수반되지 않는 국유화가 위법하다는 것, 원고에게 손해배상청구권이 있다는 것은 일반적인 판시라고 하고 있지만, 구체적인 보상액 내지 배상액의 산출에 대해서는 이후의 절차에 위임되었다. 다른 사건에서도 견해는 나누어졌다. 예를 들면, 1977년 *LIAM Co.* 사건의 중재판정이 일실이익을 포함한 '충분한' 보상의 지급은 절대적인 일반원칙으로 받아들이지 않는다는 것에 반대하여 1983년 이란 – 미국청구권판정부의 AIG 사건에서는 '국유화된 재산의 전소유자는 통상적으로 수용된 재산의 가치를 보상받을 수 있는 권리가 있고, 이는 국제공법의 일반원칙이다'라고 하였다. 다만, 실제분쟁에서는 교섭을 통해 포괄보상의 합의가 체결되어, 양당사자가 상호 타협한 보상액으로서 결정되는 것이 대부분이다. 이 사건도 리비아정부가 1,740만 파운드을 즉시지급하고 이에 상응하여 BP가 모든 중재수속을 취하하는 것으로 1974년 11월에 합의되었다. 또한, 최근 급증하고 있는 두 나라 사이의 투자보호협정에서는 단적으로 Hull의 3원칙을 보상기준으로서 채택하는 경우가 많아졌다.

[이토 카즈요시 (伊藤 一頼)]

경제

34. 일본주세 사건

[WTO 분쟁해결제도] EC v. 일본, 캐나다 v. 일본, 미국 v. 일본
항소기구보고서 (1996년 11월 1일 채택) WTO/DSR 1996:I, 97

I. 사실관계

이 사건에 앞서 1987년 11월 10일(WTO성립 전)에 채택되었던 보고서에서 GATT 위원회는 일본의 주세법이 수입주류에 대해 국산주류보다 높은 주세를 부과하는 등 내국민대우원칙에서 정하고 있는 GATT 제3조 2항의 위반을 인정하고, 당해 주세를 GATT에 적합하게 변경할 것을 일본에 권고하였다. 권고를 받은 일본은 수입주세와 국내주류의 주세격차를 축소하는 등 주세법을 개정하였다.

1995년 6월 21일에 유럽공동체(EC)는 일본이 주세법을 개정한 이후에도 여전히 GATT를 위반하고 있으므로 WTO의 분쟁해결규칙 및 절차에 대한 양해(이하 'DSU')에 따라 일본에 대하여 협의를 요청하였다. 1995년 7월 7일에 미국과 캐나다도 같은 내용의 협의를 청구하였다. 1995년 9월 14일에 제소국(EC, 캐나다, 미국)은 협의를 통한 분쟁이 해결에 이르지 못하게 되자, 이 사건에 관한 패널의 설치를 분쟁해결기구(이하 'DSB')에 요청하였다. 1995년 DSB는 9월 27일에 패널의 설치를 결정하였다.

패널은 1996년 7월 11일에 보고서를 제출하면서, 개정된 주세법이 여전히 GATT 제3조 2항을 위반한다고 인정하였다. 특히 보드카에 대하여 소주보다 높은 주세를 부과한 것은 GATT 제3조 2항 1문에 반하고, 또한 위스키, 브랜디, 럼, 진, 제네바, 리큐르에 대해서도 소주와 같은 과세를 하지 않은 것은 GATT 제3조 2항 2문에 위반된다는 결론을 내렸다. 패널보고서에 대해 제소국과 피제소국(일본) 쌍방은 항소기구에 항소하였다. 항소기구는 1996년 10월 4일에 제출하였던 보고서에서 패널보고서를 일부 수정하였지만 패널의 결론을 지지하였고 일본에 대하여 주세법을 GATT에 적합하게 개정할 것을 권고하였다. 1996년 11월 1일에 DSB는 패널보고서와 항소기구보고서를 채택하였다.

일본은 권고를 이행하기 위하여 주세법을 개정하였다.

II. 항소기구보고서 요지

DSU 제3조 2항에 따라 상소기구는 '해석에 관한 국제법상 관습적인 규칙에 따라' WTO 협정을 해석하여야 한다. 조약법에 관한 비엔나협약 제31조 1항 및 제32조는 '국제관습법 또는 일반국제법으로서의 지위를 획득하고 있기' 때문에 항소기구는 이에 따라 WTO 협정을 해석한다. 또한, 조약법에 관한 비엔나협약 제31조에서 협약의 전체 용어에 의미가 부여되도록 해석되어야 한다는 실효성원칙이 도출된다는 것에도 유의한다.

GATT에 의해 채택된 패널보고서는 'GATT 관행(acquis)의 중요한 요소로서', 'WTO 회원국의 정당한 기대를 형성하는 것이며', 이에 따라 차후에 발생하는 사건의 패널은 이를 참조하여야한다. 다만, 이후 사건에서 패널은 채택된 패널보고서에 '구속'되지 않는다. 한편, '채택되지 않은 패널보고서는 "GATT에서도 WTO에서도 어떠한 법적 지위도 갖지 않지만,"' '패널의 유익한 지침이 될 수 있다.'

GATT '제3조의 광범위하고 근본적인 목적은 내국세나 규제조치를 적용할 때 보호주의를 피하는데 있다.' '이 목적을 달성하기 위하여 제3조는 WTO 회원국에게 수입품에 대하여 국내생산품과 동등한 경쟁조건을 확보할 의무를 부여한다.' '제3조가 보호하려는 것은 수입품과 국내생산품의 평등한 경쟁관계에 대한 기대이며, 특정한 무역량에 대한 기대는 아니다.'

우선, 일본 주세법과 GATT 제3조 2항 1문과의 적합성에 대해 검토한다. 내국세가 제1문에 적합한지 판단하기 위해서는 '첫째, 세금이 부과된 수입품과 국내생산품이 "동종"인지 여부와 둘째, 수입품에 부과된 내국세가 국내생산품에 부과된 내국세를 "초과하는" 것인가에 대한 여부'를 검토해야 한다. 첫 번째 문제에 대해 '동종상품'이 아닌 상품에 대해서는 제3조 2항 2문이 적용되므로, 제3조 2항 1문의 '동종상품'은 좁게 해석하여야 한다. 또한, 동종성을 판단할 때에는 상품의 최종용도, 소비자의 기호나 습관, 상품의 특질, 성질, 품질을 고려하는 것 이외에 상품의 관세 분류를 참고해야하는 경우도 있다. 그러나 '동종성'은 관련 사건의 문맥이나 상황과 이 사건에 적용되는 WTO 협정 규정에 상응하는 아코디언과 같은 신축적인 개념이며, 무엇이 '동종상품'인지는 사례별로 판단하여야 한다. 이상을 근거로 소주와 보드카가 '동종상품'이라는 패널의 결론을 지지한다. 두 번째 문제에 대하여 수입품에 부과된 내국세가 국내 생산품에 부과된 내국세보다도 크다면 세율격차의 크기나 무역에 부여한 영향의 여하에도 불구하고, 수입품에 부과된 내국세가 국내생산품에 부과된 내국세를 '넘는다'고 판단된다. 이상으로 보드카에 부과된 주세가 소주에 부과된 주세를 '넘는다'는 패널의 결론을 지지한다.

다음으로, 일본의 주세법과 GATT 제3조 2항 2문의 적합성에 대해 검토한다. 제3조 2항 2문은 제3조 2항에 대해 주석 및 보충규정(GATT 부속서 I)에 근거하여 해석을 하여야 한다. 또한, 제1문과 달리 제3조 1항이 제3조 2항 2문에서 명시적으로 언급되는 것에도 유의하여야 한다. 이상과 같이 내국세가 제3조 2항 2문에 적합한지를 판단하기 위해서는 첫째, '수입품과 국내생산품이 상호 경쟁하는 "직접경쟁상품 또는 대체가능한 상품인지,"' 둘째, '직접경쟁상품 또는 대체가능한 상품인 수입품이나 국내생산품이 "같은 형태로 과세되지 않았는지,"' 셋째, '직접경쟁상품 또는 대체가능한 상품인 수입품이나 국내생산품에 대해 같은 형태가 아닌 과세가 "국내생산에 보호를 부여하도록 [···] 적용"되는 것인지를 검토하여야 한다. 첫 번째 문제에 대하여 '직접경쟁상품 또는 대체가능한 상품'에 해당하는지 여부는 상품의 물리적 특성, 최종용도, 관세분류뿐만 아니라 대체탄력성에 기초한 시장상황을 판단하는 것 등에 따라 사례별로 판단하여야 하는데 이 사건의 패널은 이에 따라 판단을 내렸다. 그러므로 소주와 위스키, 브랜디, 럼, 진, 게네베르, 리큐르가 '직접적으로 경쟁하는 상품 또는 대체가능한 상품'이라는 이 사건 패널의 결정을 지지한다. 두 번째 문제에 대해서도 '같은 형태로 과세되지 않는다'고 간주되기 위해서는 세율의 격차가 근소(*de minimis*)한 것이 아니라 커야 하므로 아직 '세율이 근소한 것인지 여부는 역시 사례별로 판단해야 한다.' 이 사건에 대하여, 일본 주세법이 '직접적 경쟁상품 또는 대체 가능한 상품'에 같은 형태의 과세를 하지 않았다는 패널의 결론은 타당하다. 세 번째 문제에 대해서는 문제되는 조치에 보호주의적 '의도'가 있었는지 여부가 아니라 조치의 구조와 내용이 기본적으로 보호주의적으로 '적용'되었는지 여부에 입각하여 판단하여야만 한다. 이 사건에 대해서는 세율 격차와 높은 관세가 결합하여 주세법이 국내생산을 보호를 부여하도록 적용되었다는 점이 인정된다.

III. 해설

1. 보고서의 법적 지위

이 사건에 대하여 항소기구는 GATT가 채택한 패널보고서가 GATT의 '관행(acquis)'을 구성하고, 이후의 사건에서는 이를 참조하여야 한다고 기술하고 있다. 2008년 *Anti-Dumping Measures on Stainless Steel From Mexico* 사건에서 항소기구는 WTO에 의해 채택된 패널보고서나 항소기구보고서(WTO협정의 채택에 관한 부분)가 WTO 분쟁해결제도 '관행'의 일부를 구성하며, 특별한 이유가 없는 한 이후의 사건에 대해서는 이 관행을 존중하여야 한다고 하고 있다. WTO에 있어서 '관행'의 의미나 법적 지위에 대하여 항소기구가 명확하게 언급하지는 않았지만, '관행'이란 패널이나 상소기구에 의한 WTO 협정해석의 축적이 포함된 것으로 생각된다. *Anti-Dumping Measures on Stainless Steel From Mexico* 사건 항소기구보고서에 의하면, 특히 항소기구 해석의 축적에 관해서는 항소기구의 상소기관으로서의 위치를 감안하면, 중요한 선례로 취급되어야 하는 것으로 생각된다. 실제로 패널이나 항소기구는 보고서 중간에 과거 항소기구보고서를 자주 인용하고 있으므로 항소기구보고서는 높은 선례적 가치가 인정된다고 할 수 있다.

2. 내국민대우원칙

GATT 제3조에 규정된 내국민대우원칙은 GATT 제1조에 규정된 최혜국대우원칙과 함께 GATT의 기본원칙이다.

제3조와의 적합성을 심사하는 방법으로서 GATT의 패널 일부는 이른바 '목적효과' 테스트를 채택하고 있다. '목적효과' 테스트란 조치의 목적이나 시장에 부여된 효과가 차별적인지 여부를 기준으로 제3조와의 적합성을 심사하는 방법이다. 그러나 이 사건의 항소기구보고서에서 제3조와의 적합성은 조치의 목적에 의해 판단되는 것이 아니라는 입장을 분명히 밝혔고, 이는 이후의 사건에서 중요한 선례가 되었다.

제3조와의 적합성이 문제될 때, 수입품과 국내생산품의 '동종성' 유무가 주로 중요한 쟁점이 된다. '동종성'은 상품의 물리적 특성, 최종용도, 소비자의 기호 등에 입각하여 사례별로 판단되지만, 상품

이 환경에 끼치는 영향 등 상품의 비경제적 측면을 '동종성'의 판단에 반영시킬지가 문제가 되는 경우도 있다. 예를 들어, 2001년 *EU*-석면 사건에서 상소기구는 상품이 건강에 미치는 위험에 주목하였고, 석면을 포함한 시멘트와 그렇지 아니한 시멘트를 제3조 4항에 규정된 '동종상품'으로 인정할 수 없다고 하였다.

3. 판정의 이행

패널이나 상소기구는 피제소국의 조치가 WTO 협정에 위반된다고 인정되는 경우에 피제소국에 대하여 당해 조치를 WTO 협정에 적합하게 하도록 판정한다. 일반적으로 피제소국은 위반으로 인정된 조치를 WTO 협정에 적합하도록 하라는 권고를 이행할 국제법상의 의무를 부담한다고 이해된다.

WTO 분쟁해결제도에는 피제소국에게 판정의 이행을 위한 구조 및 절차가 갖추어져 있고, 그 중 하나가 판정을 이행하기 위하여 '합리적 이행기간'을 결정하는 절차이다. 이 사건에서는 중재에 의한 '합리적 이행기간'이 보고서가 채택된 날로부터 15개월로 결정되었다. 또한, 판정이 '합리적 이행기간 내에 이행되지 않는 경우'에는 보상 또는 보복조치(양허 기타 의무의 정지)를 이용할 수 있다. 이 사건에 따르면, 일본은 판정을 이행하기 위하여 주세격차를 대폭 축소하도록 주세법을 개정하였지만, 경과조치가 마련되었기 때문에 '합리적 이행기간' 종료 후인 2000년 10월 1일에 개정이 완료되었다. 이를 위하여 일본은 제소국과 협의한 후 판정의 이행이 지체되는 것에 대한 보상으로서 보드카 및 위스키에 대한 관세 인하에 합의하였다.

[후쿠나가 유카 (福永 有夏)]

35. Metalclad 사건

[NAFTA중재(ICSID 추가이행제도)] 메탈클래드사 v. 멕시코
중재판정 (2000년 8월 30일) 40 ILM 36

I. 사실관계

미국국적기업 메탈클래드사(이하 '메탈클래드')는 완전자회사를 통하여 멕시코의 폐기물 처리기업인 코테린사(이하 '코테린')를 매수하여 멕시코 과달카사르시의 산 속에 폐기물 매립시설을 건설 및 운영하려고 하였다. 매수 당시 코테린은 멕시코 연방정부로부터 매립시설의 건설허가를 받았다. 더불어 연방정부는 시당국의 허가가 필요한지 여부에 관한 메탈클래드의 문의에 대하여, 메탈클래드는 매립사업에 필요한 절차를 이미 밟고 있다는 것을 보장하였다. 그러나 해당 지역에서 건설 반대운동이 일어나자 과달카사르시 당국은 시당국으로부터 건설허가를 받지 않았다는 것을 이유로 해당 매립시설의 건설중지를 명하였다. 메탈클래드가 재차 연방정부에 문의한 결과, 매립사업에 필요한 허가는 모두 받았으나 시당국과의 우호적 관계를 유지하기 위해서는 시당국에도 건설허가를 신청해야 한다는 통보를 받았다. 동시에 연방정부는 시당국의 건설허가를 당연히 받을 수 있을 것이라고 보장하였다. 이에 따라 메탈클래드사는 시당국에 건설허가를 신청함과 동시에 건설공사를 재개하였다. 1995년에 매립시설을 완성하였으나 반대세력에 의해 운용개시를 저지당하였고, 시당국은 허가를 신청한 13개월 후에 건설허가를 내줄 수 없다고 결정하였다. 이후 1996년에는 연방정부가 해당 매립시설의 확장에 대한 허가를 해주었지만 문제는 해결되지 않았다.

1997년에 메탈클래드는 NAFTA 제11장을 근거로 하여 멕시코를 상대로 투자자 대 국가 중재절차를 개시하였다. NAFTA 제1117조는 체약국의 투자자는 그가 소유 또는 지배하는 상대 체약국의 기업을 대신하여 해당 체약국이 NAFTA 제11장에 위반한 결과로 해당 기업이 손해를 입었다는 청구를 중재에 부탁할 수 있다고 규정하고 있다. 이 사건에서는 멕시코의 코테린을 대신하여 메탈클래드가 제소하였다. 메탈클래드는 멕시코 연방정부 및 지방당국의 일련의 행위가 NAFTA 제1105조 및 제1110조를 위반하였다고 하면서 멕시코에 금전배상을 청구하였다.

II. 판정요지

1. NAFTA 제1105조의 공정하고 형평한 대우에 대하여

NAFTA 제1105조 1항은 체약국은 상대 체약국의 투자자의 투자(투자재산)에 대하여 공정하고 형평한 대우와 충분한 보호 및 안전을 포함하는 국제법에 따르는 대우를 해야 한다고 규정한다. NAFTA의

목적 중 하나는 국경을 넘는 투자를 촉진하는 것이며 투명성을 명백히 언급하고 있다. 이는 NAFTA 하에 이루어지는 투자에 관한 모든 법적 요건은 상대 체약국의 투자자가 신속히 알 수 있도록 확보하여야 함을 의미한다. 따라서 체약국의 중앙정부가 자국의 투자 관련 요건에 대한 오해나 혼동이 있음을 알았다면 외국투자자가 관련 법규를 준수하고 있다고 믿고 행동할 수 있도록, 그 입장을 신속히 결정하고 명확히 언급해야 한다. 이 사건에서는 매립시설의 건설시 지방 당국의 허가가 필요한지 여부에 대한 명확한 규칙의 결여와 건설허가신청의 취급에 관한 확립된 절차의 결여를 볼 때 멕시코는 NAFTA가 요구하는 투명성의 확보를 태만히 하였다.

메탈클래드는 연방정부를 신뢰하여 건설허가를 받을 수 있을 것이라는 완전한 기대하에 한 행동에 불과하다. 증거에 따르면 위험폐기물 취급은 연방정부의 권한이며, 지방당국의 권한은 건조물 자체의 물리적인 구조에 관한 문제에만 해당하는 것으로, 지방당국이 주변 환경에 대한 영향을 고려하여 건설불허가처분을 내리는 것은 부적절하다. 이 사건에서 지방당국은 해당매립시설의 건축구조에 대해 고려하지 않은 채 불허가처분을 내리고 있다. 이와 같이 멕시코는 메탈클래드사의 사업계획과 투자에 대하여 투명하고 예측 가능한 범위를 확보하는 것을 태만히 하였다. 이러한 일련의 사실은 NAFTA에 기초한 공정한 대우가 가능할 것이라는 기대를 하고 행동하는 상대 체약국의 투자자와의 관계에서 질서였던 절차와 시의적절한 처분이 결여되어 있음을 보여준다. 연방정부와 지방당국의 행위(즉, 멕시코의 행위)는 NAFTA 제1105조 1항의 요건을 만족시키지 않는다. 메탈클래드는 NAFTA에 근거한 공평하고 형평한 대우를 받지 못하였으며 그 청구를 인용한다.

2. NAFTA 제1110조의 수용에 대하여

NAFTA 제1110조는 (a) 공공목적 (b) 비차별 (c) 적법절차 (d) 보상의 지급이라는 조건이 만족되지 않는 한, 체약국은 상대 체약국 투자자의 투자(투자자산)를 직접 또는 간접적으로 수용해서는 안 되고, 또 수용에 상당하는 조치를 취해서는 안 된다고 규정하고 있다. 여기서 말하는 '조치'에는 NAFTA 제201조 1항에서 모든 법률, 규칙, 절차, 요건 혹은 관행이 포함된다고 정의되어 있다. 따라서 NAFTA에 의한 수용은 정부에 의한 소유권의 강제적인 이전과 같은 의도적인 재산의 취득뿐 아니라, 재산의 사용 또는 합리적으로 기대되는 이익을 소유주로부터 박탈하는 효과를 갖는 해당 재산의 사용에 대한 개입도 포함한다. 이 사건에서 NAFTA 제1105조 위반의 청구에 관하여 인정한 연방정부와 지방당국이 취한 조치가 간접적인 수용에 해당하며, 메탈클래드에 대한 보상을 지급하지 않았으므로 멕시코는 동조 제1110조를 위반하였다.

3. 배상액

NAFTA 제1135조 1항 (a)는 제11장의 규정위반이 인정될 경우, 이자를 포함한 금전배상이 지불된다고 규정하고 있다. 또한 NAFTA 제1110조 2항은 수용이 된 경우, 해당 수용대상이 된 투자의 수용

직전의 공정한 시장가격에 상응하는 보상의 지불을 요구한다. 메탈클래드는 배상액의 산정방법으로서 투자의 공정한 시장가격을 확정하기 위하여 장래이익의 할인된 현재가치를 판단하거나, 메탈클래드의 실제 투자액으로 판단할 것을 주장하였다. 통상적으로는 이익이 발생된 실적이 있는 투자에 대해서는 공정한 시장가격 산정에 할인된 현재가치의 분석을 통해 판단할 수 있으나, 투자를 통해 이익이 발생한 실적을 확인할 수 있을 정도로 장기간 운영되지 않았거나 이익실적이 없는 경우에는 할인된 현재가치의 분석은 공정한 시장가격 산정의 기준이 될 수 없다. 이 사건에서는 매립사업이 시작되지 못하였므로 할인된 현재가치의 분석은 부적절하다. 따라서 메탈클래드사가 실제로 투자한 금액을 참조하여 공정한 시장가격을 산정해야 하며, 멕시코가 국제위법행위를 한 때부터의 이자를 포함한 금액을 배상액으로 한다. 이상으로 멕시코는 메탈클래드사에 1,668만 5천달러를 지급하여야 한다고 결정한다.

III. 해설

1. 투자자 대 국가의 중재절차와 NAFTA중재

외국 투자자가 투자유치국을 직접 국제중재에 제소할 수 있는 '투자자 대 국가 중재절차'(투자중재 또는 투자협정중재라고도 한다)는 양자간 투자협정(이하 'BIT')속에 포함되어 왔다. NAFTA는 북미자유무역협정이지만 외국투자의 자유화와 보호에 관한 조항(제11장)을 포함하고 있고 그 위반에 대해서는 투자자 대 국가 중재절차도 규정하고 있는데, 이 사건은 그 조항이 이용된 NAFTA 중재이다. 다른 BIT와 마찬가지로 NAFTA는 독자적인 투자중재기관을 가지고 있는 것은 아니며 ICSID 중재절차 등을 이용한다. 이 사건에서는 ICSID 추가이행제도를 이용하였다. 1990년대 후반 이후 투자자 대 국가에 대한 중재판정은 급증하였으나, 이 사건을 포함한 NAFTA 중재판정은 다른 BIT 중재사건에 대한 선례적인 의미를 가지게 되었다. 다만, NAFTA나 BIT의 실제 규정은 그 문언이나 성격이 상통하는 부분이 있기도 하지만 차이점도 있으므로 각 중재판정에 의한 해석과 적용을 조약과 단순히 비교할 경우에는 주의가 필요하다.

2. 공정하고 형평한 대우 의무의 의미

이른바 '공정하고 형평한 대우(fair and equitable treatment)' 의무규정은 대부분의 BIT에 포함되어 있으며, 투자자 대 국가 중재에서 빈번하게 원용된다. 동시에 투자자의 청구가 인용되는 경우는 동 의무 위반인 경우가 많으며 이 사건은 그 선례에 해당한다. 이 규정의 핵심 중 하나는 공정하고 형평한 대우에서 투자자 대우가 국제관습법상의 기준인지 혹은 각 조약상의 독자적인 대우기준을 의미하는지에 관한 것이다.

이 사건에서는 NAFTA 제1105조에 '국제법에 따른다'는 문구가 있었음에도 불구하고 중재판정 내에는 국제관습법에 대한 언급이 없고 NAFTA의 독자적 기준으로 이 규정이 해석되었다. 그러나 후에 NAFTA의 해석권한을 지닌 NAFTA 자유무역위원회는 이 규정이 국제관습법상의 기준을 의미한다고 해석하였으며 NAFTA 중재는 이 위원회의 해석에 따르고 있다. 반면 NAFTA 이외의 BIT에서 '국제법'에 대한 언급이 없는 공정하고 형평한 대우 의무규정은 조약의 독자적 기준을 설정한 것이라고 해석한 중재판정(2006년 *Saluka* 사건 중재(부분)판정)도 있다. 한편 이 규정은 유연한 해석이 사례별로 가능한 것이 특징이라고 할 수 있다. 이 사건에서는 투명성의 결여, 일관되지 않은 절차, 투자자의 기대 등이 고려되고 있으나, 차별성(2006년 *Saluka* 사건 중재(부분)판정), 신의칙 위반(2004년 *Waste Management* 사건 중재판정), 가혹한 조치(2002년 *Pope & Talbot* 사건 중재(배상)판정) 등이 고려된 사례도 있다.

3. 간접수용에 상당하는 조치

국제관습법 및 양자간 투자협정상 수용은 재산권의 직접적인 박탈(직접수용)뿐만 아니라, 투자재산의 사용 및 처분이 국가의 조치에 의해 상당한 정도라고 할 수 없는 것(간접수용)도 포함될 수 있다고 여겨져 왔는데 NAFTA도 같은 규정을 포함하고 있으며 이 사건은 간접수용이 인정된 사례이다. 간접수용의 경우에 환경규제 등의 다양한 규제조치가 수용으로 간주될 가능성이 있기 때문에 간접수용에 포함된 규제조치와 그렇지 않은 규제조치와의 경계를 어디에 둘지가 중요시 되나 그 판단기준은 반드시 명확하지 않다. 이 사건에서는 투자재산에 재하여 투자유치국이 취한 조치의 '효과'를 기준으로 하여 간접수용의 해당여부를 판단하였다. '효과'를 판단기준으로 하는 중재판정은 많지만, 한편으로는 정부의 규제조치의 '목적'을 고려하여 비차별적이고 공공목적인 조치는 간접수용에 해당하지 않는다는 중재판정(2005년 *Methanex* 사건 중재판정)도 있다.

[아베 요츠노리 (阿部 克則)]

환 경

36. Trail Smelter 사건
(중재판정부)

37. Lanoux호(湖) 사건
(중재판정부)

36. Trail Smelter 사건

[중재판정부] 미국 / 캐나다
중간판정 (1938년 4월 16일) 3 RIAA 1911, 최종판정 (1941년 3월 11일) 3 RIAA 1938

I. 사실관계

콜롬비아강은 캐나다 자치령에서 시작되어, 브리티시 콜롬비아주 트레일에서 동쪽으로 굽어지고 미국과의 국경을 향하여 남서쪽으로 흐른다. 트레일에서 조업을 하던 민간회사 소유 제련소는 1925년과 1927년에 약 125m 높이의 굴뚝 2개를 증설하고 납과 아연의 제련물량을 증가시켰는데 이로 인하여 고농도의 아황산가스가 대량으로 배출되어 인접한 미국 워싱턴주의 농작물, 삼림 등에 피해를 입혔다. 미국 및 캐나다 자치령 정부는 1909년에 미국과 영국 간에 체결된 경계수조약(Boundary Water Treaty) 제9조에 근거하여 1928년 8월 7일에 국제합동위원회에 분쟁을 부탁하였으며, 1931년 2월에 위원회는 만장일치로 보고서를 채택하였다. 보고서는 1932년 1월 1일까지 발생하는 손해배상액을 미화 35만 달러로 인정하고 제련소에 대해서는 설비 개선을 권고하였다.

캐나다는 미화 35만 달러의 배상금 지불을 승낙하였지만 미국은 권고를 받아들이지 않고, 1935년 2월 17일에 현재 상황이 전혀 만족할 수 있는 수준이 아니며 여전히 손해가 발생하고 있다고 항의하여 외교교섭이 재개되었다. 1935년 8월 3일에 양국 정부는 중재협정을 체결하고 중재판정부에 이하의 질문에 대한 "최종적 결정"을 내려 줄 것을 요구하였다(제3조). 첫째, 1932년 1월 1일 이후에도 트레일 제련소에 의해 워싱턴주에 손해가 발생하고 있는가. 그렇다면 어떠한 배상이 지불되어야 하는가. 둘째, 첫 번째 질문에 대한 답변이 긍정적일 경우, 제련소는 향후 손해를 방지하도록 요청되는가. 또한 그렇다면 어느 정도까지 방지를 요구할 수 있는가. 셋째, 두 번째 질문에 대한 답변이 긍정적일 경우 제련소는 어떠한 조치나 제도(regime)를 채택하고 유지하여야 하는가. 넷째, 두 번째 및 세 번째 질문에 관한 판정을 위하여 어떠한 배상이 지불되어야 하는가.

판정기준으로서는 국제법 및 국제관행과 "같은 문제에 관한 미국법과 실행"이 적용되었고, 중재판정부는 "모든 관련 당사자 간에 공정한 해결"에 도달할 수 있도록 당사국 의사를 고려하도록 규정되었다(제4조).

II. 판정요지

1. 1938년 중간판정

중재판정부는 첫 번째 질문에 대한 최종적인 결정과 두 번째 및 세 번째 질문에 대한 잠정적인 답변과 함께 제련소가 따라야 할 제도를 결정하였다.

(a) 손해배상 1932년 1월 1일부터 1937년 10월 1일까지의 기간 동안 트레일 제련소로 인하여 워싱턴주에 손해가 발생하였고, 그 "완전하고 최종적인 배상"은 미화 78,000달러이다. 1937년 10월 1일 이후의 손해는 최종판정에서 결정한다.

(b) 손해방지 본 판정의 제4부가 결정하는 최종판정기일까지, 제련소는 1940년 10월 1일까지는 제4부가 정하는 범위에서, 그 후에는 중재판정부가 최종판정으로 요청하는 범위에서 워싱턴주에 대한 손해발생을 방지하여야 한다.

(c) 잠정적인 제도 보다 적절하고 철저한 연구 및 식견에 기초한 항구적 제도 설립이 가능할 때까지 잠정적인 제도를 마련한다.

2. 1941년 최종판정

(a) 1937년 이후의 손해 중간판정의 기판력이 존재한다는 것에 의심할 여지가 없고, 1937년 10월 1일까지의 손해에 대하여 판정의 재검토를 요청하는 미국의 요구는 부정되어야 한다. 1937년 10월 1일부터 1940년 10월 1일까지 트레일 제련소는 워싱턴주에 어떠한 손해도 초래하지 않았으므로 어떠한 배상도 할 필요가 없다.

(b) 국내법 유추 첫 번째 질문은 "미국법과 국제법 어느 쪽에 근거하여 답변되어야 하는가"라는 문제인데 "미국이 따라야 하는 법은 […] 일반국제법과 일치하기 때문에" 해결될 필요가 없다. 국제적인 사건에서 주(州)간 분쟁에서 확립된 선례를 유추에 의하여 따르는 것은 합리적이다. 다만 국제법상 모순되는 규칙이 우선되거나 미국헌법에 내재된 주권에 대한 제약으로 이러한 선례를 부정하는 이유가 도출될 경우에는 적용되지 않는다.

(c) 손해방지의무 국제법 원칙들 및 미국법하에서 매연에 의한 침해가 중대한 결과를 수반하고(of serious consequences), 명백하고 확실한 증거에 의하여(by clear and convincing evidence) 입증될 경우에는 어떤 국가라도 타국의 영토에 대해 또는 타국의 영토에 존재하는 재산 및 인간에 대하여 매연에 의한 침해를 발생시키는 방법으로 자국의 영토를 사용하거나 그 사용을 허가할 권리를 가지지 않는다. 이 사건의 사정들을 고려하여 중재판정부는 캐나다 자치령 정부는 트레일 제련소의 행위에 대해 국제법상 책임이 있다고 판시한다. 따라서 제련소의 행위가 본 판정으로 결정되는 캐나다자치령 정부의 국제법상 의무와 일치하도록 배려하는 것은 캐나다 자치령 정부의 의무이다. 콜롬비아강 협곡의 현상태가 계속되는 한 트레일 제련소는 매연에 의해 워싱턴주에 어떠한 손해도 발생시켜서는 안 되고 이러한 손해와 그 정도는 사인간 분쟁에서 미국판례하에서 배상이 인정되는 범위이다. 그러한 손해배상은 협정 제11조에 따라 양국정부가 합의하는 방법으로 확정된다.

(d) 항구적인 제도 대기 중의 아황산가스가 워싱턴주에 손해를 발생시킬 우려가 있는 농도, 기간 및 빈도 발생을 방지하기 위하여 제련소의 조업(기상소선 기록기기, 농도기록 보관 및 보고 방법, 굴뚝높이) 및

굴뚝에서 배출되는 아황산가스의 최대 허용배출량은 이하의 제도로 규제된다. 네 번째 질문에 대해서는 (a) 1940년 10월 1일 이후의 손해에 대해서는 협정 제11조에 따라 양국 정부가 배상청구에 관한 결정을 체결하였을 경우에만 배상이 지불된다. (b) 제도의 존재에도 불구하고 미국이 손해 발생을 확인하기 위해 그 조사에 필요한 합리적인 비용을 청구하는 경우에는 연간 미화 7,500달러 한도 내에서 배상된다. 다만 양국 정부가 협정 제11조에 따라 문제가 된 해에 손해가 발생한 것을 인정하고 손해배상청구 부탁이 이루어진 경우에 한정된다.

III. 해설

1. 손해방지의무

이 사건은 국내사법상의 상린관계법리를 국제법규칙으로 인정하고 영역사용에 관한 국가간 분쟁에 적용한 첫 사안이다. 영역주권이 절대적이 아닌 상호조정원리에 따르는 것은 1872년 *Alabama*호 사건 중재판정(본서 사건 45번 참조)에서 나타난 바 있고 1949년 *Corfu Channel* 사건 판정(본서 사건 17번 참조)에도 반영되었지만, 이 사건은 이러한 전통적인 영역주권의 개념에 근거하여 초국경환경손해에 관한 국가손해방지의무를 명확히 한 점에서 국제환경법의 주요 판례로 평가되고 있다. 판정은 이러한 의무의 성질에 대해서 언급하지 않아 절대적 의무(엄격책임)라고 해석하는 견해도 있지만, 제반사정을 고려하여 제련소 조업의 계속을 인정한 점에서 볼 때 전통적인 국가책임법에서 인정된 상당한 주의의무로 해석하는 견해가 일반적이다. 손해의 예견가능성에 대해서는 '명백하고 확실한 증거에 의하여 입증된 경우'라는 엄격한 요건을 부과한다. 손해는 영역 내 재산 및 인간에게 현실적으로 발생한 물리적 손해에 한정되고 생태계 교란, 미관 파괴 등 금전적 평가가 어려운 침해를 포함하지 않는다. 또한 인과관계가 명백한 직접적 침해만을 대상으로 하고 풍문피해 등의 간접적 침해는 배제된다. 아울러 심각한 침해(serious harm)라는 손해의 요건은 '명백하고 확실한 증거에 의한 입증'이라는 기준과 더불어 해당 의무의 적용범위를 현저하게 제약하여 산업우위적인 판단을 정당화하였다고 평가되는 이유이다. 그러나 판정의 정식(定式)을 축어적으로 도입한 1972년 '스톡홀름 유엔인간환경선언' 원칙 21 및 1992년 '환경과 개발에 관한 리우선언' 원칙 2는 침해의 규모는 언급하지 않고, ILC는 1997년 국제수로의 비항행적 사용법에 관한 협약 및 2001년 '유해활동에서 발생한 초국경손해 방지'초안에서 "중대한 침해(significant harm)"라는 문언을 채택하여 의무위반이 발생한 침해 정도를 완화하고 있다.

2. 항구적인 제도

중재판정부는 포괄적이고 과학적인 조사에 기초한 지속적인 모니터링, 최대허용배출량설정 등 제련소가 따라야 할 항구적인 제도를 결정하고 재검토에 대한 절차도 명시하였다. 과학적 식견에 기초한 동태적인 규제제도의 창설은 초국경적·다자간 환경관리의 시초이며, 기능적으로는 손해방지의무를 구체화한 것으로 자리매김하였다. 이러한 조치를 위법행위의 재발방지 보장으로 간주하고 배상의 한 형태로 해석할 여지도 있지만, 이 판정에서는 중재협정의 부탁사항이 명시되어 있기 때문에 제도창설을 국가책임법에 근거를 둘 필요성은 희박하고 이에 관한 중재판정부의 견해는 명확하지 않다.

3. 국내법 유추

중재판정부는 초국경환경손해에 관한 국제재판소의 선례가 불충분하다며 미국 주(州)간 분쟁에 관한 판례를 유추하여 국제법상 손해방지의무 존재를 인정하였다. 그러나 미국 국내판례와 국제법이 "일치한다"는 이유는 설명하고 있지 않다. 또한 '심각한 침해'라는 요건은 주간 분쟁에서 연방의 권한 행사가 정당화되는 특별한 사정의 존재를 시사하지만, 중재판정부는 국가간 분쟁이라는 다른 상황에 이러한 헌법상의 제약에 바탕을 둔 국내기준을 유추적용하였다는 지적도 있다. 이와 같이, 이 판정에서의 국내법 유추방식에는 애매함이 남아 있지만 중재협정 제4조의 문언을 볼 때 양국이 법의 공백을 바라지 않았다고 생각되며, 또한 미국은 판정의 내용에 불만이 있었지만 자국의 국내판례법리에 근거한 이상, 그 논지에는 반론하기 어렵다는 점을 들어 교묘한 판정이라고 하는 지적도 있다.

4. 이 판정의 의의

손해방지의무는 스톡홀름 인간환경선언 원칙 21, 환경과 개발에 관한 리우선언 원칙 2, 다자간 환경조약 등에 도입되었고 오늘날에는 국제환경법의 기본원칙으로 널리 받아들여지고 있다. 원칙 21은 자국영역 외에서 행해지는 활동('자국 관할 내 또는 관리하의 활동') 및 '자국 관할의 밖의 지역 환경'에 대한 손해라는 두 가지 점에 대해 손해방지의무의 적용범위를 확대하여 당해 의무가 글로벌 코먼즈(Global Commons)의 보호 등 다변적 관계에 적용될 가능성을 열어두고 있다. 확대된 손해방지의무에 대해서 1996년 핵무기 사용 합법성 사건 권고적 의견(본서 사건 46번 참조)은 국제관습법을 인정하였고 1997년 가브치코보-나지마로스 프로젝트 사건 판결(본서 사건 31번 참조)도 그 점을 추인하였다. ILC는 국가책임법, 초국경손해방지, 적법행위로 발생하는 배상책임에 관한 초안 검토에 대해 본 판정을 유권적 선례로 인용하여 손해방지의무와 형평이용원칙과의 일정 관계를 시사하였지만, 후자에 의해 전자가 수정되었다는 해석은 확립되어 있지 않다. 또한 이 판정 이후 국가의 의무위반에 근거하여 배상이 이루어진 초국경손해 사례는 없다. 국가실행이 결여되었기 때문에 판정의 선례적 가치에 신중한 견해도 있지만 판정의 의의는 위법행위 책임의 명확화라기보다는 손해방지에 관한 일차규칙 확립에 있다고 보아야 할 것이다.

[토오이 아키코 (遠井 朗子)]

37. Lanoux호(湖) 사건

[중재판정부] 프랑스 / 스페인
판정 (1957년 11월 16일) 12 RIAA 285 ; 24 ILR 101 ; 1 IELR 332

I. 사실관계

라누호(Lac Lanoux)는 스페인과의 국경에 가까운 프랑스 영내에 위치하고 있고 그 영내에만 수원이 있으며 그 영내만 흐르는 하천으로부터 흘러들어온다. 이 호수의 물은 카롤(Carol)강의 상류에 있는 퐁비브(Font-vive)강으로부터 흘러나오고, 카롤강은 프랑스 영내를 약 25km 흘러간 다음 스페인과의 국경을 가로질러 스페인 영내에서 약 6km 흘러 세그르(Ségre)강과 합류하여 최종적으로 에브르(Ebre)강이 된다. 이 지역의 국경은 1856~1866년에 걸쳐 양국이 체결한 세 개의 조약(Bayonne 조약) 중 1866년 조약에서 확정된 양국이 이용하는 수로는 같은 날 서명한 추가의정서(이하 동 의정서)에서 규율하고 있다.

1917년 이후에 양국은 라누호로부터 물의 전류(転流)를 수반하는 프랑스 영내의 수력발전소사업에 대하여 교섭을 계속하여 왔다. 일시적으로 중단되었던 교섭은 1949년에 재개되었고, 같은 해 양국은 혼합기술자위원회의 설립과 별도의 합의가 성립될 때까지 현상유지를 할 것에 합의하였다. 이 위원회의 작업이 난항을 겪던 중 1950년에 프랑스 전력회사가 라누호로부터 프랑스 영내에 있는 아리에그(Ariége)강으로 흘러드는 물의 전류를 수반하는 수력발전계획에 대하여 프랑스정부에 허가를 청구하였다. 이를 반대하는 스페인의 요청에 의하여 1955년 8월에 혼합기술자위원회가 시작되었지만 성과가 없었고 특별혼합위원회의 설치가 결정되었다. 이 위원회도 성과가 없었으며 다음해 3월에 작업을 종료하였다. 3월 말에 프랑스는 스페인에 계획의 실시를 통고하였고 사업은 시작되었다. 문제가 된 계획(이하 본 계획)은 라누호의 물을 아리에그강으로 전류하고 프랑스 영내에서 터널을 따라 전류와 같은 양의 물을 카롤강에 환류하는 사업이었다. 1929년의 중재판정조약에 근거하여 1956년에 부탁합의가 체결되었고, 해당 계획이 실시될 때 프랑스가 1866년 조약 및 동 의정서에 위반한 것인지에 대한 판단을 청구하였다.

II. 판결요지

부탁받은 문제는 1866년 조약과 동 의정서에만 관련된 것이므로 이 사건에 적용가능한 규칙은 다음과 같다. 명확한 조약규정에 대하여는 특별한 해석이 필요하지 않지만 조약규정의 해석이 필요한 경우에는 국제법에만 의거한다. 국제관습법과 피레네조약(Treaty of the Pyrenees)들의 정신도 고려할 수 있지만 1866년 조약과 동 의정서 규칙의 일탈은 규정에 그러한 취지의 명시가 있는지 또는 당사국의 명확한 의사를 확인할 수 있을 경우에 허락된다.

이 분쟁에서 두 개의 근본적인 문제를 정리하였다. 첫 번째 문제는 본 계획의 실시에 의하여 1866년 조약과 동 의정서에서 인정된 스페인의 권리가 침해되었는지에 관한 것이다. 판정소는 이를 부정하였다. 이 계획의 환류조치로 인하여 동 의정서 제9조와 제10조를 위반하는 것은 아니다. 물의 이용자는 손해를 입지 않았고 수위가 가장 낮은 곳에서도 카롤강의 수량이 감소되지 않기 때문이다. 스페인은 카롤강에 심각한 오염이 발생하고, 환류된 물이 스페인의 이익을 침해하는 화학적인 구성, 온도 및 기타 특질을 가졌으므로 자국의 권리가 침해될 수 있고 또 측정설비와 환류설비의 불비로 인하여 라누호로부터 카롤강으로의 자연적 유량이 환류되지 않았다 등은 주장하지 않았다. 즉, 이 계획이 상린관계 혹은 물이용에서 생각지도 못하였던 매우 큰 위험을 동반할 것이라는 점을 명확히 하지 않았다.

아울러 스페인은 이 계획의 전류에 의하여 라누호의 수문학(水文學, hydrology)상 유역의 자연조건이 변경되었고 카롤강에서의 물의 회복을 사람의 의사에 물리적으로 의존시켰으며, 1866년 조약과 동 의정서에서 규정하고 있는 평등에 반하여 일방 당사자를 사실상 우위에 놓음으로써 자국의 권리를 침해한다고 하였다. 그러나 유역의 일체성과 인간의 필요에 상응하는 한 법적으로 인정되고 있는바 본 계획처럼 같은 양의 환류를 동반한 전류는 1866년 조약과 동 의정서에 반하지 않는다. 나아가 본 계획은 기존의 체제를 해하지 않는다고 프랑스가 보증하였기에 악의는 추정될 수 없다는 일반적이고 확립된 법원칙도 있다. Bayonne 조약은 사실상이 아니라 법적인 평등을 규정하고 있는 것에 불과하다. 1866년 조약과 동 의정서, 국제관습법 어느 쪽이든 자국의 정당한 이익을 지키기 위하여 행동하는 국가가 국제적인 약속을 깨고 사실상 인접국을 심각하게 해할 수밖에 없는 상황에서 자신을 구속하는 것을 금지하는 규칙은 없다. 그러므로 첫 번째 문제에 대하여 판정소는 부정적으로 판단하였다.

두 번째 문제는 만약 첫 번째 문제가 부정된다면, 1866년 조약과 동 의정서의 규정이 이 계획과 같은 사업에 대해 양국 정부 간의 사전합의를 요구하고 있으므로, 혹은 양국정부의 관계에 관한 동 의정서 제11조의 다른 규칙이 지켜지지 않았으므로 이 계획의 실시가 1866년 조약과 동 의정서에 위반되는가이다. 국가 관할권의 행사를 타국과의 합의에 의거하는 것은 국가의 주권에 본질적인 제약을 부과하는 것이므로 명확하고 확실한 증거가 필요하다. 일반적으로 국제관행에서 '합의를 위하여 교섭할 의무'가 있다는 것에 불과하다. 다만 이 의무에는 실질이 필요하며, 예를 들면 논의의 부당한 파괴, 비정상적인 지연, 합의된 절차의 무시, 대안과 대립이익을 고려를 완전히 거부하거나 보다 일반적인 신의성실원칙의 위반이 있으면 제재가 적용될 수 있다.

첫째, 사전합의의 필요성에 대하여 피레네의 전통적인 법 혹은 국제관습법은 근거가 되지 않는다. 지역의 관습, 전통적인 지역 규칙은 조약을 넘어설 수 없고 법적인 의미가 있는 일반적인 '공동권'의 관념을 계속하여 연역시킬 수도 없다. 나아가 이해관계국 간의 사전합의가 없다면 국제수로의 수력을 이용할 수 없다고 한 규칙은 관습과 법의 일반원칙으로 확립되지 않았다.

그리고 동 의정서는 물이용에 관한 공동권의 체제라기보다 물분할의 규칙에 관하여 규정하고 있나. 또한 동 의정서 제11조에서 사전통보의무만을 언급하고 있으므로 이 규정으로부터 사전합의의 의무를 도출할 수 없다. 아울러 분쟁에서 상황과 규칙을 평가하는 것은 각국이고 타국의 판단과의 대립을 이유로 자국의 관할권 행사를 정지하여야 할 의무는 없다. 또한 동 의정서 제15조와 제16조의 프랑스어 정문과 스페인어 정문과의 표현상 차이를 고려한다고 하여도 협의절차를 넘는 것은 도출되지 않는다. 나아가 양국의 외교실무로부터 프랑스가 사전합의의무를 인정하고 있다고는 할 수 없다.

또한 1949년 현상유지의 약속은 혼합기술자위원회의 임무에 부수된 것이고 이 위원회에 의한 실제 활동을 전제조건으로 한다. 그러나 1949년 8월 5일 이후, 이 위원회는 연구와 교섭의 수단으로서는 소멸되었고 그에 관련되는 약속도 소멸되었다.

둘째, 동 의정서 제11조는 연속하천의 전류 혹은 수량의 변화를 동반할 우려가 있는 작업의 실시 혹은 신규허가를 계획하는 국가에 두 개의 의무를 부과한다. 실시 혹은 허가의 사전통보의무와 상대방의 모든 관련이익의 보호와 보상청구를 다루는 구조로 된 설립의무이다. 전자에 대하여, 프랑스가 라누호의 개발에 관하여 통보의무를 준수한 점에 대해서는 다툼이 없다. 후자에 대하여, 실시에 의해 영향을 받는 모든 이익이 고려되어야 한다. 이는 제16조의 요청이며 피레네조약의 정신 및 최근 국제적인 관행에서의 수력발전 사례의 경향과도 합치한다. 또한 고려의 방법으로서 신의성실원칙에 따르면 상류국은 자국이익의 실현에 맞는 만족스러운 해결을 추구하며 기타 하안국의 이익을 자국의 이익과 조화시키기 위하여 성실하게 노력할 의무를 부담한다. 상류국은 자국의 개발계획에 착수할 권리를 가지며 하류국의 이익을 합리적으로 고려할 것을 조건으로 자국의 계획을 선택할 권리를 가진다. 그리고 프랑스는 1917년부터 1954년까지의 기간에 매우 유연하게 대응하였다. 판정부는 이 사건의 모든 사정을 고려하여 프랑스의 계획은 동 의정서 제11조를 준수하고 있다고 판단한다.

III. 해설

1. 국제수로의 비항행적 이용에 관한 기본원칙

이 사건은 초국경하천의 전류를 수반하는 상류국에 의한 수력발전계획의 실시에 관하여 상류국과 하류국 간의 권리의무관계가 문제된 사건이다. 사건 그 자체는 당사국 간의 개별조약의 해석·적용에 의하여 처리되었지만 판결은 관련된 국제관습법에 대해서도 언급하였다. 이러한 점에서 국제수로의 비항행적 이용 일반에 관한 중요한 선례이기도 하다. 판결은 다음과 같은 내용의 관습법규칙을 제시하였다. 첫째, 하안국은 자국영내에 있는 국제수로에 대하여 스스로의 판단으로 이용할 수 있는 권리가 있다. 둘째, 모든 하안국은 물이용에 대하여 서로 평등하다. 셋째, 이런 이유로 하안국은 자국의 물이용 계획을 실시할 때 이로 인하여 영향을 받을 우려가 있는 기타 하안국의 정당한 이익을 고려하기 위하여, 해당 하안국과 '합의를 위하여 교섭할 의무'를 부담하고 있지만 이 의무는 상대국의 동의를 얻을 것까지는 요구하지 않는다.

이상의 규칙은 ILA가 1966년에 헬싱키규칙을 채택한 것을 계기로 국제수로의 형평한 이용이라는 관념하에 국제수로에 관한 많은 조약에서 명기되었다. 1997년 UN국제수로비항행적 이용협약도 마찬가지이다. ICJ도 1997년 가브치코보-나지마로스 프로젝트 사건(본서 사건 31번 참조)에서 국제수로의 비항행적 이용에 대하여 모든 하안국의 완전한 평등성을 인정하고 특정한 하안국의 특권적인 지위를 부정하였다.

2. 국제수로법에서 사전통보협의의 의무

판정은 국제수로의 비항행적 이용에 관한 사전통보협의의무의 의의에 대한 이론적 기반 및 내용 등을 포함하여 분명히 하였다. 국제관습법상 상대국의 사전동의를 얻을 의무의 존재를 명확히 부정하고 하안국 간의 평등한 이용을 근거로 '합의를 위하여 교섭할 의무'의 존재를 인정하였고 이 의무는 신의성실원칙에 근거하여 실질을 동반하여야 한다고 하였다. 그리고 1866년 조약 및 동 의정서하에서도 상대국의 동의를 얻을 의무를 부정하고 사전통보협의 의무의 존재를 명확히 인정하였다. 그 근거는 동 의정서에서 규정한 공동권이 아니라 분할이용을 전제로 하는 평등권에 근거한 물이용의 체제에 있으며, 관련 규정이 전자만의 입장을 명시하고 있는 것 등도 이유로 하였다.

오늘날 국제수로법에서의 사전통보협의의무는 국제수로의 형평이용에 관한 원칙을 구체화하기 위한 관습법상의 의무이다. UN국제수로비항행적 이용조건 등 국제수로의 비항행적 이용에 관한 많은 조약도 이 의무를 명기하고 있다. 위의 판결은 그 기초가 되었다.

3. 국제환경법에 대한 시사

판정은 국제환경법의 문맥에서도 중요한 의미를 가지며 초국경환경손해방지에 관한 실체적 및 절차적인 의무로의 전개이다. 판정은 전류가 수반되는 국제수로의 이용은 하류국 영내로 같은 수량의 환류가 확보되지 않는다든가, 하류국 영내의 하천에 심각한 오염과 물 조성의 변화 등을 초래하는 경우에는 하류국의 권리침해가 완성된다는 취지를 시사하였다. 초국경손해의 범위에 있는 수량의 감소뿐만 아니라 수질의 변화도 포함하고 있으므로 오늘날 관습법상의 의무라고 하는 초국경환경손해의 방지의무(1997년 가브치코보-나지마로스 프로젝트 사건, 본서 사건 31번 참조), 1996년 핵무기사용 합법성 사건(본서 사건 46번 참조)로 이해된다.

아울러 판결은 하안국 간의 이해조정수단이라고 주장되는 사전통보협의는 초국경환경손해의 방지를 목표로 하는 조약이 증가하는 가운데 초국경환경위험의 절차적인 규제수단을 의미한다고 하였다. 특히 1990년대 이후, 사전통보협의의무를 규정한 조약에서는 환경영향평가를 우선 실시하고 통보협의과정의 구체적인 정형화 등도 인식하여 그 위험을 규제 즉, 초국경환경손해를 방지하는 기능은 한층 기대되고 있다. 2001년 ILC 초국경손해방지초안도 유사한 입장에 있다. 다만 관습법상 급박한 위험의 통보의무(1949년 *Corfu Channel* 사건, 본서 17번 사건 참조)는 제쳐두고 초국경환경위험을 수반하는 활동 일반에 관하여 사전통보협의의무가 확립되어 있는가에 대한 논자의 견해는 일정하지 않다.

[코야노 마리 (児矢野マリ)]

환경

분쟁해결

38. South West Africa 사건
(국제사법재판소)

39. 동티모르 사건
(국제사법재판소)

40. 카메룬 v. 나이지리아 영토·해양경계 사건
(국제사법재판소)

41. 남방참다랑어 사건
(국제해양법재판소)

42. Lockerbie 사건
(국제사법재판소)

38. South West Africa 사건

[국제사법재판소] 이디오피아 v. 남아프리카, 라이베리아 v. 남아프리카
제1단계판결 (1962년 12월 21일) ICJ Reports 1962, 319
제2단계판결 (1966년 7월 18일) ICJ Reports 1966, 6

I. 사실관계

국제연맹하에 서남아프리카(현 나미비아)는 남아프리카를 수임국으로 하는 위임통치지역이었다. 제2차 세계대전이후 남아프리카는 서남아프리카를 UN의 신탁통치제도로 이전하는 것을 거절하고 자국령으로의 합병을 주장하며 서남아프리카에서 인종차별정책(아파르트헤이트)을 실행하였다. 이러한 사태에 대하여 ICJ는 UN총회의 요청에 따른 권고적 의견(1950, 1955, 1956년)에서 남아프리카는 국제연맹규약 제22조 및 위임장에 근거한 국제의무를 여전히 부담하고 있다는 등의 의견을 보였고 UN총회도 아파르트헤이트가 위임통치의 정신에 반하므로 폐지되어야 한다는 취지를 반복하여 권고하였으나 사태는 개선되지 않았다.

그러한 상황에서 1960년에 원고국(이디오피아 및 라이베리아)은 위임장 제7조 및 ICJ규정 제37조에 근거하여 구 연맹국으로서 ICJ에 제소하였고 (i) 서남아프리카는 위임통치지역이었음을 확인, (ii) 남아프리카에 대한 위임통치상의 의무존재의 확인, (iii) 남아프리카에 의한 상기 의무위반의 확인에 대하여 청구하였다. 이에 대하여, 피고국(남아프리카)은 (i) 연맹은 이미 해산되었으므로 원고국은 위임장 제7조에서 말하는 '기타 연맹국'이 아니며(제2항변), (ii) 이 사건에서 다툼이 있는 원고국은 물질적 이익을 가지고 있지 않으므로 위임장 제7조에서 말하는 '분쟁'이 아니다(제3항변)라고 주장하는 선결적 항변을 제기하였다.

ICJ는 제1심 판결(1962년)에서 피고국의 선결적 항변을 모두 각하하고 관할권을 인정하였으나 제2심 판결(1966년)에서 원고국의 당사자 자격(원고적격)을 선결적 문제로서 직권으로 채택하여 다시 검토하고 원고국의 소에 대하여 '법적 권리 내지 이익'이 결여된 것을 이유로 원고국의 청구를 각하하였다.

II. 판결요지

1. 제1단계 판결

'기타 연맹국'이라는 문언에 관한 남아프리카의 해석은 그 용어를 포함하는 조문과 문서의 정신·목적·문맥과 양립하지 않으며 타당한 해석이라고도 할 수 없다. 위임통치제도(국제연맹규약 제22조)는 (i) '문명의 신성한 사명'으로서 수임국에 의해 통치를 받을 것 및 (ii) 그 '사명'수행의 보장(그 형식으로

서 연맹기관에 의한 '행정적 감독'과 재판부에 의한 '사법적 보호'가 있다)을 설치할 것을 그 본질적 특징으로 하고 있다. 그중에서도 '사법적 보호', 즉 위임장 제7조하의 연맹국에 의한 제소는 수임국의 의무이행에 대한 보장을 목적으로 하고 있으며 연맹이사회에 의한 행정적 감독과 재판부의 권고적 의견이 기능하지 못할 경우 남겨진 유일한 수단이다.

위임장 제7조에서 말하는 '분쟁'은 위임장의 규정들에 관한 '모든 분쟁'이며 수임국의 의무이행에 관한 분쟁을 포함한 것으로 어떠한 예외도 인정되지 않는다. 위임장 제7조에 근거한 "연맹국의 출소권은 위임통치의 본질적인 부분을 없애고 위임통치의 실시와 분리될 수 없다"는 것에 있으며, 그 대상·목적으로부터 "위임통치지역의 주민 및 국제연맹과 그 회원국에 대하여 부담하는 수임국의 의무 이행에 관해, 연맹국은 법적 권리 내지 이익을 가지고 있다고 해석하였다."

이상의 이유로부터 재판소는 이 사건에 대한 재판관할권을 가진다.

2. 제2단계 판결

재판소는 이 사건에 선행하는 문제로 원고국의 당사자 자격에 대한 문제를 제기하였다. 이는 1962년 판결이 관할권과의 관계에서 인정한 당사자 자격의 문제가 아니라 청구대상에 대하여 원고국이 법적 권리·이익을 가지는지의 문제이며, 재판부는 이를 이 사건의 사항으로서 심리하였다. 이를 위하여 우선 위임통치제도를 고찰하여야 한다. 위임통치의 내용을 정한 위임장의 규정들은 지역주민 및 연맹에 대하여 수임국의 권리의무를 규정하는 '행위규정'과 직접적으로 기타 연맹국에 권리를 부여하는 '특별이익규정'(이 사건 위임장의 제5조 '선교사의 활동·이동의 자유'만)으로 구별된다. 이 사건은 그 청구내용으로부터 알고 있는, 행위규정에 관한 쟁송이며 문제는 위임통치제도에 대하여 개개의 연맹국이 행위규정과의 관계에서 '법적 권리 내지 이익'을 가지는지에 있다. 이 문제에 관하여 연맹규약을 제정한 당시 위임통치제도의 법적 성격, 구조 및 위임장의 규정들에 대해 검토한 결과, 행위규정에 관하여는 오로지 연맹기관에만 법적 권리·이익이 인정된다고 해석한다. 법적 권리 내지 이익이 존재하려면 조문, 문서 또는 법규칙에 의하여 명확히 부여되어야 하지만 연맹시대부터 행위규정의 이행에 관한 개개의 연맹국에 부여되는 법적 권리·이익은 존재하지 않았으므로 이 사건의 원고국은 현재에도 이런 종류의 법적 권리·이익을 가지고 있지 않다.

이상의 이유로 재판소는 원고국의 청구를 각하한다(7대7 : 재판소장의 결정투표에 의한 결정).

III. 해설

1. 원고적격(*jus standi*)

어떤 소송에서도 판결을 얻기 위한 이익이 결여된 경우 재판제도를 이용할 수 없다. 이는 ICJ규정 및 ICJ규칙에 규정되어 있지 않지만 소송법의 일반원칙이며 법의 일반원칙으로도 생각된다. 그러므로 원고국은 '법적 권리 내지 이익(법익)'을 가지고 있는 것을 증명할 필요가 있다. 그리고 이 사건은 해당 이익이 '개별적 · 직접적'인 것임을 요구하는지가 쟁점이 된 사례로 평가되고 있다.

이 사건에서 재판부는 이 문제를 위임장(=조약) 해석의 문제로 처리하였다고 할 수 있다. 위임통치 제도의 취지에 비추어 볼 때 1962년 판결은 위임장을 해석함에 있어 원고국의 법익을 인정하였으나, 1966년 판결은 위임통치제도에서의 다변적 의무이행구조에 주목하였고, 위임장의 조문을 행위규정과 특별이익규정으로 구별하였으며, 행위규정에 대한 원고국의 법익을 부인하였다. 즉 법익의 인정에 관한 두 판결의 차이는 위임통치제도에 대한 이해 및 그 이해에 비춰진 위임장해석의 차이에 기인한 것이라 볼 수 있다. 이러한 점으로부터 개별적 · 직접적인 법익 요건에 대한 일반적 결론을 이 사건의 2단계 판결로부터 도출하는 데에는 어려움이 있고 해석의 대상이 되는 조약마다 개별적 · 직접적 법익의 필요 여부는 다를 수 있다는 것을 알 수 있다.

2. 민중소송 (*actio popularis*)

위에서 말한 '개별적 · 직접적인 법익'의 요건이 완화된다면 소위 '민중소송'에 제한없이 접근하게 된다. 여기서 말하는 '민중소송'은 "직접적으로 피해를 받지 않은 국가도 원고적격이 인정된다"는 것을 의미한다. 확실히, "관할권의 연결이 없어도 모든 국가가 제소가능하다"고 한 의미로 이 용어가 사용된 경우도 있지만, 관할권 동의원칙과의 관계에서 ICJ에서 이 용어법을 취할 수 없다. 왜냐하면 판례상 관할권 동의원칙과 규범의 성질과는 별개의 문제이며(실체법과 절차법의 준별(峻別)) 만약 위반된(다고 주장된) 실체법이 대세적(*erga omnes*) 의무와 강행규범(*jus cogens*)이라 할지라도 관할권의 설정과는 무관하다고 해석하고 있기 때문이다(1995년 동티모르 사건 ICJ판결, 본서 39번 사건 참조; 2006년 콩코영토에서의 군사활동 사건(새롭게 제소됨) ICJ판결).

민중소송에 대하여 1966년 판결은 "몇 개의 국내 법체계에는 알려져 있다 할지라도 현행국제법(International law as it stands at present)에 알려져 있지 않다는 것은 아니고, […] 법의 일반원칙에 의하여 국제법에 흡수되었다고 간주할 수도 없다"고 기술하여 부정적인 입장을 취한다고 할 수 있다. 그러나 민중소송에 대한 1966년 판결의 의의는 한정적으로 이해되어야 할 것이다. 왜냐하면 (i) 1966년 판결에서 민중소송에 대한 부정은 '필요성'이론(위임장의 이행에 관한 최후의 보장으로써 개개의 연맹국에 제소권이 인정될 뿐이라고 한 논의)의 문맥에서 이루어 졌다는 판단이며 (ii) 기타 다자간 조약 제도(ILO헌장, 유럽인권조약, EC조약 등)에 대하여서는 직접적인 피해를 요건으로 하지 않는 소송이 인정되기 때문이다. 그러므로 1966년 판결에 대하여 ICJ는 조약을 이탈한 일반국제법상의 제도로서 민중소송은 존재하지 않는다는 것을 확인한 것에 불과하다고 할 수 있다. 또한 현재 민중소송이 일반국제법의 제도로서 생성되고 있는 것인가 여부는 별도로 검토할 가치가 있다. 그러나 위에서 언급한 바와 같이 판례상, 실체법(규범의 성질)과 절차법(관할권)이 준별되고 있는 것에 비추어 볼 때 소극적으로 이해될 수밖에 없다고 생각된다.

3. 기판력 (*res judicata*)

ICJ의 판결은 당사자에 대하여 구속력을 가지고 있을 뿐만 아니라 종국적이며, 이미 결정이 끝난 문제를 재심리하는 것은 허용되지 않는다(기판력원칙). 그러나 1966년 판결은 이하의 이론구성에 의하여 1962년 판결의 기판력을 부인하였다. 우선, 일반론으로서 선결적 항변(관할권)판결은 '본안에 속하는 사항(본안 사항)'을 결정할 수 없고, 예를 들면 본안 사항에 관계되는 판단을 하였다 하더라도 당해 판단은 기판력을 가지지 않는 '이유'에 지나지 않는다고 하여 선결적 항변판결의 기판력이 닿는 범위(기판사항)를 제한적으로 이해하였다. 나아가 '재판조항의 원용자격(인적 적격성)'과 '소의 이익(사항적 적격성)'을 구별한 전제에서 후자를 본안 사항으로 자리매김한 것이다.

그러나 이러한 1966년 판결에 대한 논의의 전개는 애초부터 형식적으로 설득력이 부족하다는 이유로 반대의견과 학설로부터의 통렬한 비판을 받아 왔다. 또한 선결적 항변판결의 기판력은 제노사이드협약적용 사건에 대한 2007년 ICJ판결(본서 사건 32번 참조)에서도 쟁점(구체적으로는 피고국의 UN회원국 자격의 유무에 대한 판단이 기판사항으로 간주되는지 여부의 문제)이 되었다. 그 당시 재판부는 선결적 항변판결의 기판사항에는 '서술되지 않은 근거'도 포함한다고 해석하고 그것을 '논리해석'에 의하여 정당화하였다. 이상에서 검토한 바와 같이 선결적 항변판결의 기판사항을 제한적으로 해석한 1966년 판결의 선례적 가치는 한정적으로 이해되어야 할 뿐이라고 할 수 있다.

[리 요시유키(李 禎之)]

39. 동티모르 사건

[국제사법재판소] 포르투갈 v. 호주
판결 (1995년 6월 30일) ICJ Reports 1995, 90

I. 사실관계

이 사건은 동티모르의 신탁통치국이었던 포르투갈이 동티모르에 관한 호주의 행위들에 대하여 소를 제기한 것이다.

동티모르는 16세기 이후 포르투갈의 식민지였다. 1975년에 인도네시아의 침공을 받았고 다음해에 합병되었다. UN은 1975년과 1976년에 안보리결의 384호 및 389호에서 동티모르의 민족자결권을 확인하고 인도네시아군대의 철수를 요구하였다. 그러나 호주는 1978년에 인도네시아에 의한 동티모르의 합병을 사실상 승인하고 다음해에는 동티모르와 호주 간에 위치한 대륙붕(티모르 갭)의 경계확정에 관한 교섭을 시작하였다. 교섭 결과, 양국 간에 티모르 갭의 자원개발에 관한 협정(티모르 갭조약)이 체결되었다. 1991년에 포르투갈은 호주의 이러한 행위에 의하여 동티모르의 신탁통치국인 포르투갈의 권리가 침해되었고 동티모르 민족자결권을 존중하여야 할 의무를 위반하였다고 주장하면서 이 사건에 관한 소를 제기하였다(관할권의 근거는 포르투갈과 호주가 수락한 ICJ규정 제36조 2항에 있다). 이에 대하여 호주는 관할권과 청구의 수리가능성(admissibility)을 다투었다. 호주는 이 사건의 청구에서 포르투갈이 재판부에 청구한 것은 인도네시아의 권리의무에 대한 결정이며, 당사국이 재판소에 부여한 관할권은 인도네시아의 동티모르에 대한 침공의 합법성과 티모르 갭조약의 유효성에 대한 결정을 가능하게 하는 것이 아니라고 주장하였다. 그 근거로서 호주는 제3자 법익원칙을 원용하였다. 호주에 의하면 ICJ는 포르투갈의 청구를 판단하는 전제로서 인도네시아의 동티모르 침공과 점령의 합법성에 대한 결정을 할 필요가 있으며 이 사건에 대하여 인도네시아의 동의가 없는 이상 ICJ는 관할권을 행사할 수 없다고 하였다. 그러나 포르투갈은 이 사건의 청구는 인도네시아의 행위에 대한 합법성을 판단하는 것이 아니라 이와 완전히 분리할 수 있는 호주의 행위에 대해서만 판단을 청구하고 있다고 주장하였다. 나아가 포르투갈은 호주가 침해한 권리는 동티모르 민족자결권이라는 대세적 권리(right *erga omnes*)이므로, 다른 국가가 호주와 마찬가지로 위법한 행위를 하였는지 여부에 관계없이 포르투갈은 그 권리를 존중할 것을 호주에 대하여 개별적으로 요구할 수 있다고 주장하였다.

II. 판결요지

호주가 원용한 국가의 국제책임을 결정함에 있어 재판소는 그 국가의 동의 없이 이를 행사할 수 없다고 한 제3자 법익원칙은 1954년 *Monetary Gold* 사건의 판결에서 확립된 국제법의 일반원칙이다. *Monetary Gold* 사건에서 제3국인 알바니아의 법적 이익은 판결의 영향을 받을 뿐만 아니라 '재판대상'을 구성하였다. 이 사건에서 포르투갈은 호주 행위의 위법성을 인도네시아의 행위와 분리하여 판단할 수 있다고 주장하였다. 그러나 재판소는 검토 결과 호주의 행위는 인도네시아가 티모르 갭조약을 합법적으로 체결하여 얻은 것인가의 여부를 먼저 결정하지 않고서는 판단할 수 없다고 생각한다. '재판대상'은 동티모르를 대신하여 인도네시아가 대륙붕자원에 관한 조약의 체결권을 가지고 있는지의 여부이며, 재판소는 이러한 결정을 인도네시아의 동의 없이는 할 수 없다.

나아가 호주가 침해한 권리는 대세적 권리이므로 포르투갈은 호주 이외의 국가가 위법한 행위를 하였는지의 여부에 관계없이 호주에 대하여 개별적으로 이 권리를 존중할 것을 요구할 수 있다고 하는 포르투갈의 주장은 인정될 수 없다. 자결권이 대세적 성질을 가지고 있다는 주장은 다툴 여지가 없다. 민족자결권은 UN헌장 및 판결에서 인정되며 현대국제법의 본질적인 원칙 중의 하나이다. 그러나 법규범의 대세적 성질과 관할권에 대한 동의원칙은 별개의 문제이다. 그러므로 의무의 성질에 관계없이 재판소는 판결이 당사국이 아닌 제3국의 행위에 관한 합법성 판단을 포함하는 경우에는 재판을 할 수 없다. 재판이 제3국의 법적이익에 영향을 주는 경우에도 재판을 할 수 있지만, 이 사건은 호주가 신탁통치국으로서 포르투갈의 지위와 동티모르 민족자결권, 천연자원에 대한 항구적 주권을 존중하여야 할 의무를 위반하였다고 한 포르투갈의 주장을 판단하는 그 '전제조건'으로 인도네시아의 동티모르 침공에 대한 합법성과 조약체결권의 유무를 결정하여야만 하므로 인도네시아의 권리의무가 '재판대상'을 구성한다. 따라서 재판소는 그 국가의 동의 없이 재판할 수 없다. 그러한 재판은 ICJ규정에 규정되어 있는 국제법의 확립된 원칙인 동의원칙에 반하는 것이 될 것이다.

그러므로 당사국이 ICJ규정 제36조 2항에 근거하여 재판소에 부여된 관할권을 행사할 수 없다.

III. 해설

1. 본 판결의 의의

이 사건의 요점은 다음과 같다. 첫째, 이 사건은 *Monetary Gold* 사건 이래 ICJ가 처음으로 제3자 법익원칙의 적용을 인정하고 나아가 지금까지 명확하지 않았던 제3자 법익원칙의 적용기준을 알기 쉽게 내세운 것이다. 그 결과, 이 사건에서 제3국인 인도네시아의 동의가 없이는 관할권을 행사할 수 없다는 이유로 청구가 각하되었다. 둘째, 민족자결권의 성질을 명확히 인정한 점이다. 그러나 그 후에 대세적 권리의 침해에 관한 소송에서도 소송당사국 이외의 국가의 권리의무가 '재판대상'일 경우에는 관할권을 행사하더라도 그 국가의 동의가 필요하다는 것은 변하지 않았다.

2. 제3자 법익원칙과 동의원칙

이 사건 판결의 첫 번째 의의는 이 사건이 *Monetary Gold* 사건 이후 처음으로 제3자 법익원칙의 적용을 인정한 점과 관련된다. 제3자 법익원칙이란 제3국의 법적 이익이나 국가책임의 유무가 '재판대상'을 구성할 경우, 재판소는 그 제3국의 동의가 없이는 재판을 할 수 없다는 원칙이다. 이 원칙은 *Monetary Gold* 사건에서 재판소가 이용한 법리이다. 그러므로 *Monetary Gold* 사건원칙이라고도 한다. 이 사건에서 호주는 주된 항변으로써 제3국인 인도네시아 행위의 위법성이 '재판대상'이므로 제3자 법익원칙의 적용에 의하여 ICJ는 관할권을 행사할 수 없다고 주장하였다.

이 판결에서도 언급한 바와 같이 제3자 법익원칙이란 재판소는 국가의 동의가 있을 경우에만 관할권을 행사할 수 있다는 동의원칙에 근거한다. 그러나 한편으로 재판소의 관할권 행사를 당사국의 동의가 있음에도 불구하고 소송외 제3국의 동의가 없다는 것을 이유로 행사하지 못할 경우가 있으므로, 관할권 행사에 대한 거부권을 소송 외 제3국에 부여할지도 모른다는 비판도 있다. 그리하여 ICJ는 *Monetary Gold* 사건 이후, 이 원칙을 사건에 적용하는 데 신중하였다. 1984년 니카라과 사건(본서 사건 44번 참조)과 1992년 나우루 인광산(燐鉱山) 사건 등 당사국이 제3자 법익원칙의 적용을 청구한 사건에서 ICJ는 그 주장을 인정하지 않았다. 특히 나우루 인광산 사건에서 ICJ는 제3국의 권리의무가 계속 중인 소송의 판결에 따라 영향을 받게 되는 경우라 할지라도 '재판대상'을 구성하지 않는 이상 제3자 법익원칙을 적용하지 않는다고 판단하였다. 이러한 사안과 이 사건에서 결론이 다른 이유는 이 사건에서는 제3국 권리의무관계의 결정이 당해소송에서 청구판단의 '전제조건'이었다고 한 점에 있다. 따라서 이 사건 판결의 의의는 제3자 법익원칙에 대하여 '재판대상'이라는 종래의 적용기준의 내실을 보다 정밀하게 판시하였고 제3국의 권리의무관계가 청구판단의 '전제조건'일 경우라고 명확화한 점에 있다.

다만 제3자 법익원칙의 적용 결과로서 필요하게 된 제3국의 의한 '동의'의 의미에 대하여는 Oda 재판관의 개별의견에서 지적하였듯이 해당 소송에 대한 참가(intervention)를 의미하는지, 단순한 동의만으로 충분한지에 대해서도 검토할 필요가 있다.

3. 민족자결권의 대세적 성질

이 사건의 두 번째 의의는 이 판결이 민족자결권은 대세적 권리라고 한 포르투갈의 주장에 대하여는 다툼이 없다는 것을 인정한 점이다. 권리의무관계의 대세적 성질에 대하여 처음으로 판시한 사건은 1970년 바르셀로나 트랙션 전력회사 사건(본서 사건 28번 참조)이다. 이 사건의 판정은 '대세적 의무'(obligation *erga omnes*)에 대하여 언급하였다. 대세적 의무란 국제사회 전체에 대한 국가의 의무이며, 해당 의무의 이행에 대하여 모든 국가가 법적 이익을 가지고 있다. 이 사건에서 포르투갈은 청구의 근거로서 동티모르 민족자결권은 '대세적 권리'(obligation *erga omnes*)이고, 따라서 제3국의 행위에 위법성이 있었는지 여부와 관계없이 호주에게 포르투갈이 이 권리를 존중할 것을 요구할 수 있다고 주장하였다.

자결권이란 1966년 사회권규약 제1조 1항에서 규정한 모든 민족이 '그 정치적 지위를 자유롭게 결정하고 그 경제적, 사회적 및 문화적 발전을 자유롭게 추구할' 권리이다. 나아가 이 판결에서 언급된 UN헌장 제1조 2항에는 '자결의 원칙'을 규정하고 있다. 그러나 한편으로 이러한 규정만을 가지고 바로 민족자결권이 실정법상의 권리로서 확립되어 있다고는 생각할 수 없고, 관행 및 판례의 축적을 통하여 실정법상의 권리로서의 성질을 가지는 것에 이르렀다고 이해된다. 그러므로 이 사건에 대한 판결의 의의는 민족자결권이 이러한 발전과정을 거쳐 현대국제법의 본질적 원칙의 하나가 되어 실정법상의 권리로서의 자리매김을 하였다는 사실을 논한 후 사실을 분명히 한 후 대세적 성질도 명확하게 인정한 점에 있다.

다만 계쟁 중인 권리관계의 성질이 대세적인지 여부의 문제와 관할권의 동의원칙과는 별개의 문제로서 대세적 권리에 관한 재판에서도 제3국의 권리의무관계가 '재판대상'인 경우에는 그 제3국의 동의가 필요하다는 점은 변함이 없으며 ICJ는 소송당사국이 아닌 국가행위에 대한 위법성을 판단할 수 없다고 하였다. 이에 관하여 2006년 콩고영토에서의 무력활동 사건 판결(본서 사건 48번 참조)은 대세적 성질을 가지는 권리의무와 강행규범이 소송의 대상일 경우라도 관할권 동의원칙의 예외가 되지 않는다고 판시하였다.

[오오코우치 미카 (大河內美香)]

분쟁해결

40. 카메룬 v. 나이지리아 영토·해양경계 사건

[국제사법재판소] 카메룬 v. 나이지리아 (소송참가: 적도기니)
선결적 항변판결 (1998년 6월 11일) ICJ Reports 1998, 275
소송참가명령 (1999년 10월 21일) ICJ Reports 1999, 1029
본안판결 (2002년 10월 10일) ICJ Reports 2002, 303

I. 사실관계

독일의 보호령이었던 카메룬은 제1차 세계대전 이후, 영국과 프랑스의 위임통치령으로 분할되었다. 제2차 세계대전 이후 양자 모두 신탁통치령으로 전환되었으나, 프랑스령 부분은 1960년에 영국령 부분은 1961년에 독립하면서 양자는 연방국가를 창설하였다. 한편, 영국의 식민지였던 나이지리아도 1960년에 독립하였다. 1994년 카메룬은 나이지리아가 바카시반도에 무력으로 침공한 것 등을 이유로 ICJ 규정 제36조 2항의 소위 선택조항 수락선언을 관할권의 근거로 하여 바카시반도의 귀속 및 해양경계획정에 관한 분쟁을 ICJ에 일방적으로 부탁하였다. 또한 제소한 지 약 2개월 후, 카메룬은 차드호(湖) 지역과 육지 경계선의 모든 획정을 분쟁의 주제에 부가하여 추가 소장을 제출하였다.

1995년 나이지리아는 선결적 항변을 제기하였고, 카메룬은 1996년 바카시반도에서 무력충돌이 발생되었으므로 잠정조치를 요청하였으며 약 1개월 후 ICJ는 잠정조치를 명령하였다. 1998년 ICJ는 선결적 항변을 배척하였고, 이 판결의 약 4개월 후 나이지리아는 그 해석을 요구하는 별개의 소를 제기 하였으나, 1999년 ICJ는 해당 청구의 수리가능성을 부정하는 판결을 내렸다. 이후, 나이지리아는 답변서에서 카메룬의 국가책임인정 등을 요구하는 반소를 제기하였고, 약 1개월 후 ICJ는 이 반소의 수리가능성을 인정하였다. 이 명령이 내려진 날, 적도기니가 해양경계획정에 대한 소송참가를 신청하여 약 4개월 후에 ICJ는 이를 인정하였다. 2002년에 ICJ는 본안판결을 내렸다.

II. 명령·판결요지

1. 선결적 항변 판결

8개의 항변 중 7개를 배척한다. 우선, 카메룬이 선택조항수락 선언을 제소 26일 전에 기탁한 것은 상호성과 성실에 대한 요청에 반한다고 항변한 것에 대하여 그러한 형태의 제소도 인정된다. 경계분쟁을 협상으로 해결한다는 합의가 있으므로 제소는 금반언의 원칙에 반한다는 항변에 대해서는 그러한 주장을 뒷받침하는 사실의 증명이 없다. 차드호 영역의 경계획정은 그 호수지역위원회의 배타적 권능에 속한다고 하는 항변에 대해서도 이 사건 분쟁은 그 권능에 속하는 것은 아니다. 차드의 이익에 영향을 주지 않고 양 당사국과 차드의 삼국 경계점에 관련된 경계를 획정할 수 없다는 항변에 대해서는 차드의 이익은 판결의 주제 그 자체가 아니므로 판결을 방해하지 않는다. 차드호 지역과 바카시반도 이외의 지역에 관하여 분쟁이 존재하지 않는다고 하는 항변에 대해서는 국경 전역의 법적 기초에 관한 분쟁이 존재한다. 소장(application) 등에서 사실이 충분히 기재되어 있지 않다고 하는 항변에 대해서는 소송 절차에서 추가하면 된다. 해양경계획정 교섭이 제소에 앞서야 한다는 항변에 대해서는, 관할권의 기초가 선택조항 수락선언인 경우에는 그것은 요건이 아니다. 8번째 항변은 해양경계획정이 제3국의 권익에 관계되므로 수리가능성이 부족하다는 것이나, 그것은 '오로지 선결적 성질을 가지는 것은 아니다.'

2. 소송참가명령

적도기니의 참가요청에 양 당사국은 이의를 제기하지 않았다. 적도기니는 이 사건의 해양경계의 획정에 의해 영향을 받는 법적 성격을 띤 이해관계의 존재를 증명하고 있다. 그 참가의 목적은 적도기니가 경계라고 간주하는 적도기니와 당사국과의 중간선을 판결에서 획정하는 경계가 넘지 않도록 하기 위하여 비당사국으로서 자국의 주장을 ICJ에게 전달하는 것이다. 이러한 경우에는 참가국과 당사국 사이에 ICJ의 관할권이 확립되어 있을 필요는 없다. 상기에 따라 참가를 허가한다.

3. 본안판결

차드호 지역은 1919년 영불선언이 위임통치령의 경계를 획정한 합의에 해당하므로, 그에 따르면 분쟁지역은 카메룬에 귀속한다. 나이지리아가 주장하는 역사적 응고 이론에는 다툼이 있으므로 합의에 의해 확립된 권원을 뒤집는 근거가 되지 않는다. 실효적 지배(*effectivités*)는 합의에 근거하는 권원을 뒤집을 수 없고, 오히려 위법한 행위로 평가된다. 차드호에서 바카시반도까지의 육지는 1913년 영독협정, 1931년의 영국-프랑스 교환 공문 및 1946년의 영국의 추밀원령으로 경계를 획정한 것에 대한 합의가 있으므로 이를 적용하면 된다. 바카시반도는 영독협정에 의해 독일령이 되었고 현재는 이를 승계한 카메룬에 귀속한다. 나이지리아는 영국과 바카시반도의 Old Clabar의 왕과 족장들 사이에 체결된 1884년 보호조약이 바카시반도의 양도 불가를 규정하고 있으므로 바카시반도는 Old Clabar의 왕과 족장들로부터 나이지리아로 승계되었다고 주장하나, 이 조약은 영국에 권원을 이전시키는 것이었다. 나이지리아 권원의 역사적 응고, 그 실효적 지배와 카메룬의 묵인도 인정되지 않는다.

해양경계의 획정에 관하여 제3국의 권리에 영향을 주지 않도록 관할권이 제한되나 그것이 모두 부정되는 것은 아니므로 8번째 선결적 항변은 각하된다. UN해양법협약 제74조 1항에서 요구하는 사전 교섭이 있었으므로 동조의 요건이 충족되지 않는 한 항변도 각하된다. 당사국의 1975년 선언은 유효하므로 바카시반도에서 해양의 G점까지는 당사국의 1971년 선언과 1975년 선언의 규율에 따른다. G점보다 먼 곳에 대해서는 합의가 없고 카메룬은 해안선의 움푹 들어간 곳 등의 고려를, 나이지리아는 석유 양허(concession)의 존재 등의 고려를 주장하고 있다. 선례에 따라, 등거리선을 그은 다음 관련 사정에 비추어 이를 조정하면, 특별히 움푹 들어간 곳은 없고 양허의 존재는 관련 사정에 맞지 않기 때문에 등거리선이 경계선이 된다. 아울러, 적도기니의 이익과 관계되는 사항을 벗어나는 내용에 대해서는 경계선의 일반적인 방향을 지시하는 데 그친다.

이상에서 결정된 경계에 따라 양당사국은 행정기관이나 군대를 자국의 영역 안으로 철수시킬 의무를 진다. 경계가 획정된 이상, 침범의 재발방지를 판시할 필요는 없고 판결의 이행은 카메룬의 손해를 고려하여 이루어지므로 나이지리아의 국가책임을 검토할 필요도 없다. 국경에서의 충돌에 의한 국가책임에 대한 카메룬의 청구와 나이지리아의 반소에 의한 청구는 모두 사실이 증명되지 않았다. 카메룬은 바카시반도 등의 나이지리아인의 보호를 약속하였으므로 이를 기록에 남겨야 한다.

III. 해설

1. 소송절차 개관

ICJ의 소송은 양당사국의 합의부탁 또는 일방 당사국의 일방적인 부탁에 의해 계속된다. 이 사건은 후자의 경우에 속하며 소장을 수정하는 추가 소장도 제출되었다. 소송절차는 서면절차와 구두절차로 구성된다. 서면절차는 청구국의 진술서와 피청구국의 답변서로 구성된다. 피청구국에 의한 반소가 수리된 이 사건과 같이, ICJ가 인정하면 항변서와 재항변서도 제출된다. 이 사건의 경우, 소송참가에 대해서는 문서의 검토만으로 결정이 내려졌으나 잠정조치, 선결적 항변, 본안에 대해서는 구두절차가 열렸다(본안에 대한 기일은 26회). 법정은 당사국이 소법정의 이용을 청구하지 않는 한, 당사국의 국적재판관을 포함한 상임재판관과 당사국이 지명하는 당사국의 국적을 가지지 않은 특별(*ad hoc*)재판관으로 구성된다. 판결은 ICJ의 공용어인 영어-프랑스어 모두 또는 둘 중의 한 언어를 정본으로 한다. 재판관은 선언 또는 의견을 판결에 붙일 권리를 가지며, 이 사건의 본안판결에 3인의 선언, 4인의 개별의견 및 2인의 반대의견이 있다.

ICJ는 당사국의 요청을 받거나 직권으로 '각 당사자 각각의 권리를 보전하기 위하여' 잠정조치를 명할 수 있는 권한을 가진다. 선결적 항변은 본안절차를 진행하기 전에 결정되어야 할 항변이며 2000년의 ICJ 규칙 개정 전에는 답변서의 기한 내에, 개정 후에는 진술서의 제출 후 3개월 이내에 제기되어야 한다. 반소는 관할권에 포함되고 본소의 청구주제와 직접 관련된 제기이며, 답변서로 제기되어야 한다. 이상의 3개와 소송참가에 대한 절차는 부수적 절차라고 한다. 이에 관하여, 이 사건의 선결적 항변 판결에 대해 청구된 판결 해석의 청구는 별개의 소로 평가된다.

2. 대심구조와 소송참가

ICJ의 소송절차는 원칙적으로 당사국만이 관여하고 당사국에만 판결의 기판력이 미친다. 제3국의 이익이 분쟁의 주제, 그 자체인 경우에는 그 국가의 출석 없이, 불충분한 정보에 근거하여 판결을 내리는 것을 피하기 위하여 소송은 수리가능성이 없다고 여겨진다. 그러나 단지 영향을 받을 뿐인 경우에는 그 소송의 수리가능성은 부정되지 않는다. 따라서 ICJ 규정 제62조는 법적 성격의 이해관계를 가진 국가의 소송참여를 인정하고 있다. 이 사건은 제62조에 따른 소송참가가 1990년 *Territorial Dispute* 사건 판결에 이어 인정된 사건이며, 독자적인 청구를 제기하지 않은 비당사자 참가의 경우에 관할권은 요건이 아니라는 판단을 그대로 유지하였다. 또한 ICJ 규정 제63조는 조약의 해석을 목적으로 하는 참가를 소송에서 다투고 있는 다자조약의 당사국으로 인정하고 있으며 1951년 *Hayade La Torre* 사건 판결에서 허가되었다.

3. 경계확정

육지 또는 바다의 경계획정은 종종 ICJ에 계속되는 사건의 유형이며, 그 중에서도 1986년 *Burkina Faso-Mali Frontier Dispute* 사건 판결 이후로, 서아프리카의 국가들은 이러한 유형의 사건에서 ICJ를 적극적으로 이용하고 있다. 이 사건의 본안판결은 육지의 경계에 대하여 합의에 의해 확립된 권원 및 경계는 원칙적으로 존중되는 것으로 역사적 응고 또는 실효적 지배 등은 보완적인 역할을 할 뿐이라고 하였다. 바다의 경계에 대해서는 등거리선을 관련 사정에 비추어 조정한다는 방법이 선례에 부합하는 것으로서 채택되었다. 그리고 관련 사정의 내용에 관하여 석유양허는 그에 해당하지 않는다는 규칙이 명확하게 되었다.

4. ICJ의 절차와 다른 평화적 해결 수단의 보완적인 이용

이 분쟁은 바카시반도의 석유확보가 가장 큰 동기로 작용하였다. 이 분쟁의 해결 과정에서 ICJ와 함께 다른 수단도 이용되었다. 예를 들어 잠정조치의 심리 중에 토고의 대통령이 중개하여 적대행위를 중지하도록 당사국이 합의하게 하였으며, 안보리도 UN사무총장에 의한 사실조사단의 파견을 지지하는 결정을 내렸다. 또한 바카시반도에 나이지리아인이 다수 거주하고 있으므로 본안판결의 이행에 대해 어려움이 예상되기 때문에 UN사무총장이 설립한 당사국 혼합위원회가 그 이행을 지원하였다. 결국 2006년에는 육지의 경계에 관한 그린트리협정이, 이듬해 2007년에는 혼합위원회에서 해양경계에 관한 합의가 체결되었다. ICJ 판결의 이행과정은 당사국이 우호불가침조약의 체결에 대한 교섭을 시작하는 계기가 되기도 하였다.

[사토 요시아키 (佐藤 義明)]

41. 남방참다랑어 사건

[국제해양법재판소, 중재판정부] 호주, 뉴질랜드 v. 일본
[국제해양법재판소] 잠정조치명령 (1999년 8월 27일) 381LM 1624; 117 ILR 148
[중재판정부판정] (2000년 8월 4일) 39 ILM 1359; 119 ILR 508

I. 사실관계

남방참다랑어는 주로 남위 30도와 60도 사이의 남반구 해양에 생식하며 광범위한 해역을 회유하는 고도회유성 어족이다. 고갈의 우려가 있어 어획량의 제한이 필요하였고, 이에 1993년 5월 10일에 남방참다랑어보존협약(이하 'CCSBT')이 호주, 뉴질랜드 그리고 일본 3국 간에 체결되었다. CCSBT는 남방참다랑어의 보존과 최적 이용의 확보를 목적으로 하며, 각국의 어획할당량 등의 관리조치를 결정하는 남방참다랑어보존위원회를 설치할 것을 규정하고 있다. 조약의 해석이나 이행에 관한 분쟁이 발생하였을 경우에는 우선 평화적 수단에 의한 해결을 위하여 협의하고, 이를 통해 해결되지 않는 경우 분쟁 당사국 간 합의에 의해 사건을 ICJ나 중재에 부탁한다(제16조).

1998년 7월에 일본은 어획할당량 결정을 위한 자료를 얻기 위하여 호주와 뉴질랜드의 동의를 얻지 않고 약 1,400톤의 시험어획(이하 'EFP')의 실시를 결정하였다. 1998년 12월에 3국은 1999년부터의 EFP의 공동실시방향에 대해 합의하였지만 EFP의 내용 등에 대해서는 합의에 이르지 못하여 결국 일본은 1998년에 이어 1999년 5월에 EFP의 실시를 결정하였다. 이에 호주와 뉴질랜드는 1999년 7월 16일에 일본에 의한 EFP의 실시와 관련된 분쟁의 해결을 위하여 UN해양법협약 제VII부속서에 따라 중재판정부의 구성을 요청하고, 7월 30일에 이 협약 제290조 5항에 따라 국제해양법재판소(이하 'ITLOS')에 일본에 의한 EFP의 즉시 중지에 대한 잠정조치를 명할 것을 요청하였다.

ITLOS는 분쟁당사국이 중재판정부의 최종판정까지의 기간 동안 각국의 권리를 침해할 수 있는 행동을 취하지 않을 것, 시험조업 어획량이 연간 국가할당량에 포함하여 계산되지 않는 한 EFP를 삼갈 것 등을 내용으로 하는 잠정조치를 내리기로 결정하였다. 그러나 그 후 중재판정부는 판정부가 본안을 심리할 관할권이 결여되었다고 판단하여 이러한 잠정조치명령을 취소하였다.

II. 명령·판정요지

1. 명령

분쟁당사국 간 견해의 차이는 법적 문제에 관한 것이기도 하다. 당사국 간에 CCSBT가 적용된다고 해서 남방참다랑어의 보존 및 관리에 관하여 UN해양법협약 규정을 원용할 권리가 배제되지는 않는다. 다시 말해, CCSBT가 당사국 간에 적용된다는 사실은 UN해양법협약 제15부 제2절상의 절차에

호소하는 것을 배제하지 않는다. 따라서 판정부는 본 중재판정부가 이 분쟁에 대하여 일응 관할권을 가진다고 판단한다.

남방참다랑어 자원이 심각하게 고갈되어 역사적으로 최저수준에 있으며, 이러한 사실이 심각한 생물학적 우려의 근거가 되고 있다는 데에 당사국간 의견의 불일치는 없다. 남방참다랑어의 상업적 어업이 1999년 이후에도 계속되고 있고 CCSBT 비체약국의 어획량이 1996년 이후 상당히 증가하고 있으므로, 당사국은 남방참다랑어 자원에 대한 심각한 손해가 발생하는 것을 방지하기 위한 실효적 보존조치가 취하여지는 것을 보장하기 위하여 신중함과 조심성을 가지고 행동하여야 한다. 남방참다랑어 자원의 보존을 위하여 취하여진 조치에 대한 과학적 불확실성이 있으며, 또한 지금까지 취해진 보존조치가 남방참다랑어 자원을 증가시키고 있는지에 대한 당사국간 합의는 없다. 비록 본 판정부는 당사국에 의해 제시된 과학적 증거를 결정적으로 평가할 수 없으나, 당사국의 권리의 보장 및 남방참다랑어 자원의 더 이상의 악화를 방지하기 위해 잠정조치가 취해져야 한다고 판단한다.

2. 판정

해당사건이 소멸한(moot) 것이 아니다. 이 사안에서 분쟁의 핵심은 허용가능 총어획량의 수준 및 일본의 일방적인 EFP 실행에 관한 것이다. 그리고 이 사안의 본질적인 문제는 분쟁이 오직 CCSBT의 해석과 관련된 것인지, 그렇지 않으면 UN해양법협약의 해석도 관련된 것인지 여부이다. 조약의 실체적 내용, 그리고 그 조약하에서 발생하는 분쟁해결규정과 관련해서도 복수의 조약이 병존하는 문제(parallelism)가 자주 발생한다. 이행협정의 체결은 반드시 그 당사국에 기본협정이 부과한 의무를 면제시키지는 않는다. 이상의 몇 가지 점에서 UN해양법협약은 CCSBT의 적용범위를 넘어서는 것이라고 할 수 있다. 이러한 이유로 본 사안에서 분쟁은 CCSBT를 중심으로 하면서도 동시에 UN해양법협약과도 관련이 있다. 이러한 결론은 UN해양법협약 제311조 2항 및 5항, 그리고 특히 조약법에 관한 비엔나협약 제30조 3항에 합치한다.

UN해양법협약 제281조 1항에 의하면, 해당 당사국이 선택한 평화적 수단에 의한 분쟁의 해결을 추구하기로 합의하였을 경우 제15부의 절차는 당사국이 선택한 평화적 수단에 의하여 해결이 이루어지지 못하고, 당사국간의 해당 합의가 다른 절차의 가능성을 배제하고 있지 않을 때에 한정하여 적용된다. CCSBT 제16조는 분쟁 당사국이 선택한 평화적 수단에 의한 분쟁의 해결을 요구하는 당사국간 합의라고 인정된다. CCSBT 제16조는 명시적으로는 UN해양법협약 제15부 제2절의 절차를 포함한 어떠한 절차의 적용가능성도 배제하고 있지 않지만, 모든 분쟁 당사국의 동의 없이는 분쟁이 ICJ(혹은 이 사건에서는 ITLOS) 또는 중재판정부에 부탁될 수 없다는 것을 명확히 규정하고 있다. 게다가 CCSBT 제16조 1항에서 규정하고 있는 수단에 의해 분쟁을 해결하려는 노력을 계속하여야 한다는 제16조 2항 2문의 명백한 의무도 제16조 3항도 이러한 의도를 한층 명확하게 하고 있다. 이러한 이유에서 CCSBT 제16조는 UN해양법협약 제281조 1항이 의도하는 의미에서 '다른 절차의 가능성을 배제'한다.

이러한 결론을 지지하는 이유에는 두 가지를 들 수 있다. 첫째, UN해양법협약이 구속력 있는 결정을 수반하는 사실상의 강제관할권이 있는 포괄적인 체제의 설립에는 이르지 못하고, 제281조 1항에 따라 분쟁 당사국이 제15부 제2절의 강제절차에 분쟁을 부탁하는 것에 동의한 사안에 대해서만 해당 절차의 적용가능성을 한정하는 것이 허용되고 있기 때문이다. 둘째, UN해양법협약의 채택 후 발효한 해양에 관한 상당수의 국제협정이 강제적인 사법적 해결절차 또는 중재절차에 분쟁을 일방적으로 부탁하는 것을 배제하고 있는데, 이러한 일련의 조약이행의 존재는 UN해양법협약의 당사국이 합의에 의해 제281조 1항에 따라 제2절의 절차에 분쟁을 부탁하는 것을 배제할 수 있다고 하는 결론을 확인하는 것이기 때문이다. UN해양법협약하에서의 분쟁이면서, 또한 CCSBT라고 하는 이행협정하에서의 분쟁이기도 한 분쟁이 UN해양법협약 제15부 제2절의 적용대상이 되어야 하는 것은 체약국이 선택하는 수단에 의한 분쟁의 해결을 규정하고 있는 이행협정상 분쟁해결 규정의 실질적인 효과를 사실상 상실하게 할 것이다. 그러나 당사국의 행동이 터무니없고 심한 것으로 그러한 중대한 침해로 위험한 결과가 발생했을 경우에 판정부가 UN해양법협약 제300조를 특별히 고려하여 UN해양법협약상의 의무가 관할권의 근거가 되어 해당 사건을 판단할 수 있을 가능성을 배제하지 않는다. 그러나 이 사건의 심리에서 호주와 뉴질랜드는 모두 일본이 신의성실하게 행동할 의무를 개별적으로 위반하였는지에 대해서는 분명히 하지 않았다.

이상으로부터 판정부는 분쟁의 본안을 검토할 관할권이 없다고 판단한다. 따라서 UN해양법협약 제290조 5항에 비추어 잠정조치명령은 이 판결 서명의 날에 효력을 잃는다.

III. 해설

1. 재판의 의의

남방참다랑어 사건은 1875년 *María Luz*호 사건과(일본/페루, 러시아 황제에 의한 중재) 1905년 *Japanese House Tax* 사건(일본/영·독·불, 상설중재판정부) 이래 약 100년 만에 일본이 주체적으로 국제재판의 당사국이 된 사건이다. 중재판정부는 본안심리에 들어가지는 않았지만 일본, 호주, 그리고 뉴질랜드 3국을 교섭 테이블로 돌아오도록 하는 데 공헌하였으며, 2001년에 3국은 1,500톤의 공동시험어획을 실시하는 데 합의하였다. 3국은 그 후 CCSBT 비준의 장려, 남방참다랑어보존위원회에 투표권 없이 참가하여 보존관리의 목적과 합의된 어획할당을 준수하는 '협력적 비회원국'제도의 설치 등 이 해역에서 남방참다랑어의 어획을 실시하는 비회원국과 지역과의 협력을 강화하였다. 이 사건은 국제재판이 분쟁의 진정한 해결을 위해 공헌할 수 있는 그 가능성을 보여준 하나의 예라고도 할 수 있다.

2. 잠정조치명령과 예방원칙

ITLOS는 이 사건의 심리에서 호주와 뉴질랜드는 예방원칙(precautionary principle)이 일반국제법원칙이며, "과학적 불확실성이 있어도 환경에 중대한 또는 회복 불가능한 손해를 줄 우려를 수반하는 행동에 대하여 결정할 때 국가가 적용하여야 한다"고 주장하였다. 판정부는 남방참다랑어 자원에 대하여 발생하는 중대한 손해를 방지하기 위해서 실효적인 보전조치가 취해질 수 있도록 당사국은 신중함과 조심성(prudence and caution)을 가지고 행동해야 한다고 하면서도 이러한 판단의 근거로 예방원칙을 원용하지는 않았으며, 또한 이 원칙의 일반국제법성, 입증책임의 전환 등 그 적용의 귀결 등에 대해서도 판단하지 않았다. 한편, 판정부는 분쟁당사국이 제시한 과학적 증거를 최종적으로 평가할 수는 없으나 잠정조치의 요건인 사태의 '긴급성'이 있다고 하면서 분쟁당사국의 권리보전과 남방참다랑어 자원의 더 이상의 악화를 방지하기 위한 조치가 취해져야 한다고 판단하였다. 과학적 불확실성이 있음에도 판정부가 왜 그러한 잠정조치를 명령하였는지에 대해서는 명확하지 않다.

그 후 2001년 *MOX Plant* 사건이나 2003년 *Straits of Johor* 사건에서도 원고가 예방원칙을 원용하였지만, ITLOS는 어떤 사건에서도 예방원칙을 원용하지 않았으며 또한 예방원칙에 대한 상세한 판단은 하지 않았다. 한편, '신중함과 조심성'은 리스크에 관한 정보교환, 리스크의 평가, 그리고 리스크에 대한 대처방법의 검토에 협력할 것을 분쟁당사국에 요구한다고 판단하여 이를 잠정조치의 근거의 하나로 하고 있다.

3. 해양분쟁해결절차의 경합과 적용관계

이 사건은 여러 조약이 관련되어 복수의 서로 다른 분쟁해결절차가 경합하는 사안이다. 중재판정부 심리의 주요한 쟁점 중 하나는 이 분쟁이 CCSBT 뿐만 아니라 UN해양법협약과도 관련되어 있다는 분쟁주제에 관한 특정의 문제이다. 특별법 우위의 원칙을 근거로 CCSBT가 UN해양법협약에 우선한다는 일본의 주장에 대해서 판정부는 실질적 내용과 분쟁해결 규정 쌍방에 대해 조약이 병존할 수 있으므로 이 분쟁은 CCSBT만이 아니라 UN해양법협약하의 분쟁이기도 하다고 하였다. 이러한 판단에 대한 근거 제시가 충분한지에 대해서는 검토의 여지가 있다. CCSBT 제16조는 판정부에의 분쟁의 합의 부탁을 전제로 하고 있으며, 이 규정에서 나타나고 있는 당사국의 의도는 UN해양법협약 제15부 제2절의 강제절차를 배제하는 것이라고 한 판정부의 판단에 대하여 확실히 UN해양법협약의 분쟁해결절차가 이행협정의 절차를 배제시킨다면 UN해양법협약의 절차를 상위에 두게 되어 이행협정에 나타난 당사국의 의사가 형해화되어 버린다. 한편으로는 이행협정이 분쟁해결의 강제절차를 규정하지 않고 있다는 사실만으로 UN해양법협약의 강제절차까지도 배제하려는 의도였다고 해석한다면 UN해양법협약의 강제절차의 적용을 광범위하게 제약하게 된다.

조약이 병존한다면 복수의 판정부의 관할권이 경합하여 UN해양법협약의 해석에 대해 다른 판단이 이루어질 가능성을 배제할 수 없다. 따라서 UN해양법협약에 대한 통일적인 해석을 얼마나 확보할 수 있을지 여부는 향후 검토가 필요한 과제이다.

[타카무라 유카리 (高村ゆかり)]

42. Lockerbie 사건

[국제사법재판소] 리비아 v. 영국
리비아 v. 미국
잠정조치명령 (1992년 4월 14일) ICJ Reports 1992, 114
선결적항변판결 (1998년 2월 27일) ICJ Reports 1998, 115

I. 사실관계

1988년 12월 21일에 영국, 스코틀랜드의 로커비(Lockerbie) 상공에서 미국의 팬암(Pan Am) 항공기가 폭파되어 승객과 지상 주민 총 270명이 사망하였다. 영미 양국은 1991년 11월 폭파 용의자인 리비아인 두 명을 인도하여 줄 것을 리비아에 요구하였다. 그러나 리비아는 민간항공의 안전에 대한 불법적 행위의 억제를 위한 협약(이하 몬트리올 협약)에 근거하여 자국에서의 형사재판을 주장하며 이를 거부하였다(이 협약은 '인도 혹은 소추'의 방식을 취하고 있다). 영미 양국에서 사건을 부탁 받은 안보리는 1992년 1월에 리비아의 인도거부는 유감이며, 리비아가 양국의 요구에 속히 응할 것을 요구하는 결의 731을 채택하였다. 이에 대하여 리비아는 같은 해 3월 3일에 몬트리올 협약상 자국의 권리 확인과 영미에 의한 의무위반의 중지를 요구하며 이를 ICJ에 제소함과 동시에 양국에 의한 인도의 강요를 중지시키기 위한 잠정조치를 청구하였다. 리비아는 이 사건 관할권의 근거로서 이 협약 제14조의 재판조항을 원용하였다. 한편, 잠정조치절차의 구두변론종결 후 3월 31일에 안보리는 리비아가 결의 731을 이행하지 아니한 것은 평화에 대한 위협을 구성하는 것으로, 헌장 제7장하에 새로운 결의 748을 채택하여 인도를 의무화함과 동시에 그 불이행에 대해서는 강제조치(경제 제재 등)를 취할 것을 결정하였다(1993년에 이를 강화하는 결의 883 채택). 리비아의 잠정조치신청은 이 결의로 인하여 저지당하였다. 이후, 1998년에 영미에서 제출한 선결적 항변이 각하되어 본안의 심리가 진행되었으나 법정 외 당사국협의에 의하여 두 명의 피의자는 네덜란드에 설치된 스코틀랜드 법정에서 재판을 받게 되었고(2001년 판결에서 한 명은 종신형, 다른 한 명은 무죄, 복역 중인 한 명은 2009년 8월에 건강상의 이유로 리비아 본국으로 이송되었다), 2003년에 리비아가 배상의 지불에 동의하여 같은 해에 이 사건의 소는 취하되었다. 이하 재판소의 명령 및 판결은 리비아 대 영국 사건에 관한 것이다.

II. 명령, 판결요지

1. 명령

리비아, 영국 양국은 UN회원국으로 헌장 제25조에 근거한 안보리 결정의 구속력과 이행의무를 수락하고 있다. '일단, 이 의무는 결의 748에 포함된 결정에 미치는 것으로 생각된다. 이 점에 관한 당사국의 의무는 헌장 제103조에 따라 몬트리올 협약을 포함한 다른 국제협정의무에 우선한다.' 재판소는 이 단계에서 결의 748의 법적 효력을 확정적으로 결정할 필요는 없다. 따라서 '리비아가 주장하는 권리는 현재 잠정조치에 의한 보호에 적합한 것으로 볼 수 없다.'

2. 판결

우선, 영국은 몬트리올 협약을 근거로 다투고 있는 것이 아니기 때문에, 제14조의 재판조항은 이 사건 관할권의 근거가 될 수 없다고 주장하지만, 양 당사국의 주장에 비추어볼 때 본 협약의 해석과 적용에 대하여 구체적 분쟁이 존재한다는 것은 부정하기 어렵다. 다음으로 영국은 비록 리비아가 본 협약에 근거한 제소권을 가진다 할지라도 결의 748과 883이 채택됨에 따라 이러한 결의가 협약상의 권리를 대신하고 있다고 주장한다(UN헌장 제103조). 그러나 이러한 결의는 이 사건의 제소 후에 채택된 것이다. 판례에 따르면, 제소시점에 관할권의 유효성이 인정될 경우에 그 법적 상태는 그 이후의 사태에 의하여 영향을 받지 않는다. 이 규칙은 두 개의 결의에 의하여 이 사건 청구의 수리가능성(admissibility)이 배제된다는 영국의 주장에도 적용된다. 분명히 결의 731은 제소 전에 채택된 것이지만, 이는 구속력을 가지지 않는 권고에 그치므로 본 판단에는 영향을 미치지 않는다. 마지막으로 영국은 청구의 수리가능성에 관하여 상기 UN헌장 제7장하의 두 결의로 인하여 리비아의 청구목적이 소멸되므로 이 사건의 소송을 종결시키는 효과를 가진다고 한다. 그러나 이것이 인용되기 위해서는 다음의 두 가지 결정이 전제가 된다. 하나는, 리비아의 협약상 권리가 안보리 결의와 양립하지 않는다는 결정이고 다른 하나는 UN헌장 제25조와 제103조에 의하여 후자의 의무가 전자의 권리에 우선하는 것에 대한 확정적인 결정이다 이러한 결정들은 본안의 주제와 밀접하게 관련되어 있으므로, ICJ규칙 제79조 7항(현 규칙 제79조 9항)에서 말하는'오로지 선결적인 성질' 이라고 할 수 없으므로 이 절차의 단계에서 이를 결정할 수 없다.

III. 해설

1. UN헌장의무의 우선과 잠정조치

잠정조치는 계류 중인 사건의 주제에 대하여 당사국의 권리를 보전하기 위하여 최종판결이 내려지기까지 재판소가 명하는 잠정적 조치이다(ICJ규정 제41조). 즉, 재판 계류 중에 있는 사태의 진전에 의하여 소송의 주제를 구성하는 권리가 결정적으로 침해당하는 것을 방지하고, 나아가 본안 판결이 실효성을 가질 수 있도록 확보하는 제도이다(잠정명령의 구속력에 대해서는 2001년 *La Grand* 사건, 본서 사건 23번 참조). 잠정조치가 인용되기 위한 요건은 판례상 확립되고 있으나, 이 사건 잠정조치신청의 각하는 전례 없는 이유에 의하고 있다. 즉 종래 1990년 *Arbitral Award of 31 July 1989* 사건의 중재판정명령에

분쟁해결

서와 같은 신청내용과 소송주제와의 연결성 결여, 1990년 *Passage through the Great Belt* 사건 명령에서와 같은 긴급성의 부존재 등의 잠정조치명령의 요건이 갖추어지지 않았다는 이유가 아니라 오로지 UN헌장 제7장의 결의의 존재를 이유로 하고 있다. 재판소에 따르면, 안보리 결의 748이 구속력을 가지는 의무적 결정이기 때문에 UN헌장 제103조에 의하여 이 결의가 몬트리올 협약에 우선하는 것이다. 한편 리비아에 따르면 이 결의는 국제법을 위반하는 것으로서, 또한 재판소와 안보리는 조직상의 상하관계가 아니므로 재판소의 권한은 본 결의에 의하여 배제되지 않을 뿐만 아니라 본 결의는 '몬트리올 협약의 적용을 회피하기 위한 구실로서' 채택된 것이므로 그 유효성이 문제된다. 재판소는 본 결의의 '법적 효과에 대한 확정적인 결정'은 잠정조치절차의 단계에서는 불필요하다고 하면서, UN헌장 제103조의 규정을 근거로 리비아의 신청을 각하하였다. 이 결정은 제103조에서 말하는 '헌장에 근거한 의무'에는 UN헌장 제7장하에 채택된 결의의 의무가 포함된다는 것, 본조의 우선규정은 사법기관의 판단에도 영향을 미친다는 것을 확인한 것이라고 해석된다.

2. 청구의 수리가능성에 대한 노테봄(Nottebohm) 룰의 적용

재판소는 안보리 결의 748과 883을 근거로 하는 영국의 관할권과 수리가능성의 항변을 노테봄 룰(제소 후에 발생하는 사태는 제소 시에 존재하는 관할권의 법적 상태에 영향을 주지 않는다는 규칙)에 의하여 각하하였다. 이 규칙은 1960년 *Right of Passage over Indian Territory* 사건에서와 같이 종래에 '관할권'과 관련하여 적용되어 왔다. 이 사건은 이 규칙이 '수리가능성'의 항변에 직접 적용되었다는 점에서 주목된다. 이에 대하여 1988년 국경의 무력행동 사건에서 재판소가 이를 긍정적으로 받아들인 적이 있다. 다만, 당시 재판소는 '수리가능성'을 적용할 경우에 제소 전후의 사정을 고려할 필요가 있다는 신중한 태도를 취하고 있었다. 그러나 이 사건에서는 그러한 검토를 하지 않은 채 이 규칙을 형식적으로 적용하였다며 일부 재판관들은 이의를 제기하였다(Herczegh, Schwebel, Jennings 재판관).

3. 병행적 임무 수행 원칙과 이 사건의 문제점

ICJ는 동일한 분쟁을 안보리와 동시 병렬적으로 취급할 수 있다는 뜻을 1980년 테헤란주재 미국대사관 사건(본서 사건 29번)에서 명시하고 1984년 니카라과 사건에서 이를 재확인하였다(관할권판결, 본서 사건 44번). 이러한 점에서 양자 관계는 안보리와 총회간의 지위관계와는 기본적으로 다른 것이 된다. UN헌장상 총회는 안보리가 임무 수행 중에는 같은 분쟁에 대하여 일절 권고를 할 수 없기 때문이다(안보리 우선, UN헌장 제12조). 한편, 안보리와 재판소의 관계는 니카라과 사건 판결(관할권)에 따르면 안보리는 '정치적 임무'를, 재판소는 '순수하게 사법적 기능'을 담당하는 것이므로, 양자는 동일한 사태에 대하여 '개별적이고 보완적인 임무'를 수행하는 것이다. 그러나 로커비 사건에서 안보리는 재판의 주요 쟁점인 피의자 인도문제에 대하여 먼저 결정을 내렸다(결의 748). 안보리가 계류 중인 재판주제의 영역에까지 관여할 수 있는지 여부, 이것이 재판소가 인정하는 임무의 병행적 수행 원칙을 훼손하는 것인지 여부, 또한 이것이 'UN의 주요한 사법기관'으로서 재판소의 지위(헌장 제92조)를 손상하는 것은 아닌지 여부가 문제될 수 있을 것이다. 이 사건은 두 개의 상이한 구속력을 지니는 결정이 내려질 잠재적 가능성에 직면한 사례이다.

4. 안보리 결정의 사법심사

리비아는 선결적 항변절차에서 안보리 결의 748과 883은 강제적 인도를 시도하는 것을 '유일한 목적'으로 하여 채택된 것으로서 UN헌장 제7장의 발동에 필요한 조건들(평화에 대한 위협의 존재 등)을 만족시키지 못하며, 유효성도 없으므로 '이에 리비아에 대항할 수 없다'고 주장하였다. 이와 같이 안보리 결정의 합법성에 대한 심사문제가 이 사건의 중요한 쟁점으로 대두되었으나, 재판소는 이를 본안의 문제라고 판단하여 본 판결에서는 다루지 않았다. 그러나 이를 계기로 재판소가 UN 헌장상 안보리 결정의 합법성(합헌성)을 심사할 수 있는지 여부에 대하여, 재판관 사이에서 의견대립이 발생하였다.

다른 견해로, Schwebel 소장은 만약 재판소가 안보리의 결정을 번복하거나 부정할 경우 안보리는 더 이상 평화유지에 '주요한 책임'(UN헌장 제24조 1항)을 담당하는 기관이 아니게 되는 점, 또 사법심사 제도는 1945년 샌프란시스코 회의(UN헌장 채택회의)에서 부결된 점 등을 이유로 이를 강하게 부정하였다. 그러나 안보리의 강제적 결정이라 하더라도 헌장에 적합한 한도에서만 그 효력이 인정되는 것이며, 또 사건이 재판소에 정식으로 계류 중인 때 관계되는 결의의 합법성 심사를 피해서는 정당한 사법판단이 내려질 수 없을 경우에, 이를 심사하는 것은 사법의 통상적인 범위 내의 행동으로 생각되는 점(부수적 심사)도 고려할 필요가 있다. Rezek 재판관은 안보리의 결정이라 하더라도 결코 절대적으로 논쟁이 불가한 것은 아니기 때문에 이것이 소송사건에서 문제되는 경우, 재판소는 이를 심사할 '완전한 권한'을 가진다고 하였다.

이 사건에서는 이러한 중요한 문제점들이 제기되고 있으나, 이에 대한 결론이 내려지지 않은 채 종결되었다. 재판 계류 중에 새로운 사태의 진전(스코틀랜드 법정 설치)이 있었다고는 하나, 제소에서부터 10여년이 지나서도 최종판결이 내려지지 않은 것은 이례적인 사례라고 할 수 있다.

[스기하라 다카네 (杉原 高嶺)]

안전보장

43. UN경비 사건
(국제사법재판소)

44. 니카라과 사건
(국제사법재판소)

45. Alabama호 사건
(중재판정부)

46. 핵무기사용 합법성 사건
(국제사법재판소)

47. Tadić 사건
(구유고국제형사재판소)

48. 콩고영토에서의 무력활동 사건
(국제사법재판소)

49. 팔레스타인장벽건설 사건
(국제사법재판소)

50. 니시마츠건설 사건
(일본최고재판소)

43. UN경비 사건

[국제사법재판소] (요청기관 : UN총회)
권고적 의견 (1962년 7월 20일) ICJ Reports 1962 , 151

I. 사실관계

UN은 국제평화와 안전을 유지하는 임무수행으로서, 1956년 수에즈 동란(제2차 중동전쟁) 및 1960년 콩고 내전시 총회결의 997과 998(ES-I)에 따라 수에즈 UN긴급군(이하 'UNEF'), 안보리결의 S/4387(새 번호로는 143, 1960)에 의해 콩고에 주둔할 UN군(이하 'ONUC')을 각각 파견하였다.

그러나 이러한 평화유지활동(Peacekeeping Operations, PKO)에 관하여는 UN헌장에 명문규정이 없고, UN주요기관의 권한과 책임에 대한 회원국의 의견이 반드시 일치하는 것은 아니었다. 이러한 배경하에 UN총회결의에 의해 UN헌장 제17조 2항의 일정한 분담방식에 따라 이러한 경비를 회원국에 할당하는 것에 대해 소련과 프랑스 외 일부 국가가 이의를 제기하고 지불을 거부하였다. 이 지불거부로 1961년 이후 UN은 심각한 재정위기를 맞이하였고, UN총회는 1961년 12월 20일에 전술한 평화유지활동의 관련경비가 UN헌장 제17조 2항에 규정된 '이 기구의 경비'에 해당하는지 여부에 대하여 ICJ에 의견을 요청하였다(총회결의 1371, XVI).

II. 의견요지

권고적 의견을 부여하는 재판소의 권한은 ICJ 규정 제65조에서 유래하며, 재량적 성질을 가진다. 이 재량이 행사될 때 대상은 법적인 문제여야 하고, 법적인 문제라 하더라도 사건의 상황에 따라 권고를 거부하여야 할 경우가 있다. 그러나 재판소는 UN의 기관이므로 원칙적으로 답변을 거부해서는 안 되고, '불가피한 이유(compelling reason)'가 있는 경우에 한해서 거부할 수 있다(1947년 UN회원자격 사건 참조). 또한 이 사건의 권고사항은 정치성이 부여될 수 있으므로 재판소는 의견을 내서는 안 된다는 주장이 있었으나, UN헌장의 해석은 본질적으로 사법적인 임무 수행이므로 정치성을 부여할 수 없다.

프랑스의 수정안이 부결됨에 따라, 일정한 경비가 'UN헌장에 따라 결정되었는지'에 관한 재판소의 심사가 배제되는 것은 아니다. UN총회결의가 재판소의 사법적 임무를 저해한다고 해석하여서는 안 되며, 권고문제에 대한 의견 형성시 재판소는 이용할 수 있는 일체의 관련자료를 심사할 수 있는 완전한 자유가 있어야 한다.

제17조 1항의 '예산'이라는 문언에 대해 '행정적 예산'과 '운용적 예산'에 대한 구분이 헌장 초안자나 초기의 기구에서 인식하지 않았던 것은 아니나 그럼에도 '예산'이라는 문언이 선택되었다. 실제로

이 기구는 문언 그대로의 의미대로 완전히 일관되게 실행하고 있다. 따라서 재판소는 제17조 1항의 '예산'이라는 문언 앞에 어떠한 제한적 문언의 추가도 절대 정당화될 수 없다는 결론을 내린다.

국제평화와 안전유지를 위한 활동으로부터 발생한 경비는 전적으로 안보리에 의해, 특히 헌장 제43조에 따라 교섭되는 특별협정을 통해 처리되었으며 헌장 제17조 2항의 '이 기구의 경비'는 아니라고 주장하였다. 이에 이하에서는 그러한 논의가 의거하는 근거의 견해를 검토하도록 한다.

UN헌장 제24조의 안보리가 국제평화와 안전유지를 위해 맡은 책임은 일차적(primary)인 것이지 배타적인(exclusive) 것이 아니다. 또한 제17조 1항에서 UN총회는 기구의 예산을 '심의'할 뿐만 아니라 '승인하는' 권한을 가지고 있으며, 이 예산의 '승인'결정은 총회 회원국 간의 경비할당 권한이 부여되어 있는 제2항과 밀접한 관계를 가진다. 이러한 경비는 평화와 안전유지에 대해서도 특별히 다른 규정을 가지고 있지 않지만, 그러한 지출도 포함하여 할당할 수 있는 권한을 가지는 것이 UN총회이다. 한편 헌장 제11조 2항 후단의 '조치(action)'는 '강제조치(coercive or enforcement action)'를 말한다. '조치'라는 문언은 안보리의 권한 내에만 속하는 조치를 의미하는 것이며, 헌장 제7장의 '평화에 대한 위협과 평화파괴 및 침략행위에 관한 조치'를 의미한다. 따라서 재판소는 국제평화와 안전유지에 대한 UN총회의 예산권한이 제11조 2항에 의해 제한된다는 견해는 지지할 수 없다.

UN헌장 제43조는 특별법을 구성하여, 국제 평화와 안전 유지를 위한 지출에 관련된 경우에는 제17조에서 규정하는 일반법으로부터 일탈된다는 논의가 있다. UNEF 및 ONUC의 활동은 제7장에서의 강제조치가 아니므로 재판소가 문제시하는 사례에 대해 제43조를 적용하는 것은 절대 불가능하다.

UNEF 및 ONUC의 경비가 '헌장 제17조 2항의 이 기구의 경비'를 구성하는지 여부를 결정할 때에는 이것이 UN의 목적을 실현하기 위한 것인지를 기준으로 판단하여야 하고, 그 목적은 제1조에 규정되어 있다. 다만, UN이 이 목적을 충족하기 위해 스스로 적절하였다고 주장하는 행동을 취하는 경우에는 기구의 권한을 월권(*ultra vires*)하는 행동이 아니라고 추정된다. 또한 그 행동이 잘못된 기관에 의하여 취해졌다고 하더라도 필요로 한 경비가 반드시 이 기구의 경비가 아니라는 것을 의미하지는 않으며, 국내법과 국제법 모두 제3자에 대해서는 기관의 권한월권행위에 구속되는 경우를 상정하고 있다. UN의 구조상 '행위의 유효성을 결정하는' 국내법체계와 비슷한 절차가 없으므로 각 기관은 적어도 일차적으로 스스로의 관할권을 결정하여야 한다. 예를 들어 만약 안보리가 국제평화와 안전유지를 위한 어떠한 결의를 채택하고, 해당 결의의 위임 또는 수권에 따라 사무총장이 재정상의 책무를 부담한다면 이는 '이 기구의 경비'로 추정하여야 한다.

다음으로, 권고적 의견 요청에 따른 지출을 UNEF와 ONUC에 대해서 검토하지만, 운용과 이를 위한 재정에 주의를 기울여야 한다.

그러므로 UNEF에 대해 살펴보면, UNEF는 관계국의 동의하에 활동하였고 강제를 목적으로 하지 않았으므로 제7장의 '강제조치'가 아니다. 한편 이 활동은 UN의 주요한 목적인 사태의 평화적 해결의 촉진과 유지를 달성하기 위하여 취해진 것이 명백하며, '이러한 책무에서 발생하는' 경비는 '제17조

2항의 이 기구의 경비'로 간주하여야 한다. 이러한 활동은 제11조의 '행동(action)'보다는, 제14조의 '조치(measure)'로 생각할 수 있다. 제14조의 UN총회의 권한은 제11조보다는 제12조의 규정에 따른다는 것일 뿐이며, 또한 '조치'라는 문언은 모든 종류의 행동을 함축한다.

콩고에 관한 결의는 명백히 국제평화와 안전유지를 위해 채택되었다. UN헌장에 의하면 참가국을 결정하는 것은 안보리이므로 사무총장의 결정은 헌장위반이라는 논의가 있으나, 그 행동은 이후의 안보리와 UN총회결의에서도 반복되어 승인되었다. UN헌장의 어느 조문이 안보리결의의 기초인지에 대해 재판소가 의견을 표명할 필요는 없으며, 또한 ONUC의 활동은 제7장의 특정한 국가에 대한 '방지 또는 강제행동'에 해당하지 않으므로 제11조 2항에서 말하는 '행동'에 해당되지 않는다. 재판소의 의견은 이상의 이유로 UNEF 및 ONUC의 경비가 UN헌장 제17조 2항의 '이 기구의 경비'에 해당한다는 것이다.

III. 해설

1. 권고적 의견 부여에 관해서는, 우선 정치문제의 항변이 인정될지가 문제되지만 조약해석은 사법적 임무라는 이유로 그러한 항변은 인정되지 않았다. 다음으로 재판소는 UN기관이며, 원칙적으로 회답을 거부해서는 안 되고, '불가피한 이유'가 있는 경우에만 거부할 수 있다. 오늘날 이들은 모두 ICJ의 확립된 의견이라 할 수 있다.

2. UN평화유지활동에 대해서는, UN헌장에 명문으로 규정하고 있지 않으므로 그 법적 성격·UN주요기관과의 관계·지휘 및 감독권한 등 다양한 점들이 명확하지 않았지만, UN사무총장의 발의에 의해 개시되었다. 따라서 본 의견은 이러한 법적 지위와 관련된 주요 사례가 되었다.

3. 본 의견의 주요한 법적 견해는 이하와 같다. ① 안보리의 국제평화와 안전유지에 관한 책임은 '일차적'인 것이지 '배타적'인 것은 아니며, UN헌장의 제한을 제외하면, 총회에도 권한이 인정된다는 것을 확인하였다. 또한 제11조 2항 후단의 '행동'을 헌장 제7장에 기초한 강제행동이라고 한정적으로 해석하였다. 구체적인 인정에 있어서도 UNEF 및 ONUC는 관계국의 동의를 얻어 활동하였으며 그 임무가 강제를 목적으로 하지 않았다는 것을 근거로 하여 이에 해당하지 않는 것으로 하였다. ② UN의 경비인지 여부는 UN 활동의 합법성의 판단기준인 UN의 목적과 적합성에서 찾고 있다. 이에 관해서는 목적과 적합성을 너무 광범위하게 인정하였다는 비판이 있다.

UNEF 및 ONUC의 구체적인 근거조문에 관해서는, UNEF는 헌장 제14조의 권고된 '조치'라는 견해를 제시하였고, ONUC에 대해서는 적극적으로 조문을 표시하지 않았다. 그러나 해당 조문은 조약 등이 현실에 맞지 않게 되었을 경우의 수정 및 조정(평화적 조정)을 위한 권고규정이므로 부자연스러운 면이 없지는 않다. 따라서 총회나 안보리의 일반적 권한이나당사국의 합의를 확립하는 '추후에 발생한 관행', 묵시적 권능(권한)을 근거로 해야 한다는 논의도 다수 있다.

4. 또한, 재판소에 의해 안보리의 배타적 권한이라 규정된 '강제행동'의 범위에 대해서는 제7장의 행동이라고 최소한 파악할 수 있으나 그 이상에 대해서는 의견이 나누어진다. 협의의 의미로는 안보리가 '결정'을 하며, 회원국에 구속력을 가지게 하는(제25조) '행동'이라고 이해하는 견해가 유력하다. 그러나 이는 당연한 것을 규정한 것이 되어, 오히려 제11조 2항의 의의를 간과한 것이라는 비판도 있다. 이는 '평화를 위한 단결결의'에 규정되어 있는 UN총회에 의한 군사적 권고조치가 헌장에 합치하는지에 관한 문제이기도 하나, 이 사건에서는 UNEF는 '강제조치'가 아니라고만 할 뿐 헌장에 합치하는지에 대해서는 판단하고 있지 않고 있어 이 부분은 미해결된 부분으로 남아있다.

5. 본 의견 후에 UN총회는 1962년 12월 19일에 본 의견을 수락한다는 결의 1854(XVII)를 채택하였다. 그러나 소련, 프랑스 등 일부 국가가 분담금 지불을 계속하여 거부하였으므로 제19회 UN총회에서 투표권문제(UN헌장 제19조)가 발생하는 것 외에 표결을 하지 않는 '컨센서스' 결의로 대체하는 사태까지 진행되는 등 이후의 UN활동은 기본적으로 안보리가 설치된다는 사실상의 영향을 미치게 되었다.

6. 국제조직 내부에서의 권한분배규정 위반에 관해서는, 해당 활동이 국제 조직으로의 귀속을 방해하지 않고 국내법상의 법인과 비교하면서 회원국과의 관계에서는 대항력을 가진다고 하지만 원래의 회원국이 국제조직과의 관계에서 '제3자'라고 할 수 있을지는 개별의견에서도 의문시하였다.

[모리타 아키오 (森田 章夫)]

44. 니카라과 사건

[국제사법재판소] 니카라과 v. 미국
관할권 및 수리가능성판결 (1984년 11월 26일) ICJ Reports 1984, 392
본안판결 (1986년 6월 27일) ICJ Reports 1986, 13

I. 사실관계

미국은 당초 니카라과(Nicaragua)에 1979년 7월에 성립된 산디니스타(Sandinista)정권에 대해 호의적이었고, 경제원조를 제공하여 왔다. 그러나 산디니스타 정권이 엘살바도르(El Salvador)에서의 반정부 게릴라 활동을 군사적으로 지원(무기제공을 포함한 군사적 지원)하고 있다고 하면서 1981년 이후에 경제원조를 중지하고 니카라과의 콘트라반군에 대한 지원(자금지원·훈련·설비공여·무장·조직화 등)을 시작·강화하였다. 이러한 원조에 더하여 미국은 직·간접적인 군사적 활동을 강화하고 1984년 초에 니카라과의 몇몇 항구에 기뢰를 설치하고, 항만·석유시설·해군기지를 공격하고 영공을 침범하는 행위 등을 하였다. 같은 해 3월말에 니카라과정부는 안보리에 이 분쟁을 부탁하였지만, 미국을 비난하는 결의안은 미국의 거부권 행사에 의해 채택되지 않았다. 중미국가들에 의한 평화협상(Contadora Process)도 이루어졌지만 충분한 성과는 거두지 못하였다. 또한 미국국무장관은 4월 6일자 사무총장 앞으로 보낸 서한에서 ICJ의 강제관할권에 관한 자국의 선택조항 수락선언에 관하여 중미문제를 즉시 제외한다고 통보하였다.

니카라과는 4월 9일에 미국 행동의 위법성과 배상결정을 요구하는 소송을 ICJ에 제기하였다. ICJ는 5월 10일에 니카라과의 요구에 따라 잠정조치를 지시하고 10월 4일에 엘살바도르에서 나온 소송참가 신청을 배척하고 11월 26일에 이 사건의 재판관할권 및 수리가능성을 인용하였다. 이듬해 1985년 1월 18일, 미국은 ICJ 앞으로 보내어진 서한에서 재판관할권 및 수리가능성에 관한 ICJ 판결을 비판하는 동시에 본안 심리에 불참을 표명하였다. 그 후 미국의 답변서 및 구두절차의 변론이 없이 본안심리가 진행되고, 1986년 6월 27일에 본안판결이 내려졌다.

미국은 본안 판결을 이행하지 않았고, 콘트라반군에 대한 자금지원은 판결 후에도 계속되었다. 이 사건의 불이행 문제는 1986년 7월과 10월에 안보리에서 심의되었지만, 판결의 이행을 촉구하는 결의안은 미국의 거부권에 의해 채택되지 않았다. 이후 1986년부터 1989년까지 UN총회에서 심의되고, 판결의 이행을 요구하는 결의가 네 차례에 걸쳐 채택되었다. 또한 1987년 9월 7일에 니카라과의 요청에 따라 ICJ에서 손해배상의 형식과 금액에 관한 절차가 시작되었다. 그러나 평화협상을 받아들여 1990년 2월 25일에 실시 된 선거의 결과, 반 산디니스타의 차모로(Chamorro)가 대통령에 선출되었고 의회선거에서도 야당세력이 승리하였다. 이후 니카라과는 판결의 이행을 요구하는 입장을 전환하고 1990년 UN총회에서는 판결의 이행을 촉구하는 결의안을 제출하지 않으며 1991년 9월 12일자 ICJ

앞으로 보내진 서한에서 소송취하 및 총사건명부에서 삭제를 요청하였다. ICJ는 9월 26일 소장 명령으로 이를 수용하였다.

II. 판결요지

1. 관할권 및 수리가능성에 관한 판결

(a) 1929년 9월 24일자 니카라과의 PCIJ선택조항 수락선언은 ICJ규정 제36조 5항에 규정하는 'PCIJ규정 제36조에 근거한 선언으로 효력을 가지는 것'에 해당한다. 1984년 4월 6일자 미국국무장관에 의한 상기 통고는 미국의 의무를 '부분적, 잠정적으로 종료시킨다'는 것이므로 미국이 선택조항의 수락선언을 한 유보에 의해서 그 효과는 통고 후 6개월을 경과한 후에 발생하며 니카라과가 제소한 시점에는 해당 효과가 발생하지 않는다. 따라서 "ICJ 규정 제36조 2항 및 5항에 근거하여 ICJ는 관할권을 가진다."

(b) ① '*Monetary Gold* 사건 판결에서와 같이, 소송 외의 제3국의 법적 이익이 '판결에 의해서 단지 영향을 받을 뿐만 아니라 판결의 주체 그 자체'인 경우에는 ICJ는 관할권 행사를 삼가야 한다'고 하고 있지만, 이 사건에서 미국이 열거하는 나라들은 그러한 지위가 없다. ② '테헤란주재 미국대사관 사건에서 볼 수 있듯이, 문제가 안보리에 부탁된 사실은 그 문제를 ICJ가 심리하는 것을 방해하지 아니한다.' ③ 진행 중인 무력분쟁에 대한 증거수집에 어려움을 겪는 것이 수리불능을 의미하지 않는다. ④ 평화협상와 같은 지역적인 협상절차를 거치는 것은 ICJ 제소의 전제조건은 아니다. ⑤ 따라서 '니카라과의 제소는 수리가능하다.'

2. 본안판결

(a) ① 미국은 선택조항을 수락할 때에 '[…] 판결에 의해서 영향을 받는 모든 조약 당사국이 재판 당사국이기도 한 경우를 제외하고, 다자조약으로부터 생긴 분쟁'을 제외한다는 유보를 하고 있었다. 그러나 UN헌장 및 미주기구헌장의 당사국인 엘살바도르의 [이 사건] 판결에 의해 '영향을 받는' 국가이다. 따라서 재판소에 부여된 관할권은 […] '이러한 헌장의 위반이라고 하는' 주장을 고려하는 것을 허락하지 않는다. 그러나 […] 당해 유보의 효과는 […] (양)헌장의 적용을 방해하는 것에 한정되어 다른 국제법의 법원에 영향을 미치지 않는다. ② 무력행사금지의 원칙, 불간섭원칙 및 자위권에 대해 '국제관습법은 조약과 평행하게 존재하고 있어, 이 2개의 법원에 의해서 규율되는 분야는 완전하게 동일하지는 않고, 동일하다고 해도 '국제관습법은 조약 국제법과는 구별되어 존재해 계속 적용된다.' 따라서 '니카라과의 주장을 국제관습법에 근거해서 결정한다.'

(b) ① 무력행사금지원칙에 관한 법적 확신은 그 중에서도 '우호관계원칙 선언[…]에 대한 국가의 태도로부터 나타난다. 이 선언에 대한 동의는 […] 동결의 자체로 선언되는 규칙의 유효성이 인정되는

것[이며…], 무력행사금지원칙은 […] 국제관습법상의 원칙으로 간주될 수 있다.' ② 무력행사금지원칙에 대해 '무력행사의 가장 중대한 형태(무력공격을 구성하는 것)를 다른 것보다 중대하지 않은 형태로부터 구별할 필요가 있다.' '불간섭원칙에 위반되는 행위가 무력행사를 포함한 경우에는 무력행사금지의 위반도 구성한다.', '무력공격은 정규군에 의한 초국경행위뿐만 아니라, '거기에 상당하는 중대함을 가지는 무력행사를 하는' 무장단체, 집단, 비정규군, 용병을 […] 파견하는 것 […] 혹은 거기에 실질적으로 관여하는 것을 포함한다(1974년 침략의 정의 결의).' '반란군에의 무기나 군사적 지원 그 외의 원조[훈련을 포함한] 제공의 형식에 의한 지원'은 무력공격에는 포함되지 않지만, 무력의 행사·위협으로 간주될 수 있다. 이 사건에서의 미군의 군사연습은 무력행사에는 해당하지 않는다. '단순한 자금의 지원'는 불간섭원칙의 위반이어도 무력행사에는 맞지 않는다. ③ 콘트라반군의 활동이 미국에 귀속되기 위해서는 콘트라반군에 대한 일반적 지배가 아니라 실효적 지배가 필요하지만, 콘트라반군에 대한 원조는 거기에 맞지 않는다. 미국이 책임을 지는 것은 콘트라반군의 활동이 아니라 미국 자신의 위법행위에 대해서이다. ④ 미국은 콘트라반군 이외에 훈련, 무장, 장비, 자금, 보급을 제공에 의한 관습법상의 불간섭원칙 및 니카라과령에 대한 공격 및 전술한 바와 같은 무력행사를 포함한 간섭행위에 의한 관습법상의 무력행사금지원칙과 니카라과 영해 내에 기뢰를 부설하는 것에 의한 관습법상의 무력행사금지원칙, 불간섭원칙, 주권존중원칙, 평화적 해상통상 저해금지의무를 위반하였다.

(c) ① '고유의 권리'에 관해서 언급하고 있는 헌장 제51조나 우호관계원칙 선언 등의 총회 결의가 관습법상의 자위권의 존재를 확인한다. 자위권 행사의 필요조건은 무력공격의 발생이다. 무력공격보다 '중대성이 낮은 무력행사는 […] 그 피해국의 균형성있는 대항조치만을 정당화'하여, '제3국에 의한 대항조치 특히 무력행사를 포함한 간섭을 정당화할 수 없다.' 그러나 니카라과에 의한 무력공격의 존재는 확인되지 않는다. ② 집단적 자위권의 행사는 피해국이 공격을 받은 것을 선언하여 요청하는 것이 요건이지만 미국에 대한 요청의 존재는 분명하지 않다. ③ 국제관습법상 '자위는 무력공격에 균형을 이루고, 거기에 반격하는 데 필요한 조치만을 정당화시킨다.' 1981년 12월의 미국의 조치는 '그러한 것이 없이 주요한 위험을 배제하는 것이 가능하였다'는 것으로 필요성 기준을 만족하게 하지 않고, 니카라과에 의한 엘살바도르의 무장 반정부세력에 대한 원조와 균형을 이루지 않는다. ④ 헌장 제51조에 규정된 안보리에 대한 보고의무는 관습법상 합법적인 자위권의 요건이 아니다. 그러나 '보고의 결여는 해당 국가 자신이 자위로 행동하는지 확신하고 있었는지를 나타내는 요소의 하나라고 할 수 있다.' ⑤ '니카라과에 대한 군사적·준군사적 활동에 대해 미국에 의하여 주장된 집단적 자위권의 정당화를 기각한다.'

III. 해설

1. 무력행사금지원칙과 자위권

미국은 다자조약의 유보를 위하여 UN헌장의 관련규정 적용을 배제하면서도 이를 참조하여 무력행사에 관한 관습법상 법규범을 적용하는 구성을 채택하였다. 이러한 구성과 무력행사금지원칙의 관습법성에 대해 국가관행에 대한 법적 확신을 극단적으로 중시한 논증의 방향이라는 비판이 있었다.

무력행사 및 간섭에 대하여 무력공격, 무력공격에 이르지 않는 무력행사, 무력행사를 수반하는 간섭, 수반하지 않는 간섭이라는 형태로 정리한 점, 무력공격에 대해서는 개별적·집단적 자위권의 행사가 허용되지만 그에 해당하지 않는 무력행사에 대해서는 피해국 자신의 균형 있는 대항조치(무력행사를 포함하는지 여부는 불명확함)만이 허용된다고(무력행사를 포함한 집단적 대항조치는 허용되지 않는다) 한 점이 주목된다. 이러한 구성은 비판을 받으면서도 2003년 *Oil Platforms* 사건 본안판결에서도 지속되었다.

집단적 자위권의 행사에 대해 피해국 자신의 선언 및 요청을 요건이라고 하고 집단적 자위권을 '타국의 방위'이라고 하는 견해와 어떠한 의미에서 '자국의 방위'라고 하는 견해의 대립에서 전자의 입장을 취한 것도 주목된다.

이 사건의 판결이 자위권 행사에 관한 무력공격 요건과 필요성 및 균형성 기준과의 관계에 대하여 명확히 하였다고 하기는 어렵다. 이는 *Oil Platforms* 사건에서 무력공격에 관한 요건을 충족시킨 후에 취해진 조치는 구체적으로 필요성과 균형성을 갖출 것을 요구하는 것이 명확하게 되었다.

이 사건의 판결은 사인의 행위의 국가에 귀속에 관하여 실효적 지배를 그 기준으로 제시하였다. 그 후 ICTY는 보다 완만한 전반적 지배를 기준으로 하였으나(1999년 타디치 사건 상소재판부 본안 판결, 본서 사건 47번 참조), ICJ는 2007년 제노사이드협약 사건(본서 사건 32번 참조)에서 이 사건 판결의 입장을 확인하였다. 실효적 지배와 무장단체 등에의 실질적 관여의 관계는 논의되는 문맥이 다를 수 있으므로 명확하다고는 할 수 없다.

2. 판결이행

미국이 안보리에서의 심의 및 총회 결의에도 본안 판결을 이행하지 아니한 것은 ICJ 판결의 이행이라는 점에서 큰 한계를 노출시켰다. 무엇보다 이 사건 판결이 미친 영향이 크고, 정부가 콘트라반군에게 자금을 제한하는 법안을 통과시켰을 때 미국 의회는 본 판결을 의식하고 있었다고 여겨지는 것 외에 평화협정 구성국도 미국을 강하게 비판하였다. 이러한 압력하에서 미국 정부도 콘트라반군 지원으로부터 반정부 정치 세력에의 자금을 지원하는 정책을 변경하여 그것이 선거에 의한 체제전환으로 연결되었다. 이러한 전개는 국제사회에서의 법의 지배를 도맡아 이행하는 ICJ의 —특히 약소국으로의— 신뢰를 크게 높이게 되었던 것이다.

[모리 타다시 (森 肇志)]

45. Alabama호 사건

[중재판정부] 미국 / 영국
판정 (1872년 9월 14일) 1 Moore 495

I. 사실관계

남북전쟁에서 영국은 남부연합군을 교전단체로서 승인하고 중립의 입장을 취하였다. 미국정부는 이러한 교전단체 승인 그 자체를 '시기상조의 승인'으로 간주하는 한편, 남부연합의 군함이 영국 영내에서 건조된 것이 영국의 중립의무위반에 해당한다고 주장하였다. 알라바마호는 이러한 군함 중 하나이다.

남부연합에 의해서 발주되어 영국의 리버풀에서 건조된 군함 알라바마호는 1862년 무장하지 않은 채 출항하여 포르투갈령 아조레스제도로 향하였고, 그 곳에서 영국에서 회항한 두 척의 선박으로부터 무기 및 병력을 공급받아 무장하였다. 영국은 미국정부로부터 경고를 받았음에도 불구하고, 알라바마호의 출항 등을 저지하기 위한 실효적인 조치를 취하지 않았다. 그 후, 알라바마호는 남부연합군의 군함으로서 연료보급이나 보수를 위해서 자주 영국 관할내(식민지항만)에 들어갔으나, 영국정부는 승인을 받은 교전단체의 군함으로서의 임무에 의하여 이 선박이 보호되고 있는 것을 이유로 이 선박에 대하여 압수(seizure)등의 법적인 절차를 밟지 않았다. 이 선박은 상선의 포획 등에 종사하였으며 1864년 6월에 격침될 때까지 미연방 측(북군)에 막대한 손해를 끼쳤다.

중립의무위반을 주장하는 미국에 대하여 영국은 당초 외국으로부터 간섭을 거부하는 입장을 고집하였으나, 결국 교섭에 응하는 자세를 취하게 되었으며, 1871년 5월에 워싱턴조약에서 미국과 영국 양국은 알라바마호 등에 관한 분쟁을 중재판정에 부탁할 것을 합의하였다.

이 조약은 중재재판관의 구성과 재판준칙을 규정한다. 중재판정은 영·미·이탈리아·스위스·브라질이 지명하는 5명의 재판관에 의해서 구성된다(제1조). 또한 재판관이 그 결정시 따라야 할 준칙으로서 '국제법 제원칙' 외에 3개의 규칙('워싱턴 3원칙')을 명시하고 있다(제6조). 즉 중립국 정부는 (a) 자국과 평화 관계에 있는 국가가 전쟁행위를 하려는 의도를 가지고 자국관할 내에서 선박의 의장·무장·장비를 갖추고 있다고 확신할 수 있는 이유가 있는 경우에는 이를 방지하기 위하여 상당한 주의(due diligence)를 기울여야 한다. 또한 자국관할 내에서 전쟁용도에 적합할 수 있는 선박이 전쟁행위를 일으킬 의도를 가지고 자국관할로부터 출항하는 것을 방지하기 위하여 마찬가지의 주의를 기울여야 한다. (b) 중립국정부는 교전국이 자국의 항만·영수를 작전근거지로 사용하는 것뿐만 아니라 군수물자와 무기의 갱신·증강, 인원의 징집을 위하여 사용하는 것도 허가·용인하여서는 안 된다. (c) 중립국정부는 상기 의무의 위반을 방지하기 위하여 자국의 항만·영해 내의 수역에 대하여, 또한 자국의 관할 내에 있는 모든 자에 대하여 상당한 주위를 기울여야 한다. 영국 측은 이 3원칙이 이 사건의 중재판정 준칙으로서 당사국이 합의한 사항에서 '청구가 발생한 시점에서 효력을 가지는 국제법 선언'은 아니라고 주장하고 있다.

II. 판정요지

중립의무의 불이행에 의해서 교전국이 받을 우려가 있는 위험의 정도에 비례하여, 중립국정부는 '상당한 주의'를 기울여야 한다. 이 사건에서 문제가 된 사실이 발생한 상황의 성질에 비추어 볼 때, 영국정부는 그 중립의 권리의무를 준수하기 위하여 모든 가능한 배려를 하여야 한다.

선박의 건조 등에서 중립위반이 있을 때의 효과는 그 후 그 중립위반으로 이익을 받은 교전국에 의한 어떠한 임무가 그 선박에 주어졌다 하더라도 제거되지 않는다. 군함에 인정된 치외법권은 절대적인 권리가 아니라 국가 간의 예양과 상호존중의 원칙에 근거하는 행위에 불과하며, 중립위반으로서 일어난 행위를 보호하기 위하여 원용될 수 없다.

알라바마호의 건조 및 무장에 관하여, 영국정부는 그 중립의무의 실행에 대해 상당한 주의를 기울이는 것을 게을리하였다. 영국은 알라바마호의 건조 중에 미국의 항의에도 불구하고 방지를 위한 효과적인 조치를 취하지 않았다. 그 후에 출항 후 추적·나포(arrest)를 위하여 취한 조치도 불충분하였으며, 더욱이 알라바마호가 영국 관할 내에 입항했을 때에도 이 선박에 대한 법적인 절차를 취하지 않았다. 영국이 제공한 법적 수단이 불충분하였던 것을 이유로 영국이 상당한 주의를 기울이지 않았던 것을 정당화할 수는 없다. 영국은 미국에 대하여 손해배상(1,550만 달러)을 지불하여야 한다.

III. 해설

남북전쟁 후 영국 중립선언의 시비와 중립의무의 이행에 관하여 미국과 영국 간에 발생한 심각한 정치적 대립을 중재로 해결한 사례로서 역사적으로 저명한 사건이다. 이 오래되고 중요한 판결에서 국제법학이 어떠한 의의를 찾아내어 왔는지를 간단히 검토하도록 한다.

1. 국제중재판정에 의한 분쟁해결 가능성 (분쟁의 중재판정 가능성)

이 사건은 사법절차에 의한 국제분쟁해결의 가능성을 보인 사례로서 자주 원용된다. 19세기 말에서 20세기 초에 걸쳐 중재판정이나 ICJ등의 국제사법절차가 정비되어가는 가운데 국제사법에 의한 국제평화를 유지하는 것이 가능한지가 의문시되었다. 이는 이론적으로는 모든 국제분쟁이 사법절차에 의해 해결이 가능한가에 대한 문제로서 정식화되었다(분쟁의 재판가능성). 20세기 초에는 사법절차에 의해 해결 가능한(=재판 가능한) 분쟁을 한정적으로 보는 견해가 유력하게 주창되었고, 국가관행과 학설에서도 재판이 가능한 분쟁(법률적 분쟁)과 재판이 불가능한 분쟁(정치적 분쟁)을 구별하려고 하였다. 그 중에서 고도로 정치적인 내용을 가진 분쟁(국가의 '독립', '명예', '중대한 이익' 등과 관계되는 분쟁)의 재판 가능성을 부정하는 견해(1903년 영불 중재조약 등)에 대한 반증으로서 남북전쟁 후의 영미 간에 발생한 정치적 대립 상황을 해결해 준 사법적 절차인 알라바마호 사건에 주목하였다.

이 사건의 평가에는 이견도 있다. 그 중에서도 저명한 국제정치학자인 Hans J. Morgenthau의 견해가 잘 알려져 있다. Hans는 '정치적 분쟁'이란 엄밀히 말해 단순히 정치적으로 중요한 내용을 수반하는 분쟁이 아니라 법규범의 현상을 변경하는 욕구와 결합되어 있기 때문에 규범을 적용하여서는 실질적으로 해결될 수 없는 분쟁이라고 하였다. 그러므로 알라바마호 사건이 반드시 정치적 분쟁으로서 분류될 필요는 없다. 그러나 설령 알라바마호 사건이 정치적 분쟁이라 하더라도 그것은 재판 절차에 의해서 실질적으로 해결된 것은 아니다. 즉, 워싱턴 3원칙 등을 준칙으로 하는 중재에 의해서 분쟁을 해결하는 것이 영미간의 직접교섭을 통해서 결정된 시점에서 영국의 양보(배상지불)에 의한 사태의 수습이 실질적으로 결정된 것이며, 중재판정 그 자체가 양국 간의 정치적 대립상황을 해소한 것은 아니라고 보인다.

2. 중립의무의 내용적 확장

전통적인 중립법에서 사인의 활동을 엄격하게 규제하는 것은 중립국에 기대되지 않는다. 예를 들어 무기탄약 등의 전시에 금지하고 있는 물품의 수출에 대해서 중립국은 금지된 물품의 수출한 자국민이 교전국에 의해서 나포되는 것을 수인할 의무 등을 지지만, 자국민이 사인으로서 전시에 금지하고 있는 물품을 교전국에 수출하는 것을 방지하기 위하여 적극적 조치를 취할 의무까지는 부담하지 않는다. 따라서 이 사건과 같은 사안에 있어도, 만일 군함이 전시에 금지하고 있는 물품의 일종으로 간주된다면, 자국 영역내의 사인이 스스로 위험을 부담하여 (나포·몰수의 리스크를 일컬음) 군함을 교전국에 수출하는 것을 방지할 의무를 중립국은 부담하지 않게 된다.

19세기 전반에 걸쳐 중립제도가 엄격해지면서 중립국의 의무는 확대되는 경향이 있었다. 그 단적인 예가 영역 내에서 사인의 활동을 적극적으로 규제할 의무를 확충한 것이다. 이 사건의 판결은 자국영역이 작전근거지로 사용되는 것을 방지할 의무와 자국영역에서 교전국의 군비가 증강되는 것을 방지할 의무의 연장으로서 자국영역 내에서 교전국 군함의 건조·출항 등을 방지할 의무가 중립국에 부과되는 것을 명확하게 한 사례이다. 해군대국인 영국이 장기적으로 보아 이 사건에서 배상책임을 지더라도, 군함의 건조 등에 관한 중립의무를 엄격히 하는 것에서 이익을 찾아낸 것이 이 사건 중재의 배경이다.

이 사건 재판의 준칙이 된 워싱턴 3원칙은 해전의 중립국의 권리의무에 관한 1907년 헤이그 협약 등에 도입되어 국제법상 원칙이 되었다. 다만, 이 사건 판정이 제시한 '교전국이 받을 우려가 있는 위험의 정도에 비례'한다는 '상당한 주의의무'의 정도에 대하여, 그것이 너무 엄격하다고는 비판을 받아 그 후의 실행에서 반드시 수용되지는 않았다. 예를 들어, 1907년 해전에서 중립국의 권리의무에 관한 협약(Convention Concerning the Rights and Duties of Neutral Powers in Naval War)에서는 '마음대로 사용할 수 있는 수단을 사용하는 것을 필요로 한다(제8조)'라고 규정하는 것으로 주의의무의 정도가 완화되고 있다.

중립의무라고 하는 문맥에서 벗어나 보다 일반적으로 사인에 의한 자국영역의 사용하는 경우라도 타국의 법익을 침해하지 않도록 배려하는 국제법상의 의무를 영역국이 부담하는 '영역사용관리책임'을 1941년 *Trail Smelter* 사건(본서 사건 36번 참조)에 앞서 인정한 사례로서 보아야 한다는 견해도 있다. 그렇다 할지라도 이 사건의 주의의무는 모든 교전국에 대한 공평과 무원조를 중립국에 의무화 한 중립법의 범위 내에서 인정된 것이며, 이러한 의무가 부과되지 않는 법관계에까지 범위를 확장하는 것에는 신중하여야 한다.

3. 국내법 원용의 불허용

국제법상의 의무의 불이행을 국내법의 원용에 의해서 정당화할 수 없다는 국제법 원칙은 예전부터 확립되어 있다. 이 원칙은 영국이 원용하고 있는 국내법상 불비를 인정하지 않은 이 사건에서 처음으로 판정문에 명시되었으며, 그 후 1923년 *Wimbledon* 사건에 대한 PCIJ 판결이나 1930년 그리스·불가리아 공동체 사건(Case concerning the Greco-Bulganan "Communities")의 권고적 의견 등, 전쟁 전간기(1919~1939년 사이)의 다수의 판결과 의견에 의해서 확인되어 조약법에 관한 비엔나 협약 제27조에 수용되었다고 일반적으로 이해되고 있다. 다만, 이 국제법 원칙은 이 사건 판결에 의하여 처음으로 정립된 것은 아니다. 예를 들면, 1836년에 발간된 Houten의 국제법체계서에서 이미 조약상의 의무는 이를 실시하기 위하여 필요한 국내입법수단과는 독립되어 체약국에 의무를 부과한다고 하는 원칙이 기술되어 있다. 다만, 이 사건에서 국제법의 원칙들 및 '워싱턴 3원칙'을 재판준칙으로 하는 국제재판이 국내법의 원용을 인정하지 않은 것으로서 국내법을 일차적인 준칙으로 하는 절차와 국제법과 국내법 모두를 준칙으로 하는 절차에서 상충하는 국제법규범과 국내법규범 중 어느 것을 우월적으로 적용되어야할 것인가에 대한 문제에는 직접적으로 관련되지 않도록 하는 것에 주의하여야 한다.

[니시 타이라 (西 平等)]

46. 핵무기사용 합법성 사건

[국제사법재판소] (요청기관 : UN총회)
권고적의견 (1996년 7월 8일) ICJ Reports 1996, 226

I. 사실관계

WHO(세계보건기구)총회는 1993년 5월 14일에 결의 WHA46.40을 채택하여, '건강 및 환경에의 영향이라고 하는 관점에서 전쟁 또는 다른 무력 분쟁에 대해 국가가 핵무기를 사용하는 것은 WHO헌장을 포함한 국제법상 의무를 위반하는 것인지'에 대하여 ICJ에 의견을 구하기로 결정하였다. 그러나 WHO와 같은 보건사무를 전문으로 취급하는 기관이 보건과는 직접적으로 관계가 없다고 여겨지는 핵무기 사용의 합법성이라는 문제에 대하여 ICJ에 권고적 의견을 요구할 수 있을지에 대해 의문이 있었기 때문에, 일반적인 권한을 가지는 UN총회에도 같은 권고적 의견을 ICJ에 요청하려는 움직임이 있었다. 그 결과, UN총회는 1994년 12월 15일에 결의 49/75K를 채택하여, '핵무기의 위협 또는 사용이 어떠한 상황에서 국제법상 허용되는지'를 ICJ에 의견을 요청하기로 결정하였다. WHO의 권고적 의견 및 이 사건의 권고적 의견 요청이 실현된 배경에는 '세계법정운동' 등의 NGO와 비회원국가들의 움직임이 있었다. ICJ는 WHO로부터의 요청에 대해서는 요청기관의 활동범위를 벗어난 문제라는 이유로 관할권이 없다고 보아 요청을 각하하였지만, UN총회에서의 요청에 대해서는 일반적 권한을 이유로 관할권을 인정하였고 동시에 권고적 의견을 거절하는 '불가피한 이유(compelling reason)'는 존재하지 않으므로 그 요청에 응하였다.

II. 의견요지

UN총회에는 UN헌장(특히 제10·11·13조)에 의하여 광범위한 권한이 주어지고 있어서 문제의 정치적 측면과 요청의 정치적 동기는 ICJ의 관할권을 박탈하는 데 충분하지 않으므로 ICJ의 관할권은 긍정된다. 또한 이하의 이유로부터 본 의견을 거부하는 '불가피한 이유'는 존재하지 않는다. 첫째, 권고적 의견의 목적은 소송절차와 같이 국가 간 분쟁을 해결하는 것은 아니고 국제기구에 법적 조언을 제공하는 것이기 때문에 특정분쟁의 존재는 권고적 의견에는 필요하지 않다. 둘째, ICJ는 추상적이든 그렇지 아니하든 모든 법률문제에 관하여 권고적 의견을 제시할 수 있다. 셋째, 추상적인 문제에 대해 권고적 의견을 제시하는 것은 ICJ의 사법적 기능을 일탈하는 것은 아니다. 넷째, ICJ는 요청의 정확한 목적이나 정치적 경위를 문제삼을 필요는 없다. 다섯째, ICJ는 군축교섭에 대한 권고적 의견의 정치적 영향을 고려할 필요는 없다. 여섯째, 이 사건에 적용될 수 있는 관련규칙이 존재하므로 ICJ는 다른 법률을 필요로 하지 않는다.

이 사건에 적용될 수 있는 법으로서 우선 국제인권법이 있다. 자유권규약 제6조로 보장된 '자의적으로 생명을 박탈당하지 않을 권리'는 적대행위시에도 적용되지만, 무엇이 자의적으로 생명을 박탈하는지는 무력충돌법에 따라 결정된다. 또한 대량학살금지는 제노사이드협약 제2조에 규정된 행위를 그에 정해진 집단에 대하여 하려는 의도를 수반하여 핵무기가 사용되는 경우에만 관련이 있다. 다음으로 국제환경법에 관하여 살펴보면, 자국의 관할권 및 관리하의 활동이 타국 또는 국가관리 이외 영역의 환경을 존중하도록 보장하는 국가의 일반적인 의무가 존재한다는 것이 인정된다. 환경조약이 무력충돌시 적용될 수 있는지 여부의 문제가 아니라 환경조약에서 유래하는 의무가 군사투쟁 중 환경파괴의 완전금지라는 성격의 의무를 의도하고 있었는지에 대하여 검토되어야 한다. 환경조약이 자위권의 행사를 국가에서 빼앗는 것을 의도하고 있었다고는 생각할 수 없지만, 행사요건인 필요성과 균형성을 평가할 때에 국가는 환경에 대해 고려를 하여야 한다. 또한 광범위하고 장기적이나 심각한 환경손해로부터 자연환경을 보호하는 일반적인 의무, 그러한 손해를 일으키는 것이 의도되었는지 또는 그것이 예상되는 전투방법 및 수단 금지, 복구에 의한 자연환경파괴금지를 정한 1977년 제네바제협약 제1추가의정서 제35조 3항과 제55조는 환경에 대한 추가적 보호를 제공하고 있다. 결론적으로 말하면, 본 문제에 가장 직접적으로 관련된 법은 UN헌장에 규정되어있는 무력행사에 관한 법(*jus ad bellum*)과 무력충돌 시에 적용될 수 있는 적대행위를 규제하는 법(*jus in bello*)이다. 이하에서는 치명적인 파괴력으로 계속해서 방사능을 방출하는 핵무기의 독자적인 성격을 고려하면서 이에 대하여 검토한다.

*jus ad bellum*에 관해서는 첫째, UN헌장 제2조 4항과 제51조는 사용되는 무기 여하를 불문하고 모든 무력행사에 적용되지만, 그 자체가 위법한 무기는 UN헌장 하의 정당한 목적을 위하여 사용된다 하더라도 합법화되지는 않는다. UN헌장 제51조 하에서 자위권 행사에 대한 제약으로 동조에 명기된 요건 외에 자위권 개념에 내재하는 요건으로 국제관습법상 두 가지가(필요성과 균형성) 존재하며, 이 두 요건은 이용되는 무력의 수단과 관계없이 적용된다. 균형성의 원칙은 자위권을 행사할 때 핵무기 사용을 완전하게 배제하지는 않을 수도 있지만, 본 원칙에 합치한 무력행사이더라도 합법이 되기 위해서는 무력충돌법의 여러 요건과도 합치하여야 한다. 또한 핵무기의 성질 및 그로 인하여 상승하는 심각한 위험은 균형성을 도모할 때의 추가적인 고려요인이다. 둘째, 복구에 대해 평시의 무력복구는 위법이라고 여겨지므로 검토할 필요는 없으며, 교전자복구에 대해서도 그 행사의 권리는 특히 균형성의 원칙에 의해 규율된다는 것으로 충분하다. 셋째, 핵억제정책이 UN헌장 제2조 4항에 반하는 '위협'인지 여부는 특정 무력행사가 국가의 영토보전 및 정치적 독립에 대하여 또는 UN헌장의 목적에 반한 것인지 및 그것이 방위수단으로서 의도된 경우 그 필요성과 균형성의 원칙을 필연적으로 위반하는지에 달려있다.

*jus in bello*에 관해서는 민간인과 민용물을 보호할 목적으로 전투원과 비전투원의 구별을 확립하는 '차별의 원칙', '불필요한 고통금지'의 원칙, '중립의 원칙'이 특히 중요하다.

결론은 다음과 같이 도출된다. ① 핵무기의 위협 또는 사용을 특정적으로 허가하는 국제관습법 내지 조약상 권리는 존재하지 않는다.' ② '핵무기의 위협 내지 사용 그 자체를 포괄적, 보편적으로 금지하는 국제관습법 내지 조약상 의무도 존재하지 않는다.' ③ '핵무기를 사용한 무력의 위협 또는 무력의 행사로 인한 UN헌장 제2조 4항의 위반 및 제51조의 모든 요건을 충족시키지 않는 것은 위법이다.' ④ '핵무기의 위협 또는 사용은 무력충돌에 적용될 수 있는 국제법의 요건들 특히 국제인도법의 원칙 및 규칙들과 핵무기를 명문으로 취급하는 조약, 기타 특별협정상의 의무와 양립하여야 한다(should).' ⑤ '상술한 요건들에 따르면, 핵무기의 위협 또는 사용은 무력충돌에 적용될 국제법의 제규칙, 특히 인도법의 원칙들 및 규칙들에 일반적으로 위반될 것이다. 그러나 국제법의 현상 및 이용가능한 사실의 요소들을 감안하면, 재판소는 국가의 존속과 관련된 자위의 극단적인 상황하에서는 핵무기의 위협 또는 사용이 합법인지 위법인지 확정적으로 결론을 내릴 수 없다'(7대 7에서, Bedjaoui 재판소장의 결정투표로 채택됨)고 하였다. '엄격하고 실효적인 국제관리 하에서 전면적인 핵군축을 위한 교섭을 성실하게 수행하여 완료시킬 의무가 존재한다'고 하였다.

III. 해설

1. 관할권 및 사법판단 적합성

UN총회의 일반적 권한을 이유로 이 사건에 관한 ICJ의 관할권을 인정하는 것에 대해 재판관 중에 특별한 반대는 없었으나, 이 의견을 거부하는 '불가피한 이유'는 존재하지 않는다는 판단(사법판단 적합성)에 대하여 Oda 재판관은 구체적인 분쟁과의 관련성 결여 및 이 문제의 고도의 정치적인 성격을 이유로 반대하였다. '불가피한 이유'가 없는 한 의견요청을 거절해서는 안 된다고 하는 것은 1956년 ILO행정재판소 사건이나 1962년 *UN*경비 사건(본서 사건43번 참조)에 관한 권고적 의견 이래, ICJ가 일관되게 취하여 온 입장이다.

2. 핵무기와 국제인권법 및 국제환경법

핵무기의 사용이 발생하는 전시에서도 국제인권법 및 국제환경법은 적용될 수 있지만, 실제로는 *jus ad bellum*과 *jus in bello*의 구체적인 적용과정에서 이와 같은 법이 검토되어야 한다고 ICJ는 판단하였다. 전시에서는 *jus ad bellum*과 *jus in bello*가 특별법이고 국제인권법 및 국제환경법은 일반법의 지위를 가지며, 이것은 후에 2004년 팔레스타인장벽건설 사건의 ICJ 권고적 의견(본서 사건 49번 참조)에서도 유지하고 있다.

3. 핵무기와 *jus ad bellum* 및 *jus in bello*

ICJ의 견해에 따르면, 적절한 방위목적의 핵억지정책과 상대국이 핵무기를 위법하게 사용하여 왔을 경우 반격(교전자복구)으로서의 균형이 잡힌 핵무기 사용은 합법이지만 핵무기의 선제적 사용은 국가존망의 위기시 외에는 위법이 될 수 있다.

핵무기의 위협·사용을 금지하는 국제관습법도 조약도 존재하지 않는다고 하는 ICJ의 판단에 대해서는 Weeramantry 재판관과 Koroma 재판관이 핵무기를 시독무기(Posional Weapon)라고 파악하여, 1899년과 1907년의 헤이그육전규칙 제23조 (a)항과 1925년의 제네바가스의정서에 의해서 금지되고 있다고 하여 반대하였다. 한편 핵무기의 위협·사용은 국제인도법의 원칙들에 일반적으로는 위반이지만, 자위권행사의 극단적인 상황에 있어서 그 합법 또는 위법은 판단할 수 없다고 한 점에 대하여, 자위권행사의 극단적인 상황 이외에도 핵무기의 위협·사용이 합법인 경우가 있다고 하는 재판관(Schwebel 차장, Guillaume, Higgins 재판관)과, 역으로 핵무기는 어떠한 경우에서도 반드시 위법이라고 하는 재판관(Shahabuddeen, Weeramantry, Koroma 재판관)의 반대가 있었다. Schwebel 차장은 핵미사일을 발사하려고 있는 원자력 잠수함을 파괴하기 위해서 핵어뢰를 사용하는 경우나, 생물·화학무기의 새로운 사용을 억제하기 위해서 교전자복구로서 균형을 유지하면서 핵무기를 사용하는 경우 등을 찬성의견의 예로 들고 있다.

[시게타 야스히로 (繁田 泰宏)]

안전보장

47. Tadić 사건

[ICTY] 제1심재판부 본안판결 (1997년 5월 7일) (1997) 36 ILM 908; 112 ILR1
[ICTY] 상소심재판부 본안판결 (1997년 7월 15일) (1997) 38 ILM 1518; 124 ILR61

I. 사실관계

냉전종결에 따라 동유럽에도 사회주의진영 및 국가 해체의 파도가 밀려왔다. 그 중에서도 민족, 종교, 언어 등을 달리하는 주민이 복잡하게 얽힌 다민족국가였던 유고슬라비아 사회주의연방공화국(이하 '구유고')에서는 1991년부터 1992년에 걸쳐 해체과정이 진행되었다. 이 과정에서 슬로베니아, 크로아티아, 마케도니아, 보스니아-헤르체고비나(이하 '보스니아')의 4개 공화국이 유고슬라비아연방공화국(세르비아 공화국과 몬테네그로 공화국으로 구성, 이하 '신유고')으로부터의 독립을 선언하였다. 그러나 이러한 4개 공화국의 독립은 각 공화국의 다수파 민족과 소수파 민족 간의 대립을 증폭시켜 무력충돌이 발생하였다. 그 사이 보스니아에서는 무슬림(이슬람교, 인구의 40%)과 세르비아인(세르비아 정교, 32%)과 크로아티아인(카톨릭, 18%)이 각각 신유고와 크로아티아 공화국의 지원을 받아 삼파전을 펼쳤다. 특히, 세르비아인은 신유고로부터의 강력한 군사원조를 받아 그 지배 지역에서 무슬림과 크로아티아인을 배제하기 위해 대규모로 계획적이고 조직적인 살인, 억류, 고문, 강간, 추방 등을 하였고, 이를 인종청소(ethnic cleansing)라고 한다.

이에 대해 UN은 우선 총회에서 이 인종청소가 집단살해에 해당한다는 결의를 하고, 이를 받아들여 1993년 안보리는 UN헌장 제7장에 의거하여 결의 827을 채택하고 '1991년 이후 구유고슬라비아의 영역 내에서 행하여진 국제인도법의 중대한 위반에 대해 책임있는 자의 소추를 위한 국제형사재판소'(이하 'ICTY')를 창설하였다. 결의 827에서 채택된 이 재판소 규정에 의하면 그 대상범죄는 ① '전쟁범죄'((a) 1949년 제네바제협약에 대한 중대한 위반행위와 (b) 전쟁의 법 및 관습에 대한 위반), ② 집단살해죄 및 ③ 인도에 반한 죄이다.

이 사건의 피고인인 타디치(Tadić)는 세르비아인으로 보스니아의 오마르스카(Omarska) 수용소의 간수였으나, 1992년 5월 23일부터 같은 해 말에 걸쳐 이 수용소 안팎에서 무슬림과 크로아티아인에 대한 공격, 구금, 살인, 학대가 상기 ①, ③의 범죄행위에 해당한다고 하여, 1995년 2월 13일 ICTY가 처음으로 그를 기소하였다.

변호인 측은 우선, ICTY에는 관할권 즉, 피고인의 행위를 재판할 권한이 없다고 주장하였으나, 제1심과 상소심은 1995년 8월 10일과 같은 해 10월 2일의 중간판결에서 UN헌장 제7장이 안보리에 광범위한 권한을 부여하고 있어 재판소 설치도 가능하다는 것 등을 이유로 이를 각하하고, 본안심리를 개시하여 유죄판결을 내렸다.

II. 판결요지

1. 제1심 본안판결 (1997년)

(a) 민간인에 대한 살해나 고문, 학대는 피해자가 '분쟁당사국 또는 점령국의 권력 안에 있는 자로서 그 분쟁당사국 또는 점령국의 국민이 아닌 자'일 경우에만 제네바 제4협약(전시 민간인보호협약)의 중대한 위반행위가 된다. 그러나 1992년 5월 19일 이후, 보스니아의 세르비아인 세력은 그 자금이나 인원, 장비, 보급 등을 신유고에 강하게 의존하고 있었으나 개개의 작전행동이 신유고의 '실효적 지배'하에서 행하여졌다고까지는 할 수 없기 때문에, 이 사건 피해자들은 타국의 권력 내에 있었다고 할 수 없으며 제네바 제4협약에서의 '보호받는 자'에 해당하지 않는다. 따라서 제네바제협약에 대한 중대한 위반행위(ICTY 규정 제2조)에 기초한 소추이유에 대해서는 전부 무죄이다.

(b) 보스니아 분쟁의 성질과 범위를 살펴보면, 신유고와 보스니아의 세르비아군의 관계가 어떻든 간에, 관련된 전 기간에 걸쳐 보스니아의 분쟁당사자간에는 비국제적 무력충돌을 포함한 무력충돌 일반에 적용될 수 있는 제네바협약 공통 제3조에 구현된 전쟁의 법이나 관습의 적용으로 충분한 범위와 정도의 무력충돌이 있었다고 볼 수 있다. 그러므로 '적대행위에 직접 참가하지 않는 자에 대해', '무력충돌의 과정에서 행하여졌다'는 요건이 만족되어, 전쟁의 법 또는 관습에 대한 위반(ICTY 규정 제3조)에 의거한 소추이유의 대부분은 유죄이다. 다만, 야스키치(Jaskići) 마을의 살해사건 등 몇몇의 소추이유에 대해서는 증거불충분으로 무죄이다.

(c) 인도에 반한 죄(ICTY 규정 제5조)가 성립하기 위해서는 '무력충돌에서', '민간인에 대해 직접적으로', '광범위 또는 조직적으로', '정책의 추진을 위해', '차별적 이유'로 행하여졌다고 하는 요건이 필요하며, 이러한 요건들은 전부 충족되어 인도에 반한 죄를 기초로 한 소추이유에 대해서는 유죄이다.

2. 상소심 본안판결 (1999년)

(a) 제1심 재판부는 ICJ의 니카라과 사건 판결(본서 사건 44번 참조)에서의 '실효적 지배(effective control)'라는 기준을 적용하였으나, 상소재판부로서는 개인의 행위가 국가에 귀속하는 것은 해당 행위의 실행을 지시하는 구체적인 지배명령관계가 있는 경우만으로 한다는 '실효적 지배' 기준을 받아들일 수 없다. 분명히, 순수한 사인 행위의 경우에는 국가의 구체적인 지시·명령이 존재하여야만 하지만 무장집단 기타의 군사적 조직의 경우에는 해당 집단이 타국의 '전반적 지배(overall control)'하에 있는 것만으로 충분하다. 보스니아의 세르비아인 세력은 신유고의 '전반적 지배'하에 있었기 때문에, 신유고의 사실상 국가기관으로 간주된다. 따라서 이 사건의 피해자들은 타국의 권력 내에 있었던 것이 되어 제네바 제4협약에서의 '보호받는 자'에 해당하기 때문에, 1949년 제네바제협약에 대한 중대한 위반행위(ICTY 규정 제2조)에 의거한 소추이유에 대해서도 유죄이다.

(b) 피고인이 참가한 무장집단이 야스키치 마을에서 5명의 남성을 살해한 것에 대하여 제1심 재판부는 피고인 자신이 살해에 참가한 것이라는 증명이 없으므로 무죄라고 하였다. 그러나 피고인은 피해자들에게 비인도적 행위를 한다는 '공통의 목적'을 가지고 행동하는 집단의 일원으로 그 행동의 과정에서 살해가능성을 예견할 수 있었으므로, '공통의 목적'의 법리에 따라, 전쟁의 법 또는 관습에 대한 위반(ICTY 규정 제3조)으로서 유죄이다.

(c) 검찰 측은 인도에 반한 죄(ICTY 규정 제5조)가 성립하기 위해서는 '순수하게 개인적인 동기에 의한 것'으로도 충분하고, 또한 '차별적 이유'를 필요로 하는 것은 인도에 반한 죄 중에서 '박해'(제5조 (h)항)의 경우뿐이며 기타 범죄유형에 대해서는 필요하지 않다고 주장하는바 이러한 주장은 받아들여질 수 있다.

III. 해설

1. ICTY의 설치경위

1991년부터의 구유고의 무력충돌과 인종청소라는 사태에 대해, 안보리는 국제인도법 위반행위의 즉시정지를 반복해서 요구하고 위반자는 개인으로서 책임을 묻는다는 취지의 경고를 해 왔으나, 결국 1993년 5월 23일의 결의 827에서 UN헌장 제7장에 근거한 강제조치로서 ICTY를 설립하였다. 그러므로 ICTY는 대상 범죄에 관하여 절차의 어떠한 단계에 있어서도 국내재판소보다 우월하다(우월성의 원칙). 이에 대해 나중에 설립된 상설국제형사재판소(이하 'ICC')의 경우는 원칙적으로 국내재판소가 ICC보다 우월하다(보충성의 원칙).

이에 대하여 변호인 측은 첫째, 이러한 재판소는 조약 또는 UN헌장의 개정에 따라 설립되어야 하고 안보리 결의로 설치하는 것은 위법이며 둘째, 국제재판소가 국내재판소보다 우월하다는 것은 국가주권을 기반으로 하는 재판권한의 침해라고 주장하였다. 그러나 ICTY는 첫째, UN헌장 제7장은 안보리에 광범위한 권한을 부여하고 있으며, 재판소 설치도 가능하다는 점, 둘째, ICTY의 대상 범죄는 개별국가의 이해를 넘어선 보편적 성질의 범죄라는 점 등을 이유로 이를 각하하였다.

2. 타국에서 활동하는 무장집단의 행위가 본국에 귀속되기 위한 기준

1992년 5월 19일 이후 보스니아의 세르비아인 세력의 행위가 세르비아에 귀속하지 않는 경우에는 보스니아 내에서의 무력충돌이 비국제적 무력충돌, 소위 내전에 해당하여 제네바 제4협약에서 적용되는 '보호받는 자'의 부존재라고 하는 한계가 발생한다.

이 점에 대해, 제1심 재판부는 ICJ의 니카라과 사건판결에서의 '실효적 지배'라는 기준을 적용하여 이 한계를 받아들였다. 이에 대해, 상소재판부는 '전반적 지배'라는 새로운 기준을 채택하고 국제적 무력충돌을 인정하여, 제네바 제4협약의 적용으로 타국의 '전반적 지배'하에 있는 무장집단으로부터도 민간인이 보호받을 수 있게 하였다.

이 문제는 2007년 제노사이드협약 적용사건의 ICJ 본안판결(본서 사건32번 참조)에서도 쟁점이 되었으며, ICJ는 니카라과 사건 판결과 같이 '실효적 지배'라는 기준을 적용하여 세르비아에의 행위 귀속을 인정하지 않았다. 그러므로 상소심 판결에 대해서는 동일한 법규칙에 대해 다른 해석이 적용되어 '국제법의 분단화(分斷化)'가 되었다는 비판도 있다.

그러나 상소재판부가 이러한 해석을 한 것은 내전 등 비국제적 무력충돌에는 제네바협약 공통 제3조나 1997년 제네바제협약 제2추가의정서에 규정되어 있는 것과 같은 일부의 기본적인 규칙만이 적용되었기 때문이다. 그러므로 인도법 적용의 관점에서 외부로부터의 국내분쟁 개입 정도를 측정하는 기준을 모색하였다고 평가되기도 한다.

3. '전쟁의 법 또는 관습'의 비국제적 무력충돌에의 적용

제네바협약 공통 제3조는 비국제적 무력충돌을 포함한 무력충돌일반에 적용할 수 있으나, 전쟁의 법, 관습은 종래 국제적 무력충돌에 적용되어 왔다. 본 판결에서는 일정 범위와 정도의 무력충돌에 대해서는 제네바협약 공통 제3조에서의 전쟁의 법이나 관습이 적용된다고 보고, 보스니아의 비국제적 무력충돌에 전쟁의 법이나 관습이 적용된다고 한 점에서 주목되고 있다.

4. '공통의 목적'을 가지고 행동하는 집단

상소재판부는 '공통의 목적'을 가지고 행동하는 집단의 일원에게는 범죄행위 참가에 관해 엄격한 개인 책임의 성립요건이 부과되지 않는다고 판시하였다. 이는 이후의 ICTY 판례상 "공동범죄실체(joint criminal enterprise)"의 이론으로 확립되어져 갔다.

5. 인도에 반한 죄 (ICTY 규정 제5조)

이 판결은 뉘른베르그 국제군사재판과 극동국제군사재판 이후 처음으로 국제재판소에서 인도에 반한 죄를 처벌한 것이다. 따라서 이 판결에서는 양 국제군사재판 이후의 국내 판례 등도 참조하면서 인도에 반한 죄의 각 구성요건으로 볼 수 있는 것을 세밀하게 검토하였다. 그 결과, 범죄 실행자의 순수한 개인적인 동기의 범행도 인도에 반한 죄가 될 수 있다고 보았다. 또한 '차별적 의도'는 국제관습법상 인도에 반한 죄의 모든 범죄유형에 대해 필요한 요소가 아니라 '박해'라는 범죄유형(ICTY 규정 제5조 (h)항)에 대해서만 필요한 요소로 되었다는 점이 중요하다.

[키하라 마사키 (木原 正樹)]

48. 콩고영토에서의 무력활동 사건

[국제사법재판소] 콩고민주공화국 v. 우간다
판결 (2005년 12월 15일) ICJ Reports 2005, 168

Ⅰ. 사실관계

자이르(현재 콩고민주공화국)에서는 1960년대 중반 이후 Mobutu 대통령의 장기 독재정권이 이어졌으나, 1996년 자이르 동부에서의 투치족계 주민에 대한 탄압을 계기로 투치족계 반정부 무장조직인 콩고·자이르 해방민주세력연합(이하 'ADFL')이 이웃국가인 르완다나 우간다의 강력한 지원을 얻어 자이르 정부에 대한 무력공격을 강화하였다. 1997년 5월에 ADFL이 수도 킨샤사(Kinshasa)를 무력제압하고 Mobutu 정권이 붕괴되어 ADFL의 Kabila 의장이 대통령으로 취임하여 국명을 콩고민주공화국(이하 'DRC')으로 변경하였다.

당초 Kabila 정권은 스스로 정권장악을 원조하였던 르완다나 우간다와 우호적인 관계를 가지고 있었으며, 우간다와의 사이에서는 양국 국경 부근에서의 반정부세력 제압 등을 위하여 1998년 4월에 '양국간 국경지대의 안전보장에 관한 의정서'를 체결하고 DRC 동부 영역내에서의 우간다 병사의 주둔을 인정하였다. 그 후, DRC 동부에서 우간다 반정부세력의 활동이 거세졌고, 이에 대항하여 DRC 영역내의 우간다 병사의 군사활동도 활발해졌다. Kabila 대통령은 DRC 영역내에서 우간다나 르완다의 영향력이 더욱 강해지는 것을 두려워하여 1998년 7월 28일에 'DRC 영역내의 모든 외국군대의 주둔을 종료시킨다'라고 공식적으로 발언하였고, 8월 8일에는 DRC의 정부대표가 빅토리아폭포 정상회담 장소에서 우간다의 무력활동을 비난하였다. 8월 중순 이후, DRC 정부군에 의해 킨샤사 주재 우간다 대사관 습격과 은질리(Ndjili) 공항에서의 우간다 외교관을 포함한 우간다 국민에 대한 학대 등의 사건이 발생하였다. 이에 대해 우간다군은 1998년 9월에 Safe Haven 작전을 개시하여 DRC 영토내의 도시를 차례로 점령하였다.

DRC 정부는 1999년 6월 23일에 DRC와 우간다 양국의 강제관할권 수락선언을 근거로 우간다 정부를 상대로 ICJ에 제소하였다. 제소 직후인 7월 1일, DRC와 우간다를 포함한 분쟁당사국 간에 루사카(Lusaka) 정전협정이 체결되었으나, 실제로 정전은 실현되지 않았다. DRC는 ICJ가 다음과 같은 사항들을 인정해 줄 것을 요청하였다. ① 우간다의 DRC에 대한 일련의 군사적·준군사적 활동은 침략금지를 포함한 무력행사금지의 원칙, 분쟁의 평화적 해결 의무, 국가주권 및 민족자결권의 존중, 국가의 국내문제불간섭의 원칙에 관한 국제법상의 의무에 위반한다. ② 우간다는 DRC의 천연자원을 착취하여 DRC의 자산 및 부를 약탈하였으므로, 천연자원에 대한 주권을 포함한 국가주권의 존중, 인민의 동권 및 자결권의 존중 및 경제적 사항을 포함한 국가의 국내문제불간섭의 원칙에 관한 의무를 위반하였다. ③ 우간다는 DRC 국민에 대한 살인, 상해, 유괴 등에 의해 무력충돌시를 포함하여 기본적 인권을 존중해야 하는 의무를 위반하였다. ④ 상기 국제법상 의무위반의 결과로, 우간다에 국제책임이 발생하고 DRC가 입은 손해에 대해 배상의무를 진다.

II. 판결요지

1. 외국군대의 주둔에 관한 '동의'의 법적 효과

우간다군의 DRC영토내의 주둔이 DRC 정부의 '동의'를 근거로 정당화될 수 있는지의 여부에 관해, '1997년 중반부터 1998년 초에 걸쳐 우간다군의 DRC영토 내에서 주둔이 DRC 정부에 의해 허가되었던 것은 확실'하며, 그 후 1998년 4월에 체결된 DRC·우간다 간의 안전보장의정서에 의해 양국 국경 부근 DRC영토 내에서의 우간다군 주둔에 대한 DRC 정부의 동의의 계속이 인정된다. 그러나 "우간다군이 국경을 넘는 것에 대한 수권 또는 합의의 연원은 이 의정서보다 우선되는 것으로, 따라서 이러한 선행하는 수권 또는 동의는 추가절차의 필요 없이 DRC 정부에 의해 철회될 수 있다." 1998년 7월 28일 Kabila 대통령의 공식 성명, 또한 같은 해 8월 8일 빅토리아폭포 정상회담의 최종일까지는 우간다군의 DRC영토 내 주둔에 관한 DRC 정부의 '동의'는 철회되어 있었던 것으로 인정된다. 또한, 1999년 7월의 루사카 정전 합의 등 그 후의 정전합의에 의해 우간다군의 DRC영토 내의 주둔에 관한 DRC의 '동의'가 다시 있었다고 하는 우간다측의 주장은 인정할 수 없다.

2. 자위(self-defence)와의 관계

1998년 9월 이후의 우간다군의 Safe Haven 작전에 의한 군사행동이 자위로서 정당화된다는 우간다의 주장과 관련하여 문제가 되는 것은 '예측되는 공격'에 대한 자위의 문제가 아니라, 현실에서 발생한 '무력공격'에 대한 자위의 문제이다. 이와 관련하여 우간다는 1998년 8월부터 9월 초순경에 DRC에 대해 자위행동을 취한 것에 관하여 UN헌장 제51조가 요구하는 안보리 보고를 하지 않았다. 우간다는 자신들이 무력공격의 대상이 되었었다고 주장하고 있으나 이 무력공격이 DRC 정부군에 의한 것이라고는 주장하고 있지 않으며, 무력공격이 DRC 정부의 직접적 또는 간접적 관여하에 이루어졌다는 증명도 불충분하여 해당 무력공격이 DRC 정부에 귀속되는 것으로 인정할 수 없다. 이상의 사실하에서는 우간다군의 일련의 행동을 자위에 의해 정당화하는 것은 불가능하며, 따라서 DRC영토 내에서의 우간다군에 의한 군사활동은 국제관계의 무력행사금지의 원칙 및 국내문제불간섭의 원칙을 위반한 것이다.

3. 점령자로서의 외국군대의 책임과 국제인권법 및 국제인도법의 위반

DRC영토 내의 Kibali 및 Ituri 지방에서는 우간다군이 1907년 헤이그육전협약 부속서의 '육전의 법 및 관습에 관한 규칙' 제43조에 규정된 점령자로서의 책임을 지고, 그 관계로 국제인권법 및 국제인도법의 규칙준수를 확보하여야 하는 의무를 진다.

우간다인민해방군(이하 'UPDF')은 DRC영토 내에서 여러 국제법상의 의무위반행위를 하고 있고, 무력충돌의 당사자는 군의 일부를 이루는 구성원 모두의 행위에 대한 책임을 지기 때문에 UPDF 및 UPDF 구성원의 행위는 전체적으로 우간다에 귀속한다. 국제인권법 및 국제인도법의 무력충돌시 및 점령지에의 적용에 관해 2004년 팔레스타인 장벽건설 사건의 권고적 의견(본서 사건 49번 참조)에 따르면, 이 사건에서도 국제인권법과 국제인도법 모두가 적용되며, 국제인권법은 당해국가의 영토 외, 특히 외국 영토내의 점령지역에도 적용된다.

4. 천연자원의 위법한 착취

DRC영토 내에서의 천연자원의 위법한 착취에 관한 우간다의 책임에 대해서, DRC영토 내의 UPDF 및 그 구성원이 천연자원의 약탈과 착취 등을 한 사실이 인정되어, 일련의 UN총회 결의에서 표명된 '천연자원에 대한 항구주권'의 원칙은 본건과 같은 구체적인 사태에 적용가능한 것은 아니지만, 이러한 행위는 *jus in bello*를 위반하는 것으로 UPDF에 의한 DRC영토 내에서의 천연자원의 위법한 착취에 관해 우간다는 국제책임을 진다.

5. 우간다에 의한 국제의무 위반의 법적 귀결

이상의 국제의무 위반의 법적 귀결로서 DRC는 우간다에 대해 위법행위의 중지, 재발방지의 보장 및 배상의 3가지를 요구하였다. 이에 대해서는 우간다군이 DRC영토에서 철수한 이후에는 우간다에 의한 위법행위가 계속되고 있다고 인정되지 않는다고 보아 위법행위의 중지요구는 인정하지 않았고, 재발방지의 보장 요구에 관해서는 2004년 10월 26일에 DRC·우간다·르완다 간에 체결된 지역적 안전보장에 관한 3국협정이 실질적으로 이에 해당한다고 하여 그 준수를 양 당사국에 요청하였으며, 결론적으로 DRC가 입은 손해에 대해 우간다가 배상을 하는 의무를 지는 것만을 인정하였다.

III. 해설

1. 자위권 발동 요건으로서의 '무력공격'

ICJ는 1986년 니카라과 사건의 본안판결(본서 사건 44번 참조)에서 UN헌장 제51조가 자위권 발동의 요건으로서 규정하고 있는 '무력공격'은 국가의 정규군에 의한 것에만 한정되지 않고 무장집단, 용병 및 비정규군 등 비국가주체에 의한 무력행위 또는 이러한 행위에 대한 국가 관여도 포함된다는 것을 인정하였다. 한편, 재판소는 팔레스타인 장벽건설 사건의 권고적 의견에서 장벽건설은 테러리스트에 대한 자위권의 행사로서 정당화된다는 이스라엘의 주장에 대하여 이스라엘이 해당 공격을 외국 국가에 귀속되는 것으로 주장하지 않은 점을 이유로 자위에 관한 UN헌장 제51조는 이 사건과 관계되지 않는 것이라고 하면서 그 주장을 받아들이지 않았다. 이 판결에서도 재판소는 이 권고적 의견의 견해에 따라 자위권을 행사하기 위해서는 국가에 의한 무력공격이 존재하거나 또는 비국가주체에 의한 공격이 국가에 귀속될 필요가 있다는 입장을 전제로 하여, 이 사건에서 해당 무력공격이 국가(구체적으로는 DRC)에 귀속된다고 인정되지 않는다는 점을 이유로 우간다에 의한 자위권 원용을 부정하였다. 그러나 Kooijmans 재판관과 Simma 재판관이 이 판결의 개별의견에서 지적한 바와 같이 UN헌장 제51조가 규정하는 '무력공격'은 반드시 국가에 귀속되는 것에 한정되지 않는다는 견해도 적지 않다. 본 판결의 다수의견은 무력공격의 국가에의 귀속관계라는 사실관계에 대해서만 검토하였고, 국가에 귀속되지 않는 비국가주체에 대한 자위권 행사의 가능성에 대한 검토는 하지 않았다. 그러나 이웃국가 영역 내의 비국가주체로부터 공격을 받은 나라가 현실에서 발생하고 있는 공격에 대해 자위권을 원용하여 반격하는 것이 법적으로 허용되는지 여부는 앞으로 보다 검토할 여지가 있는 것으로 생각된다.

2. 국제인권법과 국제인도법의 관계

이 판결에서는 국제인권법과 국제인도법의 무력충돌시 및 점령지에서의 적용에 관해 팔레스타인 장벽건설 사건의 권고적 의견을 인용한 후에, 이 사건에서도 국제인권법과 국제인도법 양자가 모두 적용되며 국제인권법 규범은 자국영역 외, 특히 점령지역에서의 관할권 행사에 대해 적용된다는 견해를 보였다. 구체적으로는, 1907년의 헤이그육전법규에 규정된 국제관습법 규범, DRC와 우간다 모두가 당사국인 1949년의 제네바제협약(민간인보호협약) 및 제1추가의정서, 자유권규약, 아프리카인권헌장, 아동권리협약 및 추가의정서 등의 위반에 관해 우간다의 국가책임이 인정되었다. 이상과 같은 무력충돌시 및 점령지역에서 국제인권법과 국제인도법의 중복적 적용이 인정되는 것에 관해서는 현재 거의 이견이 없을 것이다.

3. 천연자원에 대한 권리와 위법한 착취

이 판결은 천연자연에 대한 항구주권원칙에 관하여 국제관습법상의 중요성을 확인하면서, 관련있는 일련의 UN총회결의가 채택된 역사적 배경이나 문맥에 비추어 타국 영역에의 군사개입시 군대 구성원에 의한 천연자원의 약탈 또는 착취라는 이번 사태에 관해서는 그 적용을 부정하였다. 이에 관해서는 천연자원에 대한 항구주권원칙은 그 자체가 재판규범으로서 직접 적용되는 구체적인 법규칙이 아니라는 것을 지지하는 견해가 있는 한편, 외국군대에 의한 천연자원의 위법한 착취에 관해서는 이 원칙을 재판상에서도 적용 가능한 구체적 법규칙으로 파악해야 한다는 비판도 있다. 또한, 이 판결에서는 DRC영토내 점령지역에서의 우간다군에 의한 천연자원의 착취행위가 헤이그육전규칙 제43조의 *jus in bello*에 위반된다고 판시한 점도 주목된다.

[우에키 토시야 (植木 俊哉)]

49. 팔레스타인 장벽건설 사건

[국제사법재판소] (요청기관: UN총회)
권고적 의견 (2004년 7월 9일) ICJ Reports 2004, 136

I. 사실관계

1948년 5월 이스라엘 독립선언 이후, 아랍 국가들과 무력충돌이 발발하였고 그 다음해에는 이스라엘·요르단 휴전협정에 의해 휴전경계선(그린라인)이 정해졌다. 그러나 1967년 제3차 중동전쟁에서 이스라엘이 그린라인 동쪽 요르단강 서안을 포함한 팔레스타인 지역을 점령하였기 때문에, 1967년에 안보리는 결의 242를 채택하여 이 지역으로부터의 군대철수 등을 요청하였다. 그 후에도 이스라엘은 점령지역에서 정착촌(complex built for settlement) 건설 등을 행하여 왔다. 1993년 이후의 이스라엘과 PLO(팔레스타인 해방기구) 사이의 오슬로 합의에 따라 팔레스타인 당국에 의한 잠정적 자치는 인정되었으나 교섭은 지연되었다. 1997년에 '평화를 위한 단결결의'(총회결의 377A(v))에 의거하여 점령지역에서의 이스라엘 위법행위를 심의하기 위한 제10회 긴급특별총회가 소집되었다. 한편, 이스라엘은 테러공격으로부터 자국과 자국민을 보호하기 위하여 2002년 점령지역에서 전장 720km에 이르는 분리장벽 건설을 개시하였다. 장벽이 완성되면 그린라인과 장벽 사이에 요르단강 서안지구의 약 17%가 둘러싸여 이곳에 수십만명의 팔레스타인인과 이스라엘 정착민이 거주하게 된다. 또한, 이 지역은 '폐쇄구역'이 되어 이스라엘인 이외의 자가 거주·출입을 하기 위해서는 이스라엘 당국이 발행하는 허가증 등을 소지하여야 한다. 2003년 10월에 이스라엘의 장벽건설이 위법이라고 하는 안보리 결의안이 미국의 거부권에 의해 부결되었기 때문에, 아랍 국가들은 긴급특별총회 재개를 요구하였다. UN총회는 같은 해 12월 8일에 결의 ES-10/14을 채택하여 '팔레스타인 점령지역에서의 이스라엘에 의한 장벽건설이 1949년 제네바협약 제4협약(이하 '민간인보호협약')을 포함한 국제법 규칙과 원칙 및 관련되는 안보리와 총회 결의를 고려할 경우 어떠한 법적 결과를 가져올 것인가'에 대하여 ICJ에 권고적 의견을 요청하였다. ICJ는 관할권을 인정하고 점령지역의 이스라엘 장벽건설이 국제의무에 위반한다고 판단하였다.

II. 의견요지

이 권고적 의견의 요청은 적법하게 소집된 긴급특별총회가 채택한 유효한 결의에 의거하는 것으로 법률문제를 주제로 하고 있기 때문에 관할권이 인정된다. 또한, 판례상 재판소의 사법기능을 손상시키는 '불가피한 이유(compelling reason)'가 존재하는 경우에 한하여 관할권 행사를 삼가야 한다고는 하나 이 사건에서는 이러한 이유가 존재하지 않는다.

1907년 헤이그 제4협약 부속인 육전의 법 및 관습에 관한 규칙(이하 '헤이그육전규칙') 제42조에 반영된 국제관습법에 의하면 문제가 되는 영역은 1967년 이후 이스라엘이 점령국인 점령지역이었다. 점령지역에서의 장벽건설의 법적 평가에 관하여 적용가능한 국제법으로서 먼저 UN헌장과 우호관계원칙선언에 정해져 있는 무력의 행사 또는 위협에 의한 영역취득의 위법성, 민족자결권을 들 수 있다. 다음으로, 국제인도법과 관련해서는 국제관습법의 일부인 헤이그육전규칙을 적용할 수 있다. 그리고 민간인보호협약 제2조 1항이 둘 이상의 체약국간에 발생한 무력충돌이 존재하여 그 과정에서 점령된 어떠한 지역에서도 이 협약을 적용할 수 있다고 규정하고 있으므로, 이스라엘과 요르단간의 무력충돌로 점령된 이 사건 영역에도 이 협약이 적용된다. 나아가, 이스라엘이 비준한 국제인권조약(자유권규약, 사회권 규약, 아동권리협약)과 관련하여, 자유권규약 제4조에서 볼 수 있는 일탈(derogation)에 해당하는 경우를 제외하고 인권조약이 부여하는 보호는 무력충돌시에도 정지되지 않는다. 그러므로 이 사건에서는 국제인권법과 그 특별법(*lex specialis*)으로서의 국제인도법 모두를 고려할 필요가 있다. 더구나, 인권조약의 체약국 영역 외에서의 적용가능성에 대하여서는 자유권규약은 규약인권위원회의 일관된 관행으로 인하여 체약국이 영역 외에서 관할권을 행사할 경우에도 적용될 수 있다. 사회권규약은 적용범위에 관한 규정이 결여되어 있으나, 체약국이 37년 이상 영역적인 관할권을 행사해 온 점령지역에 적용하는 것은 배제되지 않는다. 또한, 아동권리협약도 점령지역에 적용할 수 있다.

민족자결권에 대해 이스라엘도 인정하는 바와 같이 '팔레스타인 민족'의 존재는 의심할 여지가 없다. 1977년 이후, 이스라엘은 점령지역에의 자국민 추방·이송을 금지하는 민간인보호협약 제49조 6항에 위반하여 정착촌을 건설하여 왔다. 장벽건설은 기성사실을 창출하여 사실상 병합에 상당한다고도 생각할 수 있기 때문에, 팔레스타인 민족의 자결권 행사를 현저히 침해하고 해당 권리를 존중해야 하는 이스라엘의 의무에 위반된다. 헤이그육전규칙에 관해서는 점령지역에 관한 제3관, 민간인보호협약에 관해서는 제6조 3항에서 언급되는 점령 계속 중에 구속력을 갖는 조문만이 적용가능하다. 장벽건설은 헤이그육전규칙 제46조, 제52조와 민간인보호협약 제53조에서 규정하는 조건에 반하는 재산파괴와 징발을 초래하게 된다. 또한, 폐쇄구역의 설정이 점령지역 주민의 이동의 자유를 실질적으로 제한하고, 농업생산, 의료·교육기관이나 수자원에 대한 접근에 영향을 미친다. 따라서 이동·거주의 자유에 관한 자유권규약 제12조 1항, 사회권규약, 아동권리협약상의 노동·건강·교육·상당한 생활수준에 관한 권리를 침해한다. 더욱이, 장벽건설은 인구구성에 변화를 가져오는 것이므로 민간인보호협약 제49조 6항과 관련된 안보리 결의에도 위반된다.

한편, 국제인도법은 군사적 필요성이 있는 경우의 예외(민간인보호협약 제49조 2항, 제53조)를 규정하고, 인권조약도 개별적 권리제한 사유(자유권규약 제12조 3항)나 일반적 복지에 의한 제한사유(사회권규약 제4조)를 규정하고 있다. 그러나 장벽건설로 인한 팔레스타인인에 대한 권리침해는 이러한 군사적 필요성 또는 권리제한 사유의 요건을 충족시키지 못하며, 정당화되지 않는다. 또한, 장벽건설이 테러공격에 대한 자위권 행사라는 이스라엘의 주장에 관해서는, 헌장 제51조는 국가에 의한 무력공격일 경우에는 자위권을 인정하나, 이스라엘은 자국에 대한 공격이 타국에 귀속한다고는 주장하지 않는다. 나아가, 이스라엘에 대한 위협도 점령지역 내에서 발생하고 있어 국제적인 테러공격에 관한 2001년 안보리 결의 1368 및 1373이 상정하는 상황에 적합하지 않으므로, 이러한 결의를 원용할 수 없다. 또한, 장벽건설을 이스라엘의 이익을 보호하는 유일한 수단으로 인정할 수 없으므로 위법성조각사유로서의 긴급피난(국가책임규정초안 제25조)도 원용할 수 없다.

따라서 이스라엘에 의한 장벽건설은 국제의무에 위반되기므로 이스라엘은 위반한 의무를 존중하고 장벽건설 중지를 포함하여 의무 위반을 종료하며 장벽건설에 의해 발생한 손해를 배상할 의무를 진다. 또한, 민족자결권과 국제인도법 의무의 일부는 대세적(*erga omnes*) 의무이므로 그 권리·의무의 성질과 중요성을 감안하여 모든 국가가 장벽건설에서 발생하는 위법상태를 승인하지 않고 그 유지를 지원·원조하지 않을 의무를 진다. UN은 장벽건설에서 발생한 위법상태를 종료하기 위해 필요한 조치를 검토하여야 한다.

III. 해설

1. 이 권고적 의견의 의의

이 권고적 의견은 긴급특별총회의 요청에 의해 ICJ가 UN의 중요 관심사항인 팔레스타인 문제(그 한 측면)에 대해 처음으로 법적 판단을 내린 것이다. 판단에 필요한 정보나 증거가 결여되어 있어 상세한 사실 인정, 충분한 법해석이 되지 않았다는 비판이 있으나(Higgins, Kooijmans, Buergenthal 재판관), 권고적 의견이 팔레스타인 점령지역의 법적 지위를 명확히하고, 아울러 민족의 자결권, 국제인도법·인권조약의 적용을 인정하고, 장벽건설을 국제의무 위반으로 본 것은 중요하다 할 수 있다.

2. 점령지역에 적용되는 국제인도법과 국제인권법

팔레스타인 점령지역에 법률상 민간인보호협약을 적용하지 못한다는 이스라엘의 주장을 배척하고, ICJ는 둘 이상의 체약국 간에 발생한 무력충돌이 존재하여 그 과정에서 점령된 어떠한 지역에도 민간인보호협약을 적용할 수 있다고 하였다. 이 해석은 민간인보호협약이 점령지역의 지위에 상관없이 민간인을 보호하려고 한 준비위원회의 의사와도 합치한다. 다만, 이 사건에서는 점령에 따른 군사행동은 이미 종료되었으므로, 이 협약 제6조 3항에 규정된 일부 조문만이 적용가능하다고 판단되었다. 이에 대해서는 최근까지 군사행동이 이루어지고 있기 때문에 민간인 보호를 위해 다른 조문의 적용도 고려하였어야 한다는 비판도 할 수 있다. 또한, 무력충돌시에 인권조약은 적용할 수 없다는 주장에 대해 ICJ는 1996년 핵무기사용 합법성 사건 권고적 의견(본서 사건 46번 참조)의 견해를 그대로 받아들여, 인권조약의 보호는 일탈조항에 따른 경우를 제외하고 무력충돌시에도 정지되지 않는다는 원칙을 확인하였다. 아울러, 자유권규약에 대해서는 규약인권위원회의 관행으로 볼 때, 사회권규약에 대해서는 장기간의 영역적 관할권 행사로 볼 때, 점령지역을 포함한 체약국 영역 외에서의 적용도 인정된다고 하였다. 따라서 팔레스타인과 같은 장기간의 점령지역에서는 국제인도법과 국제인권법이 병렬적으로 적용된다.

3. 비국가주체의 공격에 대한 자위

ICJ는 장벽건설을 비국가주체의 테러공격에 대한 자위권 행사로서 정당화할 수 있는지에 관하여, 헌장 제51조를 국가에 의한 무력공격에 대한 자위권을 정한 것으로 해석하고 이 사건에는 이 조항을 적용할 수 없다고 하였다. 이 해석은 헌장 제51조의 무력공격을 제한적으로 받아들인 니카라과 사건에 대한 ICJ판결(본서 사건 44번 참조)의 흐름을 따라간 것이다. 또한, 국제적인 테러공격에 관한 안보리 결의 1368 및 1373에 관해서도 장벽건설이 점령지역내에서 일어난 위협에 대한 것이기 때문에 원용할 수 없다고 하였다. 그러나 이른바 9·11테러 이후, 국가에 귀속되지 않는 비국가주체에 의한 공격에 대해서도 헌장 제51조하에서 자위권 행사가 인정된다고 하는 견해도 적지 않다(Higgins, Kooijmans, Buergenthal 재판관). 따라서 ICJ가 테러공격에 대한 자위권 문제를 검토하지 않고 공격이 타국에 귀속하는지 여부만으로 자위권 행사 가능성을 판단한 것에는 약간의 의문이 남는다. 아울러, 본 의견의 구성으로 보면 자위를 위법성조각사유(국가책임규정초안 제21조)로 고려하였다고도 파악할 수 있으나, 이 조항에 관한 ILC의 주석(commentary)에서 국제인도법과 인권조약의 의무위반에 대해서는 자위에 의해 조각되지 않는다고 하고 있어 이 점에 대해서도 검토가 필요할 것이다.

4. 대세적 의무 위반의 법적 효과

ICJ는 민족자결권에 더하여 핵무기 사용의 합법성 사건에 의거하여 국제인도법의 많은 부분이 대세적 성질을 가진다고 하였다(다만, 구체적으로 어떤 규칙이 대세적 성질을 갖는지는 밝히지 않았다). 그 후에 이스라엘에 의한 이러한 대세적 의무의 위반을 인정하고, 그 성질과 중요성으로 보아 모든 국가가 장벽건설에서 발생하는 위법상태를 승인하지 않을 의무를 진다고 결론지었다. 다만, Kooijmans 재판관이 지적하는 바와 같이, 대세적 의무의 위반이 왜 제3국의 의무를 발생하게 하는지, 또한 똑같은 의무를 정하는 국가책임규정 제41조(일반 국제법의 강행규범에 기초한 의무의 중대한 위반의 특별효과)와의 관계를 어떻게 볼 것인지 등 국가책임법에 관한 문제도 남아있다. 그러나 지금까지 ICJ가 거듭 언급해 온 대세적 의무의 위반에 대해 그 법적 효과의 하나를 보여준 것에 의의가 있다.

[사카모토 카즈야 (坂木 一也)]

50. 니시마츠 건설 사건

[최고재판소 제2 소법정] 상고인(니시마츠 건설(주)), 피상고인(X 외 4명)
판결 (2007년(平成19) 4월 27일) 최고재판소 민사판례집 제61권 3호 1188면

I. 사실관계

제2차 세계대전 중 군수산업에서 중노동 부분의 노동력이 부족하여 이에 대응할 목적으로, 일본정부는 내각결정에 근거하여 중국 화북지방으로부터 노동력을 수입할 계획을 책정하였다. 상고인(피고) 니시마츠 건설은 이 계획에 따라 중국인 노동력의 수입 신청을 하여 노동자를 할당받아 1944년 7월에 일본군의 감시하에 아오시마에서 중국인 노동자의 공급 기관으로부터 중국인 360명을 인도받았다. 이 중 5명이 이 사건 피해자들이며 피상고인(원고)들은 그 승계인 및 본인이다.

이러한 중국인 노동자들은 도중에 병으로 사망한 3명을 제외하고 히로시마현 야스노발전소 건설현장에서 2교대로 노동에 종사하게 되었으나, 식사량의 부족과 더불어 위생 상태도 나빴으며 병자에 대한 치료도 만족스럽게 이루어지지 않았다. 한편 특별대우를 받고 있는 것으로 보이는 중국인 노동자의 수장들이 살해된 사건에서 피의자로서 히로시마 형무소 등에 수감된 자들이 원폭 투하에 의해 피폭되었는데 그 중 5명이 사망하였다. 아울러 1945년 11월에 연합군의 지시에 의해 송환된 때에는 360명 중 29명이 사망하였다.

이 사건 피해자들은 속아서 또는 강제적으로 이송되어 취업하던 중에 사고, 질병, 피폭 및 현장 감독의 폭행으로 인하여 사망하거나 장애를 가지게 자들이다. 원고들은 이러한 피해를 가혹한 강제 노동의 결과라고 주장하며 손해배상을 요구하였다.

일본은 연합국 48개국과의 사이에서 샌프란시스코 평화조약을 체결(1952년 4월 28일 발효)하여 전쟁 상태를 종료시켰다. 이 조약에는 전쟁 중에 일본 및 그 국민이 취한 행동으로부터 생긴 연합국 및 그 국민의 청구권을 포기하도록 규정되어 있다(제14조 (b)항). 다만, 연합국의 일원이었던 중국은 그를 대표하여야 할 정부가 중화인민공화국정부인지 오직 대만지역만을 실효적 지배하고 있던 중화민국정부인지 여부에 관하여, 연합국 내에서 의견이 일치되지 않았으므로 샌프란시스코 회의에 초청되지 않았다. 일본은 샌프란시스코 평화조약의 발효일에 중화민국정부와 중일평화조약에 서명하였는데(8월 5일 발효), 이 조약에는 샌프란시스코 평화조약의 규정을 준용한다는 취지의 규정이 있었다. 그러나 일본은 1972년에 중화인민공화국정부로 승인을 전환하였다. 같은 해 9월 29일에 발표된 중일공동성명에서는 '중화인민공화국정부는 […] 일본에 대한 전쟁배상청구를 포기할 것을 선언'하였다(제5항). 그 이후 1978년에 체결 된 중일평화우호조약은 전문에서 이 성명서에 나타난 원칙들이 준수되어야 함을 확인하고 있다.

제1심 히로시마 지방법원은 제척기간 및 시효의 적용을 인정하여 청구를 기각하였다. 그러나 제2심 히로시마 고등법원은 상고인에 의한 소멸시효의 원용을 권리 남용으로서 인정하지 않았으며, 중일공동성명은 중국 국민의 청구권 포기에 대해서는 규정하고 있지 않고 중일평화조약을 피상고인들에게 적용할 수 있다고는 생각할 수 없으므로 피상고인들의 청구를 모두 인정하였다. 상고심인 본 판결에서는 원 판결을 파기하여 항소가 기각되었다. 또한 2009년 10월, 니시마츠 건설은 이 판결 말미의 부언에 따라 2억 5천만 엔의 기금으로 강제 이송·노동의 대상이 된 360명에 대하여 보상을 실시하는 등의 조치를 취해 이 사건 원고들과 화해하였다.

II. 판결요지

"샌프란시스코 평화조약은 개인의 청구권을 포함한 전쟁 수행 중 발생한 모든 청구권을 서로 포기하는 것을 전제로[하였다…] 일본의 전후처리의 체제를 정하는 것이었다. 이 체제는 연합국 48개국 간에 체결되어, 이로 인하여 일본이 독립을 회복하였다는 [동]조약의 중요성에 비추어 보면 일본이 [그 밖에 다른] 평화조약 등을 체결하여 전후 처리를 함에 있어서도 그 체제가 유지되어야 하는 것이었다(이하 이 체제를 '샌프란시스코 평화조약체제'라고 한다)." 이 체제는 전쟁 수행 중 발생한 청구권을 전후의 개별적인 민사재판에 의해 해결하는 처리에 맡기는 경우, 평화조약의 목적 달성에 방해가 되는 부담과 혼란을 야기한다는 발상에 따른 것이다. 이러한 취지로 보아 '여기에서 언급되는 청구권의 '포기'는, 청구권을 실체적으로 소멸시키는 것까지 의미하는 것은 아니고, 해당 청구권에 비추어 보아 재판상 청구를 할 수 있는 권한을 잃는 것에 그치는 것으로 해석하는 것이 상당하다.' 국민 고유의 권리를 국가 간 합의로 제한할 수 없다는 주장은 강화조약 체결시 대인 주권에 의한 국가의 청구권 처리권능을 감안하여 인정할 수 없다.

중화민국정부에 의해 체결된 중일평화조약에 대해서는 부속교환 공문에 이 조약이 중화민국의 통치영역에 적용된다는 취지의 규정이 있으므로 중국 대륙에 거주하는 피상고인들에 대해서는 이 조약에 의한 청구권 포기의 효과가 당연히 미치는 것은 아니다.

중일국교정상화 교섭의 경위에 비추어 보면 중일공동성명은 평화조약의 실질을 가진다. 이러한 경위에서, 평화조약의 목적을 달성하기 위하여 중요한 의의를 가지는 '샌프란시스코 평화조약체제'를 벗어난 처리를 굳이 할 수밖에 없었던 사정이나, 그와 같은 관점에서 문제 제기가 되거나 교섭이 진행되기도 하였다는 어떠한 흔적도 없다. '그러므로, 중일공동성명 제5항의 문언상 '청구'의 주체로서 개인을 명시하고 있지 않다고 하여 샌프란시스코 평화조약체제와 다르게 처리된 것으로 해석할 수는 없다.' 나아가 중일공동성명은 일본이 조약으로 취급하고 있지는 않으나 중화인민공화국의 일방적인 선언으로서의 법규범성은 인정할 수 있고, 조약인 중일평화우호조약 전문의 규정에 의해 이 성명서 제5항의 내용은 일본에서도 조약으로서의 법규범성을 획득하고 있다. 이상으로부터 '중일전쟁중에 발생한 중화인민공화국 국민의, 일본 또는 그 국민이나 법인에 대한 청구권은 중일공동성명 5항에 의하여 소송청구를 할 수 있는 권한을 잃었다.'

또한, 샌프란시스코 평화조약체제에 대해서도 청구권에 대하여 채무자 측에서 임의의 자발적인 대응을 하는 것은 방해받지 않으며, 이 사건 피해자의 고통의 막대함이나 강제노동에 상응하는 이익 등에 비추어 보면 상고인을 포함한 관계자에 대해서도 피해구제를 향한 노력을 하는 것이 기대된다.

III. 해설

1. 샌프란시스코 평화조약에 의한 청구권 포기의 의미

샌프란시스코 평화조약은 전쟁 중 손해의 처리에 관하여 연합국에 의한 일본 및 그 국민의 재외자산의 처분(제14조 (a)항 2(1))과 일본 국민에 의한 용역 제공의 형태로 배상(동항 1) 외 연합국 및 그 국민, 일본 및 그 국민에 대한 청구권의 포기(제14조 (b)항)를 규정하였다. 제14조 (b)항은 일본 및 그 국민, 연합국 및 그 국민에 대한 청구권 포기의 규정(제19조)과 대응하여 동일한 의미를 갖는 것으로 여겨진다. 여기에서 언급되는 국민의 청구권 포기의 의미에 대하여, 국가가 이를 채택하고 상대국에 청구하는 외교적 보호권만을 포기한 것이라고 보는 해석(외교적 보호권 포기설)과 개인의 청구권 자체를 소멸시킨 것이라고 보는 해석이 대립하여 왔다. 이 분쟁에는 실익이 관련되어 있으므로 개인의 권리가 국가에 의해 몰수되는 성격을 부여하는 후자에 따르면 일본 헌법 제29조 3항 등에 의한 손실보상권이 유도될 수 있는(원폭 소송에서의 원고측 주장) 반면, 전자에 따르면 연합국 국민이 일본 법원에 손해배상을 청구하는 것은 방해받을 수 없다.

제14조 (a)항 2(1)에 대하여는 캐나다 사건에 관한 최고재판소 판결에서 외교적 보호권 포기설이 채택되었으나(최고재판소 1968년 11월 27일 최고재판소민사판례집 22권 12호 2808면), 이 해석이 제14조 (b)항 및 제19조에 자동적으로 적용되는 것은 아니다. 정부는 제19조에 대하여 외교적 보호권 포기설을 취하여 왔으나(1979년 6월 12일 내각총리답변서 등) 이 판결에 이르기까지 최고재판소가 견해를 밝힌 적은 없다.

이에 관하여 이 판결에서는 청구권의 포기는 개인의 재판상 청구를 할 수 있는 권리를 소멸시켰음을 의미한다는 새로운 해석을 하였다. 이러한 해석은 이 판결문에서도 인정되고 있는 샌프란시스코 회의에서 이루어진 네덜란드와의 협상에서 '구제 없는 권리'라는 개념을 바탕으로 처리한 것을 근거로, 정부가 다른 소송에서 2000년경부터 사용되기 시작한 것이다. 이 해석은 연합국 국민의 재판상의 구제의 길을 막음과 동시에 손실보상권의 가능성도 차단하는 효과를 지니며, 무엇보다 실체적인 손해배상권 그 자체를 소멸시키지 않으므로 이 사건에서도 알 수 있듯이 가해자가 피해자에 대하여 자발적으로 보상하는 것을 방해하지 않는다는 실익도 있다.

2. '샌프란시스코 평화조약체제'론

또한 이 판결은 상기 내용에 비추어 볼 때, '샌프란시스코 평화조약체제'가 일본이 다른 연합국과 체결하는 평화조약 일반의 목적달성을 위하여 중요한 의의를 가지고 있으므로, 다른 평화조약의 해석에서도 당연히 전제되는 것으로 전제되어야 할 체제라고 판단하였다. 아울러, 국민의 청구권 포기를 문언상 규정하지 않은 중일공동성명 제5항에 대해서도 그 체제를 벗어난다는 명시적인 흔적이 관련 사정이나 교섭과정에서 엿볼 수 없는 것을 이유로 중국 국민의 청구권 포기도 규정하고 있다고 해석하였다.

그러나 샌프란시스코 평화조약을 준수하는 체제로서 일본정부는 이 선언으로 유사한 청구권을 처리한다는 의도가 없었고, 나아가 샌프란시스코 회의에 초청되지 않았던 중화인민공화국정부 측에도 없었다. 물론 청구권의 일괄처리는 전쟁 종결 후의 관계 회복을 위해서는 일정한 합리성을 가진다. 그러나 개인의 청구권에 대한 처리는 명확하게 규정될 필요가 있을 것이다. 요컨대 이 '체제'론은 말하자면 결과론적으로 상대를 힘으로 제압한 것이라고 할 수 있다. 무엇보다 이 논의에 의해서 다음과 같은 실제적 어려움도 해결할 수 있게 한 것에도 주의가 필요하다. 즉, 만약 중일공동성명(일·소 공동선언에서도 같다)이 샌프란시스코 평화조약과는 달리 개인의 청구권을 '포기'하지 않았다고 하면, 그 이익은 이 조약 제26조 3문의 규정에 의해 이 조약 당사국 모두가 동등하게 가지게 되어 실질적으로 모든 연합국에 대하여 개인의 청구권이 인정된다는 것이다.

3. 기타

당시 중일전쟁에 대한 처리와 일본정부 측에서 생각하고 있던 중일평화조약에 대하여 부속 교환공문에 따른 처리의 범위를 중화민국정부의 지배하에 있는 영역으로 한정하였다. 또한 조약이 아닌 중일공동성명의 조항의 내용에 관한 국내법적 효력을 다른 조약의 전문에 의해 인정하여, 개인의 재판을 받을 권리를 부정하는 중대한 효과가 있는 것으로서 적용한 점에도 유의하여야 한다.

[오바타 카오루 (小畑 郁)]

판 례 색 인

[사건명색인] (가나다순)

[재판소색인]

■ 상설국제사법재판소 (PCIJ)

■ 국제사법재판소 (ICJ)

■ 중재판정부 및 기타

■ 국내법원(일본)

■ 국내법원(미국, 캐나다)

집 필 자 (2010년 1월 현재)

[편집자]

스기하라 다카네 (杉原高嶺)　긴키대학 법과대학원 교수
사카이 히로노부 (酒井啓亘)　교토대학대학원 법학연구과 교수

[집필자] (가나다순)

나카노 테츠야 (中野 徹也)　칸사이대학 법학부 부교수
나카사카 에미코 (中坂恵美子)　히로시마대학 법학부 부교수
나카이 이츠코 (中井伊都子)　코오난대학 법학부 교수
나카타니 카즈히로 (中谷 和弘)　도쿄대학대학원 법학정치학연구과 교수
니시 타이라 (西 平等)　칸사이대학 법학부 부교수
니시무라 도모아키 (西村 智郎)　리츠메이칸대학 국제관계학부 교수
니시무라 유미 (西村 弓)　도쿄대학대학원 종합문화연구과 부교수
니시카타 토시야 (西片 聡哉)　교토카이엔대학 법학부 부교수
니시타니 히토시 (西谷 齊)　긴키대학 법학부 부교수
리 요시유키 (李 禎之)　나가사키현립대학 시볼트교 국제정보학부 부교수
마츠이 아키히로 (松井 章浩)　오사카공업대학 지적재산학부 강사
모리 타다시 (森 肇志)　슈토대학 도쿄대학원 사회과학연구과 교수
모리타 아키오 (森田 章夫)　호세대학 법학부 교수
미즈시마 토모노리 (水島 朋則)　나고야대학대학원 법학연구과 부교수
반자이 히로유키 (萬歲 寶之)　와세다대학 법학학술원 부교수
사이토 타미토모 (齋藤 民徒)　긴조가쿠인대학 현대문화학부 부교수
사카모토 카즈야 (坂本 一也)　기후대학 교육학부 부교수
사토 요시아키 (佐藤 義明)　세이케이대학 법학부 부교수
시게타 야스히로 (繁田 泰宏)　오사카가쿠인대학 국제학부 부교수
시바타 아키호 (柴田 明穗)　고베가쿠인대학 국제협력연구과 교수
아오키 세츠코 (青木 節子)　게이고기주쿠대학 종합정책학부 교수
아베 요시노리 (阿部 克則)　가쿠슈인대학법학부 교수
아라이 쿄 (新井 京)　도시샤대학법학부 교수
야마다 타쿠헤이 (山田卓平)　고베가쿠인대학 법학부 부교수
오우 시안 (王 志安)　고마자와대학 법학부 교수
오오코우치 미카 (大河內美香)　도쿄해양대학 해양과학부 부교수

오바타 카오루 (小畑 郁) 나고야대학대학원 법학연구과 교수
요시다 오사무 (吉田 脩) 츠쿠바대학대학원 인문사회과학연구과 부교수
우에키 토시야 (植木 俊哉) 토호쿠대학 대학원 법학연구과 교수
유야마 도모유키 (湯山 智之) 리츠메이칸대학 법학부 교수
이토 카즈요리 (伊藤 一頼) 시즈오카현립대학 국제관계학부 강사
이와츠키 나오키 (岩月 直樹) 릿교대학 법학부 부교수
츠루타 쥰 (鶴田 順) 해상보안대학교 부교수
코 케이코 (洪 恵子) 메이군대학 인문학부 교수
코야노 마리 (児矢野マリ) 홋카이도대학대학원 법학연구과 교수
키타 야스오 (喜多 康夫) 테이쿄대학 법학부 부교수
키하라 마사키 (木原 正樹) 고베가쿠인대학 법학부 부교수
타마다 다이 (玉田 大) 고베가쿠인대학원 법학연구과 부교수
타카무라 유카리 (高村ゆかり) 류코쿠대학 법학부 교수
타케우치 마리 (竹内 真理) 오카야마대학 법학부 교수
테라야 코우지 (寺谷 広司) 도쿄대학대학원 법학정치학연구과 부교수
토오이 아키코 (遠井 朗子) 라쿠노우가쿠엔대학 환경시스템학부 부교수
후쿠나가 유카 (福永 有夏) 와세다대학 사회과학부 부교수

역자 약력

박덕영 (Deok-Young PARK)

연세대학교 법과대학 졸업
연세대학교 대학원 법학석사, 법학박사
국비유학시험 합격 (국제법 분야)
영국 University of Cambridge 법학석사 (LL.M.)
영국 University of Edinburgh 박사과정 마침
프로그램심의 조정위원회 수석연구원 /
지적재산권팀장
숙명여자대학교 법과대학 조교수
사법시험, 외무고시, 행정고시, PSAT 출제위원
대한국제법학회 연구이사, 부회장
Yonsei Law Journal 편집위원장
외교통상부 FTA 민간자문위원
한국국제경제법학회 회장

연세대학교 법학전문대학원 교수 (현)
연세대학교 법학연구원 EU법센터장 (현)
SSK 기후변화와 국제법 연구센터장 (현)
국회 입법자문위원 / 법제처 법제자문위원 (현)
산업통상자원부 통상교섭민간자문위원 (현)

주요 저서
환경문제와 국제법, 세창출판사, 2013.6
기후변화시대 기업의 대응전략, 세창출판사, 2013.6
국제사회와 법, 연세대 출판부, 2013.3
국제투자협정과 ISDS, 한국학술정보, 2012.10
EU법 기본판례집, 연세대학교 출판부, 2012.8
세계주요국의 기후변화법제, 한국학술정보, 2012.6
기후변화와 통상문제, 박영사, 2012.6
국제투자법, 박영사, 2012.4
신 국제경제법 (국제경제법학회 공동), 박영사, 2012.2
법학입문 / 국제법 기본조약집, 박영사, 2011
국제법 / EU법강의, 박영사, 2010
국제경제법 기본조약집, 박영사, 2010
미국법과 법률영어, 박영사, 2009
국제저작권과 통상문제, 세창출판사, 2009

주요 논문
"WTO EC - 석면사건과 첫 환경예외의 인정",
국제법학회논총 (2006.12) 외
국제법, 국제통상법, 저작권 분야 논문 다수

오미영 (Mi-Young OH)

日本 神戶(Kobe)大學 法學部 法律學科
日本 神戶(Kobe)大學大學院 法學硏究科
公法(國際法)專攻 (法學修士)
日本 神戶(Kobe)大學大學院 法學硏究科
公法(國際法)專攻 (法學博士)
강릉대학교 법학과 전임강사, 조교수
중앙인사위원회 시험위원

동국대학교 법과대학 법학과 부교수(현)
대한국제법학회 이사(현)
국제법평론회 이사(현)
한국안보통상학회 이사(현)
한국평화연구학회 편집위원(현)
한국무역보험공사 비상임이사(현)

주요 저서
환경문제와 국제법, 세창출판사, 2013.6
국제투자협정과 ISDS, 한국학술정보, 2012.10
외국군의 법적지위, 2003.11.
普遍的国際社会への法の挑戦, 『韓国における未承認国家の法的地位』, 信山社, 2013.3
韓国の国内裁判における国際人権, 『国際人権法の国内的実施』, 信山社, 2011.3.

주요 논문
良心的兵役拒否についての判断基準, 手続的保障, 『国際人権』 (2008.10)
국제법의 국내적용에 관한 일본의 법체계와 경험, 국제법평론 (2008.10) 외
국제법, 국제인권법, 국제인도법 분야 논문 다수

국제법 기본판례 50

초판발행 2014년 3월 15일
중판발행 2018년 2월 10일

지은이 TAKANE SUGIHARA · HIRONOBU SAKAI
공역자 박덕영 · 오미영
펴낸이 안종만

편 집 김선민 · 문선미
기획/마케팅 조성호 · 명재희
표지디자인 최은정
제 작 우인도 · 고철민

펴낸곳 (주) 박영사
서울특별시 종로구 새문안로3길 36, 1601
등록 1959. 3. 11. 제300-1959-1호(倫)
전 화 02)733-6771
f a x 02)736-4818
e-mail pys@pybook.co.kr
homepage www.pybook.co.kr
ISBN 979-11-303-2501-9 93360

정 가 15,000원